JEAN-PIERRE RICHARD

ÉTUDES
SUR LE
ROMANTISME

ÉDITIONS DU SEUIL
27, rue Jacob, Paris VIᵉ

ISBN 2-02-002621-X

© Éditions du Seuil, 1970

I

CORPS ET DÉCORS BALZACIENS

SUBSTANCE ET ÉNERGIE

S'il est une qualité que l'on s'accorde à reconnaître aux créatures balzaciennes, c'est bien le relief actif de l'existence, disons banalement le don de *vie*. Mais que signifie ici le vivre ? Comment Balzac pense-t-il ou plutôt rêve-t-il cette puissance à être par laquelle tous ses grands personnages se trouvent si généreusement emportés et soulevés ? Selon quelles formes, quelles analogies concrètes ? Cette question, sans doute préalable à tout essai d'interprétation, se voit donner un commencement de réponse dans quelques phrases importantes de *la Recherche de l'absolu*. Sur un ton un peu pédant B. Claës — avec derrière lui sans nul doute Balzac — nous y fournit l'une des clefs de sa mythologie. " *Toute vie*, déclare-t-il, *implique une combustion*. Selon le plus ou moins d'activité du foyer la vie est plus ou moins persistante. " La vie est donc essentiellement ici brûlure, auto-brûlure : flambée d'être, et d'autant plus violente qu'elle se produira dans des systèmes plus subtilement affinés : " Toutes les fois que la nature a perfectionné un appareil, que dans un but ignoré, elle y a jeté le sentiment, l'instinct, ou l'intelligence, ces trois organismes veulent une combustion dont l'activité est en raison directe du résultat obtenu [1]. " Ne nous laissons pas abuser par le caractère un peu lourdement massif de l'assertion : c'est bien l'imaginaire balzacien le plus profond qui s'y engage. Car pour Balzac toute existence, dans son origine et dans sa fin, dans sa manifestation ou sa limite, bref dans sa ligne de destin, peut se rêver comme incendie. La plus vivante, et aussi la plus fragile, la plus aisément consumée, la plus mortelle, sera donc la chair la plus ardente. Le corps, dans toutes ses fonctions, se place sous le signe de la flamme. Car s'il

1. *La Recherche de l'absolu*, IX, 537. Nos références renvoient à l'édition de la *Comédie humaine* (10 volumes) fournie par la Bibliothèque de la Pléiade.

est naturel, ou du moins conforme à toute une tradition métaphorique, de voir le désir relever de l'ignition (" vouloir nous brûle,
et pouvoir nous détruit [2] "), il l'est moins d'assister à la complicité (forcée) de la méditation et de l'incandescence : " la vie est un
feu qu'il faut couvrir de cendres ", écrit Balzac en une phrase
célèbre des *Martyrs ignorés*, et il ajoute : " penser... c'est ajouter de
la flamme au feu [3] ". Un peu plus loin, de manière plus générale
encore, Balzac évoque, en accord avec une thématique qui soutient
tout le reste de son œuvre, " *le feu de notre organisation* [4] ".

Une fois posée cette constante, il faudrait se demander quelles
sont les valeurs libérées et installées par elle dans l'espace romanesque du corps. L'une des premières serait sans doute la capacité
d'affirmation : tout feu déclare en effet une existence, la pose activement, lui donne un pouvoir personnel d'assertion. Le feu, selon
Nietzsche, dit oui. Et ce oui suppose en outre, implique comme
une densité de l'être. La pensée du feu, si nous en croyons Gaston
Bachelard, " plus que celle de tout autre principe, suit la pente de
cette rêverie vers une puissance concentrée [5] ". Concentration,
cela veut dire réunion, ramassement de l'ardeur manifestée tout
autour d'un lieu que l'on rêvera comme son site originel, sa source.
Le personnage balzacien possédera bien en effet un centre indubitable, il sera mû par un principe évident d'action, tous ses actes,
pensées, paroles jailliront d'un même brasier passionnel. Mais cette
focalisation n'entraînera pas pour autant repli sur soi, clôture. Car
le feu n'existe aussi que par le déploiement envolé, l'éternelle dissipation de sa substance, il vit sous le mode du dégagement, de la
danse oblative, de l'éclaboussure frénétique. Il se lie, l'œuvre de
Nietzsche le confirmera encore, au caprice de la métamorphose.
Aussi violemment éclaté et perdu dans l'espace, en espace, que
fidèlement attaché à son origine terrestre, il a pour loi le gaspillage
tout autant que la condensation; il illustre le pouvoir de s'oublier
tout aussi fortement que celui de s'affirmer. L'identité brûlante
sera donc naturellement déchirée, jetée hors d'elle-même, projetée
vers d'autres identités tout aussi effervescentes qu'elle. Grâce
enfin à la luminosité du feu ce mouvement s'inscrira toujours immé-

2. *La Peau de chagrin*, IX, 40. — 3. *Les Martyrs ignorés*, X, 1149. — 4. *Ibid.*, 1150.
— 5. *Psychanalyse du feu*, p. 103.

diatement dans le visible. Les " ardentes projeĉtions d'un conſtant désir [6] ", si caraĉtériſtiques de l'homme balzacien, nous les verrons briller sans ambiguïté aucune sur le plan d'un visage " enflammé [7] ", ou dans des " yeux de feu [8] ", ruisselant de lumière, ou jetant " des flammes, comme des volcans qu'on croit éteints [9] ". De par tous leurs caraĉtères physiques et moraux, hommes et femmes seront bien ici des flammes, des centres extatiques d'aĉtion et de fascination, des foyers d'être.

Rien certes de plus gratifiant, voire de plus triomphal qu'un tel mode de la manifeſtation vitale. L'être s'y déclare, et cela de la façon la plus littérale, la plus concrète, comme un feu d'artifice. La pulsion du désir y apparaît merveilleusement irrésiſtible. Mais une telle inflammation comporte aussi bien des traits inquiétants, et d'abord son caraĉtère d'explosivité, c'eſt-à-dire de brutalité, de discontinuité violente. L'homme balzacien sera plus en effet fusée que braise, ou que tison. Le plus souvent l'ardeur ne se plie pas en lui au rythme d'une émanation égale ; elle se manifeſte par jets successifs, par spasmes. Sa norme, ce sera la crise, son ſtyle favori l'à coup. Il agira, tel le militaire — l'une des figures préférées de l'aĉtion selon Balzac — par rapides accès, entrecoupés de longues périodes de latence. Son feu devra donc se recueillir, s'amasser, couver en lui avant de se décharger brusquement à l'extérieur. Ce déséquilibre temporel de l'agir se traduit souvent en un thème sensible favori, celui du *volcanisme*. Toute grande passion ici eſt éruptive : ainsi l'amour chez Montriveau, " volcanique éruption [10] " qui lui brûle le cœur, ou, exemple meilleur encore, la rage chez Vautrin. On sait qu'au moment où celui-ci se voit trahi et surpris par la police dans la salle à manger de la pension Vauquer, sa fureur eſt sur le point de le faire, à la lettre, éclater : " Le sang lui monta au visage et ses yeux brillèrent comme ceux d'un chat sauvage, il bondit sur lui-même par un mouvement d'une si féroce énergie, il rugit si bien qu'il arracha des cris de terreur à tous les pensionnaires [11]. " En un passage parallèle, emprunté cette fois à *Splendeurs et Misères des courtisanes*, nous le retrouverons dans le

6. *Le Cousin Pons*, VI, 723. — 7. *La Maison du Chat qui pelote*, I, 33. — 8. *Les Illusions perdues*, IV, 507. — 9. *La Muse du département*, IV, 85. — 10. *La Duchesse de Langeais*, V. 131. — 11. *Le Père Goriot*, II, 1013.

même état d'hypertension : ses yeux, nous dit Balzac, " couvaient une éruption volcanique, ses poings étaient serrés. C'était bien le tigre se ramassant pour bondir sur sa proie [12] ". Deux thèmes secondaires, celui de l'accumulation sanguine, celui de la sauvagerie bestiale (avec le malaise supplémentaire qu'ils apportent d'hémorragie redoutée et d'animalité incontrôlée, de félinité agressive) viennent ici enrichir le motif central de l'éruption. Et d'une éruption qui n'a d'ailleurs finalement pas lieu : car Vautrin, on le sait, s'avère assez fort pour stopper brusquement la montée furieuse, et réingérer sa rage. " Il donna tout à coup la preuve de la plus haute puissance humaine. Horrible et majestueux spectacle ! Sa physionomie présenta un phénomène qui ne peut être comparé qu'à celui de la chaudière pleine de cette vapeur fumeuse qui soulèverait des montagnes, et que dissout en un clin d'œil une goutte d'eau froide [13]. " Le ressaisissement de soi, rêvé à travers une merveilleuse analogie d'ordre thermodynamique, nous arrête donc à l'extrême bord de l'explosion. L'affectivité n'y a le choix qu'entre deux directions axiales : montée ou redescente, issue à l'extérieur ou retour au-dedans. Rien de plus beau, souligne un peu plus loin Balzac, que " la promptitude avec laquelle la lave et le feu sortirent et rentrèrent dans ce volcan humain [14] ".

Cet homme volcan, cet homme chaudière pourra devenir ailleurs un homme poudrière. Ainsi Rastignac, propriétaire d'une de ces " têtes pleines de poudre qui sautent au premier choc [15] ". Ce nouvel état du thème volcanique nous arrête, davantage que les autres, sur le moment préalable à l'explosion; il suspend le personnage dans l'attente du contact qui entraînera l'éclatement. Car si le volcan n'obéissait qu'à la décision de ses propres profondeurs, le baril de poudre a, pour se déclarer, besoin d'une provocation externe. C'est le contact, l'appel ou l'agression du monde qui l'obligent à mobiliser brusquement son énergie. Sa puissance est donc liée à une susceptibilité, et sa déflagration s'égale à une réponse : nul n'accordera à Rastignac autant de capacité d'initiative qu'à Vautrin... Il reste que, dans tous les cas, ce rythme alternatif de la contention et de la décharge — si bien aperçu par Baudelaire quand il écrit, en une merveilleuse métaphore critique, que chez

12. *Splendeurs et Misères des courtisanes*, V, IIII. — 13. *Le Père Goriot*, II, 1013. — 14. *Ibid.*, II, 1014. — 15. *Ibid*, 929.

Balzac, " toutes les âmes sont des armes chargées de volonté jusqu'à la gueule " — comporte bien des risques de souffrance, ou même d'autodestruction. Tout éclatement peut en effet s'achever sur la déchirure, puis la dispersion de l'éclaté. La poudre explosée volatilise son baril; le volcan ravage, stérilise les êtres qu'il a le mieux transfigurés et soulevés. Après la crise ne subsiste qu'une chair inerte, atone, tout à la fois figée et ravinée, — celle par exemple de ce beau visage anéanti : " L'incendie du désespoir s'était éteint dans ses cendres, la lave s'était refroidie; mais les sillons, les bouleversements, un peu de fumée attestaient la violence de l'éruption, les ravages du feu [16]. " Ravages symbolisés ici par l'image familière de la *lave*, résultat et reste d'explosion, mais aussi feu refroidi, durci, pétrifié, feu devenu rocher, donc chape recouvrante, étouffoir du vrai feu.

Sans aller aussi loin dans le désastre, la vie ardente présente maint autre inconvénient possible : ainsi le mal d'avidité, d'insatiabilité. Car son ardeur demande à être constamment nourrie. A la flamme humorale, méditative, passionnelle, il faudra sans cesse fournir des aliments nouveaux. S'arrête-t-on un instant de l'entretenir, c'est la catastrophe de la dessication, puis de la consomption, de l'extinction, toujours équivalente à une mort dans l'imaginaire balzacien. Le feu est une faim, quelquefois doublée par une soif, comme le montre bien le cas extrême de Melmoth, l'homme vendu au diable et à ses flammes. " Sec et décharné, écrit Balzac, il semblait avoir en lui comme un principe dévorant qu'il lui était impossible d'assouvir. Il devait si promptement digérer sa nourriture qu'il pouvait sans doute manger incessamment sans faire rougir le moindre linéament de ses joues [17]. " La psychanalyse nous a révélé l'importance d'une imagination de l'aliment dans l'économie générale de l'onirisme : l'obsession alimentaire rejoindra chez Balzac le thème de la dépense, de l'avarice, elle restera sous-jacente à sa fascination de l'or. D'où l'intérêt de ce portrait d'un homme qui serait à lui-même son propre tonneau des Danaïdes. Le métabolisme nutritif se trouve chez lui scandaleusement bafoué : dans ce corps sans retenue aucune assimilation ne suit jamais la digestion, l'aliment y est brûlé avant d'avoir pu s'y médiatiser en sang, en

16. *Facino Cane*, VI, 70. — 17. *Melmoth réconcilié*, IX, 272.

substance vivante, ce qui aboutit à la torture d'un désir éternellement insatisfait.

Car il ne sert à rien non plus de boire : " Une tonne de vin de
Tokay nommé vin de succession, il pouvait l'avaler sans faire cha-
virer, ni son regard poignardant, ni sa cruelle raison [18]. " Rien ne peut
donc modifier ici, ni attendrir, ni bien sûr combler l'absolu terrible
de l'ardeur. Il en résultera le cauchemar d'une déshydratation de
l'être. Au feu des aridités passionnelles les muscles, graisses ou
tissus conjonctifs se racorniront, se recroquevilleront sur eux-
mêmes (c'est l'origine du motif de la *ride*), ils s'aminciront peu à
peu, et finiront par disparaître, faisant place au fantasme, si obsédant ici, de la peau sur les os. Ainsi chez B. Claës : " Sa peau se
collait sur les os, comme si quelque feu secret l'eût incessamment
desséchée [19]. " Même réduction ardente chez Nathan, bien que
dans son cas la force révélée du squelette (thème de l'architecture
soutenante) vienne corriger quelque peu l'indication d'épuisement
suggérée par la chair passionnellement grillée : " Ses membranes
dures, ses os apparents ont une solidité remarquable ; et quoique
sa peau, tannée par des excès, s'y colle comme si des feux intérieurs
l'avaient desséchée, elle n'en couvre pas moins une formidable
charpente [20]. " Un thème de torridité climatique vient parfois
tenter de justifier du dehors ce phénomène de rôtissement, ainsi
en cette figure " où la peau desséchée se collait avec ardeur sur
les os, comme si elle avait été exposée aux feux de l'Afrique [21] ".
Les feux du dehors peuvent ainsi collaborer avec les feux du
dedans pour aboutir à calciner les êtres. Il suffit pour cela de
pousser jusqu'au bout les conséquences d'une métaphore. Ainsi
Balzac découvrant que les " éclairs des malheurs innombrables,
les nécessités des positions terribles avaient *bronzé* la tête de
Contenson ", n'a plus qu'à se laisser emporter par la logique
rêvée de ce bronzage. Et il ajoute : c'était " comme si la sueur
d'un four eût par trois fois déteint sur son visage. Ces rides très
pressées ne pouvaient plus se déplisser, elles formaient des plis
éternels, blancs au fond [22] ". L'épiderme se trouve donc ici privé
de l'élasticité, du don de fleurissement qui caractérise, on le verra

18. *Ibid.*, — 19. *La Recherche de l'absolu*, IX, 488. — 20. *Une fille d'Ève*, II, 87. —
21. *L'envers de l'histoire contemporaine*, VII, 349. — 22. *Splendeurs et Misères*, V, 745.

plus loin, toutes les peaux vraiment vivantes. Parfaitement desséché, il n'est plus qu'enveloppe inerte, écorce minérale, voire simple pellicule de métal : il avait, conclut Balzac " un visage de fer-blanc [23] ".

Si violente donc la flamme balzacienne, si intransigeante en son ardeur omni dévorante qu'elle ne laisse bientôt plus subsister dans les corps embrasés aucun des principes liquides qui devraient normalement se charger, — nous parlons ici bien sûr d'une nor-malité toute rêveuse —, d'y assurer le transit et la répartition des grandes énergies vitales. Conjointement au tissu conjonctif s'éva-pore en effet toute la substance humorale de l'être. S'évapore, ou devrait s'évaporer : car la réalité observable semble apporter quelquefois un démenti à la vérité imaginaire. Voyez par exemple le cas paradoxal des *larmes* : indubitablement liquides, elles s'asso-cient pourtant à l'affectivité la plus brûlante. Comment comprendre leur continuité avec une ardeur (souffrance, joie, plaisir) qui devrait logiquement les volatiliser dès leur apparition ? Comment, en somme, un être passionné *peut-il* pleurer ? Une première réponse à cette question un peu gênante consisterait à dire qu'en réalité il ne le peut pas. Contrairement à l'évidence matérielle, mais confor-mément à l'attente imaginaire, l'eau des larmes se trouve en effet, chez bien des pleurants balzaciens, tarie à sa source même par l'excessive chaleur des sentiments. C'est ce que nous dit Esther Gobseck : " Le feu de la douleur absorbait si bien mes larmes que, cette nuit, je n'ai pas pu pleurer [24]. " D'autres pleurent pourtant, ainsi Honorine, et la question resurg alors : " Comment l'eau de cette source vive courait-elle sur sa grève brillante sans que le feu souterrain la desséchât ? " ... Il faut bien alors penser, pour expliquer cette étrangeté, qu'existe quelque part une séparation des deux principes, l'humide et l'enflammé, le manifeste et le latent : peut-être se trouvent-ils écartés, et comme tenus à l'abri l'un de l'autre, par une barrière matérielle, rêvée sous les espèces de l'étanchéité, de la non-conduction, et formée d'une tierce substance : couche de terre, nappe de roches. Le phénomène humain emprunte ici son analogie justifiante à l'ordre du géolo-gique ou du géographique : " Y avait-il, comme sous la mer,

---

23. *Ibid..*, 746. — 24. *Splendeurs et Misères*, V, 112,

entre elle et le foyer du globe un lit de granit ? " Du feu ainsi barré, ou refoulé, on peut toujours alors redouter l'éruption ; d'où la question qui clôt cette étonnante rêverie : " enfin, le volcan éclaterait-il ? [25] ". Il reste encore la possibilité d'une autre solution, la plus étrange : dans les perspectives d'une songerie dialectique l'eau peut apparaître en effet non plus comme l'ennemi du feu, ou l'obstacle opposé à son jaillissement, mais comme sa suite imaginaire, voire à la limite son signe, son symbole. Au bout de l'incendie vital ne demeure plus alors que ce liquide mystérieux. Ainsi, à la fin de *Gambara*, le héros de ce nom, veuf, ruiné, malade, accablé par toutes les misères du destin, pleure, — et prononce, pour expliquer ses larmes, cette phrase, de tonalité alchimique certes, mais aussi de couleur moderne : " L'eau est un corps brûlé [26]. "

On voit qu'il peut exister, dans l'imagination du vital, certaines liaisons obscures entre les substances apparemment les plus contraires. Cela offre de nouvelles chances à la problématique de la flamme. Car cette instance déchirante, éruptive, consumante de tout, et d'abord d'elle-même, pourquoi ne pas tenter de la rêver sous des espèces moins terribles ? Pourquoi ne pas essayer de découvrir un mode heureux de la combustion ? Il suffirait pour cela de songer à un feu moins dur, plus assoupli, moins prédateur aussi, et plus nutritif, un feu capable de manifester chaleureusement l'essence de l'être passionnel, mais sans l'épuiser par l'acte de cette manifestation même. Or ce feu non véhément existe chez Balzac : c'est le *fluide*, fondement de tout son système du monde et de l'homme, élément-base de sa " philosophie occulte ".

Il ne saurait s'agir ici d'exposer, ou de ré-exposer les thèses de cette philosophie : simplement de décrire les thèmes d'imagination qui lui servent bien évidemment d'origine et de soutien. Or comment Balzac rêve-t-il l'être mystérieux qu'il nomme *fluide* ? Comme une substance tout à la fois liquide et subtile, labile et vigoureuse, capable d'apparaître sous divers degrés de densité — et à ce titre tantôt matière, si épaisse, tantôt pensée, si volatile — perceptible surtout dans la vie des êtres animés, mais soutenant aussi de sa présence le sens des objets inanimés. En une excellente

25. *Honorine*, II, 263. — 26. *Gambara*, IX, 473.

Note sur l'histoire des fluides imaginaires, Jean Starobinski a souligné l'extrême disponibilité imaginaire de cette notion de fluide, capable, nous dit-il, de " recevoir les contenus les plus divers, puisqu'elle satisfait à un certain nombre de rêveries humaines fondamentales [27] ". Chez Balzac les rêveries qui privilégient ce thème du fluide se laissent assez aisément apercevoir. Sa puissance tient à ce qu'il rassemble en lui les bienfaits rêvés de l'eau — souplesse, nutritivité discrète, don caché d'irrigation, capacité de faire pénétrer dans tous les recoins de l'être la ressource d'une sorte de grande continuité élémentaire, — et ceux du feu : activité tournée vers le dehors, vivacité, pouvoir chaleureux d'initiative. Bref le fluide est un feu lubréfié, une eau ardente, disons une " ondée de flammes [28] " comme le fait Balzac à propos de l'œuvre de Swedenborg. Ajoutons qu'il se le figure souvent à travers la métaphore, ou même sous l'existence littérale de ce phénomène encore inexpliqué dont la magie fascine toute son époque : l'électricité. Comme le courant électrique en effet le fluide se transmet en un parcours, comme lui il est invisible, insaisissable, ultra-rapide, perçant et foudroyant ; comme lui il baigne, il brûle, il pique. Voyez ce " regard de feu ", évoqué dans *Melmoth*, " qui vomissait des courants électriques, espèces de pointes métalliques par lesquelles Castanier se sentait pénétré, traversé de part en part, et cloué [29] ".

Le corps balzacien relèvera donc, en sa physiologie, d'une véritable mécanique rêveuse des fluides. Absorbée du dehors par les fonctions de respiration et de digestion, la " substance éthérée " — cette substance qui, selon quelque phrase célèbre de Louis Lambert, est " la base commune de plusieurs phénomènes connus sous les noms impropres d'électricité, chaleur, lumière, fluide galvanique, magnétique, etc... [30] " — s'y trouve recueillie, puis raffinée,

27. Cf. " *Gesnerus 23* ", 1966, p. 176-187. Starobinski étudie dans cet article l'histoire de l'imagination des fluides depuis le thème cartésien des esprits animaux jusqu'à la rêverie mesmérienne (à laquelle Balzac a beaucoup emprunté), et, après elle, au motif de l'ondulation, à celui même de la *libido* freudienne. La libido est bien en effet, elle aussi, une énergie primitive pensée à la fois comme liquide ardent et comme espace de désir. Cette parenté n'est pas ici gratuitement invoquée : la psychanalyse a pu en effet reconnaître dans la métapsychologie balzacienne un système d'interprétation du fait humain très proche de la théorie freudienne. Voir, par exemple, docteur Francis Pasche, *la Métapsychologie balzacienne*; in *Entretiens sur l'art et la psychanalyse*, Mouton, p. 258-265.

28. *Séraphîta*, X, 513. — 29. *Melmoth réconcilié*, IX, 288. — 30. *Louis Lambert*, X, 448.

filtrée par l'encéphale qui la redistribue ensuite sous une forme plus subtile — mi-matière, mi-pensée — à travers le relais préparé des divers organes, tous " gaines d'un fluide quelconque [31] ". Ou bien, en un autre état de la même rêverie, ce sont plus spécifiquement les nerfs qui servent de canaux à la liquidité ardente : à travers tout le corps ils répandent " l'humide radical et le fluide vital [32] " ; ils y transmettent donc le principe humoral double d'une activité et d'un confort, " l'aise et le mouvement " dit Balzac. D'où, nous le verrons, la gravité globale de tous les accidents qui les affectent, et l'importance d'une thématique de la nervosité dans la formulation des diagnostics psychologiques ou moraux : car sentiments, pensées ou jugements, qui relèvent tous bien sûr de la même " substance éthérée ", partagent à leur façon l'existence semi-matérielle des fluides ; quasi physiquement transportés le long des filaments nerveux, ils vivent avec eux en un rapport équivoque de contenu à contenant, et ils épousent donc leur problématique propre. Si, pour n'en évoquer qu'un exemple, les filaments nerveux s'imaginent comme canaux ou comme fils conducteurs, il devient normal d'affirmer — comme le fait Balzac dans la notice biographique de Louis Lambert — que la " colère est un courant électrique [33] ".

Ajoutons qu'aux côtés de la nervosité, et d'ailleurs entièrement tissé, entremêlé à lui, un autre champ physiologique imaginaire relève, et plus encore que lui peut-être, de la thématique des fluides : c'est celui de l'hématisme. Car s'il contient en lui des fluides, s'il assure leur transfert, ou s'il se laisse inversement influencer, guider par eux, le sang n'en constitue pas moins sans doute, sur un autre plan de rêverie, le modèle, l'archétype vivant de tout fluide. Voilà en effet une grande nappe rouge et sans couture, dont la tiédeur, rythmiquement pulsée, enveloppe en profondeur tout l'espace charnel. Sa couleur, sa chaleur le relient naturellement aux images de la flamme. Mais d'un autre côté sa qualité glissante, sa nature universellement circulante et sous-jacente, sa capacité de diffusion, son don souterrain d'ubiquité font de lui le liquide suprême. Ardeur partout infiltrée et perceptible, le

31. Cité dans Evans, *Louis Lambert et la philosophie de Balzac*, p. 82. — 32. *Clotilde de Lusignan*, cité dans le Yaouanc, *Nosographie de l'humanité balzacienne*, p. 132. — 33. *Ibid.*, p. 133.

sang semble traduire ainsi dans le visible l'exacte nuance interne du désir. Dans ce corps écriture auquel rêve Balzac, il fait surgir le premier signe, ou du moins la première plage ouverte aux signes. En lui se parleront toutes les aventures du vital.

Ainsi traduite sous la forme d'un feu, ou d'un fluide, ou encore d'un sang, ce feu fluide, l'énergie pourra connaître un autre mode encore d'apparition : celui d'un air, ou plus spécialement d'une lumière. Ainsi chez Henriette de Mortsauf : " Sa figure est l'une de celles dont la ressemblance exige l'introuvable artiste de qui la main sait peindre le *reflet des feux intérieurs* et sait rendre cette *vapeur lumineuse* qui nie la science, que la parole ne traduit pas, mais que voit un amant [34]. " Une perception érotiquement éveillée saisit bien ici la continuité qui va de ces reflets internes à cette vapeur externe : la seconde prolonge simplement en elle les premiers. Entre ces deux états physiques du désir se situe cependant une sorte de seuil : l'acte d'un changement, d'une métamorphose. D'abord l'ardeur vitale qui, sous forme de feu, de fluide ou de sang demeurait encore immanente à la masse charnelle, s'en trouve désormais libérée : elle apparaît maintenant *autour* du corps, flottant comme un nuage suspendu, ou comme une vibration visible, comme un *nimbe*. Et de fait les " physionomies vivantes ", dit Balzac, " ont une sorte d'atmosphère qui leur est propre [35] ". Une atmosphère, Balzac dit ailleurs une auréole : " Un feu subtil flambe intérieurement et fait rayonner autour d'elles comme ces nimbes peints autour des divins personnages dans les tableaux religieux [36]. " Ce nimbe, fait d'ambiance, et non plus d'immanence, résulte encore d'une " dilatation nerveuse [37] " de la chair. Mais l'énergie s'y est subtilisée, purifiée, elle y a atteint à un stade aérien du radieux, ce qui signifie sans doute la transformation du feu en une clarté. Car la lumière est une flamme qui brille sans brûler ; c'est une ardeur qui se serait nettoyée de toute violence avide ou égoïste, pour se réduire à l'éclat de sa seule essence principielle. Bachelard évoque dans l'un de ses livres ce qu'il nomme " l'idéalisation " du feu en lumière, et cite à ce propos l'admirable mot de Novalis selon lequel " la lumière est le génie du phénomène igné [38] ". Par *génie* nous entendrons tout à la fois mouvement,

---

34. *Le Lys dans la vallée*, VIII, 797. — 35. *Illusions perdues*, IV, 595. — 36. *Béatrix*, II, 421. — 37. *La Muse du département*, IV, 63. — 38. *La Psychanalyse du feu*, p. 209.

origine et terme, couronnement et vérité. Le feu s'achève, il s'atteint lui-même dans sa définition et sa finalité de feu en devenant lumière. L'homme-brasier est donc aussi un homme-phare : sans qu'il le veuille, tous ses gestes intimes se traduisent au-dehors en un hiéroglyphe de clartés. Il est " comme un pauvre ver luisant qui, à son insu, laisse échapper la lumière par tous ses pores. Il se meut dans une sphère brillante où chaque effort amène un ébranlement dans la lueur et dessine ses mouvements par de longues traces de feu [39] ".

Le corps désirant, ou désiré, se trouve ainsi porteur d'une sorte d'écriture immédiate. Mais il faut comprendre que ce type d'expression aéro-lumineuse a aussi valeur de sublimation. Pour que nous nous libérions de la brutale flagrance sensuelle, il suffira que le corps amoureux s'éloigne, s'envole, s'évapore lumineusement en un lointain d'espace ou de mémoire. C'est ce que nous suggère par exemple la si belle rêverie par laquelle, à la fin de *la Peau de chagrin*, le narrateur évoque l'image de Pauline disparue. Il la revoit telle une sylphide, " fluide créature " voltigeant au-dessus des eaux de la Loire, " comme un mot vainement cherché qui court dans la mémoire sans se laisser saisir " . Tout à la fois volatile et fluviatile (on interprétera plus loin le sens de ces associations), flottante et insaisissable, présente comme un sens, mais non comme une lettre (un " mot " fuyant...), elle est toujours ardente cependant, suprêmement ardente en son évanescence même. Ceci nous apparaissait un peu plus tôt dans ce même texte : Balzac y apercevait en effet son image en train de danser au-dessus d'un âtre devant lequel il s'était laissé aller à la rêver. Elle surgissait, comme une sorte de couronnement fuyant, dans " les rayons produits par le feu sur un morceau de chêne ", et se dégageait alors de la réalité physique du brasier comme son âme enfin révélée, ou sa vérité métaphorique : " Femme aux cheveux emportés par le vent (autre thème d'aérisation), et dont le profil respire une passion délicieuse : *du feu dans le feu !* elle sourit, elle expire, nous ne la reverrons plus... "
" Adieu *fleur de flamme*, conclut Balzac, adieu, principe incomplet, venu trop tôt ou trop tard pour être quelque beau diamant [40]. "
Dans le diamant le feu de cette femme se serait tout à la fois cristal-

39. *Physiologie du mariage*, X, 735. — 40. *La Peau de chagrin*, IX, 248.

lisé, condensé et emprisonné. Il y serait devenu immobile, parfait, donc consommable : banal en somme, comme un simple objet de prix. Mais la rêverie préfère laisser ici la flamme en liberté, hors de portée, dans le décalage toujours béant d'un *trop tôt* ou d'un *trop tard*. Au risque de se perdre, et jusque dans la mort, celle qu'elle inflige, celle qu'elle subit, l'ardeur désirante, et désirée, doit demeurer fleurissement continué : rayonnement sans fin, flamme dans la flamme, ultra-flamme.

Tels sont les trois états possibles de la manifestation vitale chez Balzac, états qui ne constituent d'ailleurs que les degrés, ou les moments d'un seul déploiement d'être. Cette puissance, il faudrait voir maintenant, à partir de quelques exemples partiels, comment elle se saisit du corps, l'informe, le met à son service. On étudiera plus loin son influence dans une économie générale de la chair. Regardons-là dès maintenant s'indiquer en quelques lieux corporels critiques : cheveux, front, lèvres.

Cheveux, mais aussi bien sourcils, barbe, moustache, plus géné-ralement poils : voilà bien l'un des êtres anatomiques sur lesquels s'arrête avec le plus de soin, d'attention presque maniaque la rêverie déchiffrante de Balzac. Car c'est en lui peut-être que se trahit le mieux la force interne. La pulsion ardente ou éruptive s'y mue quasi continûment en déploiement fibreux. Cheveux ou poils semblent en effet prolonger matériellement en eux, et inscrire dans l'espace le plus actif de la poussée vitale. De là le don de buissonnement pileux accordé par Balzac à tous ses grands per-sonnages énergiques, et surtout à ceux dont la vigueur, encore sauvage, non conventionnelle, reste toujours soumise à la tenta-tion du crime. L'hirsute, le velu, ce sont des qualités qui annoncent presque fatalement ici la violence, le tonus sexuel, donc bientôt l'infraction, le non-respect des normes, légales ou formelles. Ajoutons que ces poils ont le plus souvent couleur rousse, ce qui permet de lire aussitôt en eux la flamme dont ils sont l'épanouis-sement ultime, et subsidiairement l'enfer qui constitue le lieu théologico-moral de cette flamme. Vautrin nous alerte ainsi par des " mains épaisses, carrées, et fortement marquées aux phalanges par des bouquets de poils touffus et d'un roux ardent [41] ". Ses cheveux sont d'ailleurs du même roux, teinte si éminemment suspecte qu'il est obligé de les cacher par une perruque. On se souvient que lors de son arrestation, le premier geste du policier, Bibi Lupin, sera de faire sauter cette perruque, ce qui, par la brusque révélation de la chevelure jaune suffit à afficher la criminalité flamboyante du bandit. Butifer aussi, dans le Médecin de campagne, possède " la barbe, les moustaches, les favoris roux [42] " qui le marquent comme hors-la-loi. Ou voyez encore Michu, le régisseur d'Une ténébreuse affaire : héros violent et malheureux, il se présente physionomiquement à nous à travers un thème de congestion humorale et énergétique (annonciateur d'un thème ultérieur d'éclatement), — concentration elle-même soulignée par l'inévitable déploiement de la pilosité rousse : il " avait une face blanche, injectée de sang, ramassée comme celle d'un Calmouque, et à laquelle des cheveux rouges, crépus, donnaient une expression sinistre [43] ".

Chez les personnages féminins la chevelure prendra une valeur d'affirmation certes beaucoup moins brutale, mais elle continuera à afficher (sur un mode sourdement sexuel) sa liaison avec l'humeur profonde. Une humeur qui, dans certains cas limite, pourra être rêvée comme directement infusée en elle. Ainsi " les cheveux fins et cendrés " d'Henriette de Mortsauf " la faisaient souvent souffrir ", et ces souffrances, imagine Balzac, " étaient sans doute causées par de subites réactions du sang vers la tête [44] ". Entendons que le sang, soudain porté vers la chevelure, ne réussit pas à s'y infiltrer, comme il le voudrait, en raison de l'excessive finesse capillaire : cette rencontre d'un afflux et d'une étroitesse cause alors un engorgement, puis une douleur. D'autres textes curieux, et qui semblent bien avoir valeur auto-biographique, suggèrent un rapport secret de la capillarité, non plus avec l'humeur sanguine, mais avec la fluidité électrique, mode, on le sait, plus nerveusement expansif de l'énergie. Louis Lambert, par exemple, " enfant de six ans, couché dans un grand berceau, vit quelques étincelles électriques jaillissant de la chevelure de sa mère au moment où elle

41. Le Père Goriot, II, 858. — 42. Le Médecin de campagne, VIII, 426. — 43. Une ténébreuse affaire, VII, 449. — 44. Le Lys dans la vallée, VIII, 797.

se peignait ". Et cette marque enfantine se prolonge, dans l'imagination de Balzac, en une sorte de théorie du défoulement passionnel : " L'homme de quinze ans s'empara pour la science de ce fait avec lequel l'enfant avait joué, fait irrécusable dont maintes preuves se rencontrent chez presque toutes les femmes auxquelles une certaine fatalité de destinée laisse des sentiments méconnus à exhaler et je ne sais quelle abondance de force à perdre [45]. " A travers l'espace capillaire un surplus d'énergie accumulée peut donc se décharger vers le dehors, et cela avec d'autant plus de vraisemblance que la chevelure se rêve aussi comme décharge d'être. Ainsi se trouve conjuré le péril de gonflement et de pourrissement inhérent à toute puissance sans issue. Mais si le cheveu joue ici un rôle d'exutoire, le même texte lui attribue un peu plus loin une fonction exactement inverse : celle d'aspirer à l'intérieur du corps l'énergie ambiante. D'où naît la question de savoir si " la chevelure, qui se décolore, s'éclaircit, tombe et disparaît selon les divers degrés de perdition ou de cristallisation des pensées ne constituait pas un système de capillarité, soit absorbante, soit exhalante, tout électrique [46] ". Après le sang, ou la passion, voici la *pensée* qui agit maintenant sur le cheveu. L'essentiel reste cette intuition d'une sorte de porosité capillaire grâce à laquelle s'établirait, entre le dedans du corps et son dehors, tout un jeu d'échanges compensateurs. Mieux que l'épiderme, nécessairement clos malgré son peu d'étanchéité (on y verra le rôle des *pores*, points multipliés d'émanation ou d'inspiration), la chevelure forme ici un système d'enveloppement et d'ouverture (métonymiquement lié, on le verra, à celui du végétal). A la fois rayonnante et transitive, elle répond à un double vœu balzacien fondamental de perméabilité et d'expansion.

Le front, lui, est au contraire un thème de clôture : mais d'une clôture qui se chargerait surtout de nous faire pressentir, et comme apercevoir en elle l'assaut même des forces qu'elle aurait pour fonction de contenir. Derrière sa façade, plus ou moins ample et dégagée, s'imaginera toujours la pression quasi physique des pensées. L'espace frontal ne sert qu'à envelopper et annoncer, comme en ronde-bosse, le volume du mental. Un volume essen-

45. *Louis Lambert*, X, 390. — 46. *Ibid.*

tiellement expansif, avide d'une échappatoire, en lutte donc contre la chape osseuse recouvrante. Il existe ainsi des " fronts sublimes ou majestueux, ou doucement bombés comme si la pensée y abondait, ou plats comme si la résistance y siégeait invaincue [47] ". Le fait physionomique pertinent est bien ici celui de la courbure (opposée au plan) : elle marque un fléchissement, une demi-capitulation de la paroi osseuse sous la pression de l'attaque psychique sous-jacente, Balzac dit du " génie ". A la limite même, ainsi chez Louis Lambert, on en arrive à craindre que le rempart ne cède et que la pensée ne gicle directement à l'extérieur : " Son front me parut près de crever sous l'effort du génie; ses forces qu'il faut nommer morales jusqu'à nouvel ordre, semblaient jaillir par les espaces destinés à les projeter [48]. " Le front du génie balzacien a beau se gonfler ainsi, se distendre, s'élever majestueusement comme pour s'adapter à l'ampleur et à l'effervescence de son contenu psychique : barrière fragile, il reste toujours menacé par le désastre glorieux de l'éruption.

Quant aux lèvres, elles soutiennent, toujours à l'intérieur de cette thématique d'une vitalité effusive, un projet de transparence ou de provocation. On sait que la psychanalyse les marque comme l'une des zones érogènes décisives. A travers leur finesse on devine en effet la pulsion, le frémissement du sang; parfois même on peut l'y toucher, l'y goûter : ainsi dans le baiser. Le rouge de leur pulpe signifie donc de manière non douteuse une certaine puissance à exister. Tantôt égoïste celle-ci, possessive, et brutalement sensuelle, ainsi en ce héros du *Curé de village* dont les lèvres possédaient, dit Balzac, " cette teinte de minium qui annonce une férocité contenue, et qui trouve chez beaucoup d'êtres un champ libre dans les ardeurs du plaisir [49] ". Tantôt au contraire ce sang s'avère bienfaisant, oblatif, tourné vers l'autre, épanoui en une ouverture généreuse. De " larges lèvres " seront presque toujours chez Balzac des " indices de bonté [50] ". Et cela d'autant mieux qu'à leur charnu, à leur richesse sanguine sous-jacente s'ajoutera la subtilité de leurs inflexions : celle de la ligne extérieure qui dessine et enlève les lèvres sur le reste du visage, celle aussi des multiples lignes intérieures qui modulent significativement leur gonflement. Ainsi le

47. *Une fille d'Ève*, II, 97. — 48. *Louis Lambert*, X, 286. — 49. *Le Curé de village*, VII, 628. — 50. *Un début dans la vie*, I, 674.

juge Popinot possède, au beau milieu d'une figure ingrate et morne, ce " seul trait recommandant ce visage au physionomiste " : " Une bouche sur les lèvres de laquelle respirait une bonté divine. C'était de bonnes grosses lèvres rouges, à mille plis, sinueuses, mouvantes, dans lesquelles la nature avait exprimé de beaux sentiments [51]. " Eugénie Grandet se signale de même à notre sympathie par une " bouche en rouge de minium, dont les lèvres à *mille raies* étaient pleines d'amour et de bonté [52] ". Souvenons-nous encore de Benassis dont la " bouche était sinueuse, les lèvres, épaisses et rouges [53] ", ou bien de Modeste Mignon dont les lèvres " fines et grasses tout à la fois [54] " réalisent une rencontre heureuse du modelé et du pulpeux.

De tous ces signes favorables il est trop tôt encore pour commenter un peu précisément la valeur. Ils se rattachent en effet à une thématique de la sinuosité, de l'inflexion expressive, du glissement vivant dont nous aurons à étudier plus tard les diverses figures. Disons pourtant dès maintenant que ces modulations formelles déposent sur les lèvres des indices de mouvement, donc de vie, d'euphorie profonde. Rien pour Balzac n'est meilleur que ce qui bouge, ou qui pourrait bouger. Rien n'est pire que ce qui s'engourdit dans l'immobilité. De ce point de vue la bouche forme vraiment un site élu de la personne. Non seulement parce que le sang y connaît une exposition presque impudique, une épiphanie provocante, et presque toujours euphorique (ainsi la lèvre inférieure de Camille Maupin semblable au " bord d'une grenade ouverte [55] "). Mais aussi parce que les lèvres, lieu de cette offre sanguine, sont aussi l'endroit d'où se déversent les paroles. Et l'on sait à quel point ce déversement fut pour l'homme Balzac facile et agréable. Il arrive d'ailleurs qu'en certains personnages particulièrement vitaux l'imagination parvienne sur les lèvres mêmes à lier visiblement les deux fonctions : la parlante, l'humorale (ou la libidinale). Ainsi chez la Cibot dont le prodigieux bavardage s'écoule, dit Balzac " à travers les rouges écluses " d'une " bouche torrentielle [56] ". Dans la chair même de ces lèvres l'origine vitale

51. *L'Interdiction*, III, 21. — 52. *Eugénie Grandet*, III, 528. — 53. *Le Médecin de campagne*, VIII, 333. — 54. *Modeste Mignon*, I, 370. — 55. *Béatrix*, II, 376. — 56. *Le Cousin Pons*, VI, 676.

se lie donc directement à la naissance d'un langage. Le sang y devient immédiatement discours, bientôt littérature [57].

57. Il peut être intéressant de noter à ce propos que la *parole* est bien chez Balzac un thème *igné*, donc à la fois vital et destructeur : la parole " dont la communication *brûle* et *dévore* ceux qui ne sont pas disposés à la recevoir ", porte l'une des *Pensées* de Louis Lambert. Mais, et en étonnante contradiction avec toute la thématique balzacienne de la dépense, il semble que cette brûlure ait aussi valeur de *réfection*. La parole en effet " engendre incessamment la substance " (Louis Lambert, X, 449). Il s'agit là bien sûr d'une parole de type principiel, émise au contact de l'origine : Balzac semble l'imaginer comme un symbole capable de produire en lui la réalité symbolisée, comme un signifiant nourrissant la matière même de ses signifiés (et jusqu'au pouvoir de se signifier). Cette petite phrase, sur laquelle les critiques n'ont cessé de s'interroger, éclaire peut-être d'un jour nouveau (et optimiste) l'*image* balzacienne de la littérature.

II

LE CORPS MALÉFIQUE

Tels sont les trois grands registres substantiels de l'énergie et quelques-uns des sites corporels à travers lesquels elle se parle. Il ne suffira pourtant pas, pour la décrire, d'interpréter le sens de ces points isolés. C'est dans la totalité de l'étendue charnelle qu'il faudra voir comment l'ardeur vitale se dispose, s'équilibre, se normalise. C'est là qu'apparaîtront les diverses figures, positives ou négatives, heureuses ou malheureuses, offertes ou refusées, de son économie.

Or celle-ci semble tributaire d'une contradiction fondamentale, qui tient au statut ici accordé à l'idée même de puissance. Les êtres balzaciens obéissent en effet à une double nécessité de manifestation et de réserve. Vivre, on l'a vu, pour eux, c'est projeter ardemment, fluidement, électriquement, ou lumineusement leur substance personnelle dans l'espace d'un dehors. Mais cette projection implique une dépense; et celle-ci, que n'équilibre aucune réfection du capital premier, aboutit à une diminution de la capacité rayonnante, puis à un épuisement existentiel, à une mort. Voudra-t-on éviter la fatalité de cette issue? Luttera-t-on contre le malheur du gaspillage? On se condamnera à ne plus manifester, donc à ne pas vraiment vivre, à mourir d'une autre manière, ou plutôt à demeurer mort dès le début, à ne pas commencer à être. Le vieillard mécanique, le crétin centenaire seront des images limite, et caricaturales, de cette vie jamais finie parce que jamais véritablement entamée. Si bien que le choix de l'homme balzacien ne se situe pas entre être et n'être pas, mais entre deux façons de ne pas être. Toute la mythologie charnelle de Balzac s'organisera donc en fonction du double écueil rêvé de l'anéantissement par excès et de l'inexistence par manque. Dépasser l'existence, ou n'y pas accéder, voilà bien ici le vrai dilemme. Il faut ajouter d'ailleurs que la rêverie n'affecte pas ses deux termes du même coefficient de gravité : le second apparaîtra toujours bien plus décourageant que le premier ; un discrédit plus fort frappera l'excès de la rétention que l'abus de la dépense. Ce choix commande le clivage même du champ énergétique, avec la répartition spontanée qui s'y opère entre figures génératrices de malaise, et figures créatrices d'euphorie.

De tous les défauts humoraux, le plus profond, le plus insupportable, c'est bien en effet sans doute l'*asthénie*. Car il témoigne d'une sorte de carence principielle. Sous le regard certaines chairs ne parviennent pas à s'affirmer. Aucune vibration n'y trahit la violence vitale. La flamme interne semble s'y être éteinte, le ruissellement fluidique arrêté. C'est la catégorie maléfique de l'*inerte*, qui se formalise en *étriqué*, se moralise en *médiocre*, et s'atteste à travers toute une série d'indices dysphoriques. Ainsi dans le morne visage d'Élisabeth Baudoyer : " Tout en elle était mesquin : et ses cheveux d'un blond qui tirait sur le blanc, et son front plat éclairé par des pans où le jour semblait s'arrêter, et son teint plein de tons gris presque plombés [1]. " Laissons de côté, pour le commenter plus tard, ce phénomène curieux du jour immobilisé, et en quelque sorte éteint par l'épiderme. Mais relevons la matité du teint, sa qualité de non-rayonnement, sa lourdeur même, avec l'intéressante connotation matérielle du plomb : là où devraient s'afficher les signes d'un épanouissement ardent et léger n'apparaissent que les marques d'une neutralité, d'une maussaderie. Cette ingratitude charnelle se liera même quelquefois à une inquiétude de la dilution, voire de la souillure : ainsi dans cette " face pâle assez semblable à un verre d'eau sale [2] ", ou dans le visage, comparable à " une carafe de limonade [3] ", de Corentin, le super-policier, donc l'insaisissable, l'incolore, l'absent suprême. Mais revenons-en à la triste Élisabeth : aucune présence non plus dans son couronnement capillaire ; rien de plus écœurant en vérité que cette chevelure incertaine, cette teinte hésitant entre deux teintes, sans aucune franchise de jaillissement ni d'assertion. Chez d'autres personnages le cheveu pourra manifester diversement cette même

1. *Les Employés*, VI, 899. — 2. *Autre étude de femme*, III, 246. — 3. *Une ténébreuse affaire*, VII, 469.

atonie : il le fera tantôt radicalement, par son absence, ou sa suppression (mélancolie de la calvitie, tristesse répressive des " cheveux gris crépus, toujours taillés ras [4] "), tantôt de façon plus nuancée par sa minceur, son manque de vigueur, son inaptitude au surgissement (ainsi sur ce " crâne pointu du haut duquel tombaient des filaments grêles et sales auxquels un poète aurait refusé le nom de cheveux [5] "), tantôt même, s'il s'agit d'une femme, par une certaine nuance de blondeur. Nul doute en effet qu'une blondeur particulière, une blondeur trop pâle, n'entraîne quasi automatiquement en Balzac le soupçon d'une anémie, d'un manque de franchise passionnelle. Nous nous méfierons donc ici des blondes évanescentes, " blondes fades et comme évanouissantes [6] ", dit Balzac, c'est-à-dire physiquement et moralement fuyantes, inconsistantes, flottantes entre des affectivités diverses (ce qui relie d'ailleurs curieusement le thème de la coquetterie à celui du déficit caractériel tout autant qu'à celui de la dureté) : blondes privées en somme de la qualité embrasante du blond-flamme, et plus encore, bien sûr, du dru émotionnel d'une belle chevelure brune.

Cette inquiétude du blond, de la chevelure blonde, s'associera souvent à une mise en question du bleu, du regard bleu. Car ils se conjoignent naturellement en de nombreux visages. Et certes il convient ici de nuancer. Car le bleu de l'œil peut renvoyer à la dureté cruelle, mais certes non anémique, et même éminemment énergétique, d'un brio métallisé, par exemple d'un acier. En d'autres cas, et en raison cette fois de la valeur aérienne qu'il incarne, il sera vécu, P. Abraham l'a bien montré, comme un indice d'ouverture et de disponibilité spirituelle. Dans le plan du visage, il creusera la perspective d'un ciel intérieur, disons d'une âme. Mais ce caractère céleste, et donc illimité, entraîne avec lui le risque de significations bien moins comblantes. Car l'azur de l'œil peut toujours se rendre coupable de deux fautes peu pardonnables dans le système d'imagination balzacienne, le manque de densité, l'absence d'orientation focale. Dans l'étendue apparemment offerte de certains regards trop bleus la substance personnelle de l'autre semblera s'être délayée, dissoute, égarée, au point de nous devenir insaisissable. C'est souvent le cas de la coquette ou du

4. *Les Employés*, VI, 926. — 5. *Un début dans la vie*, I, 626. — 6. *Mémoires de deux jeunes mariées*, I, 144.

dandy : ainsi le trop beau de Marsay qui de son père lord Dudley
" avait pris, dit Balzac, les yeux les plus amoureusement décevants [7] ".

Et cette " déception " s'accroîtra encore dans le cas où le bleu,
à force de délavé, semblera se brouiller, et comme sournoisement
s'embrumer. Beaucoup d'individus suspects ont ici les yeux d'un
" bleu trouble [8] " ; par exemple l'apprenti Cerizet, dans *Illusions
perdues*, chez qui cette fausse transparence nous renvoie au thème
de la confiance offerte, et trahie ; ou bien Théodore Calvi, le
jeune ami de Vautrin, dans *Splendeurs et Misères*, en qui ce bleu
trouble impose le motif, tout à la fois sentimental et équivoque,
de l'homosexualité. A la limite cette teinte suspecte vire au vert,
couleur moins franche encore, ainsi, chez l'employé Dutocq,
celle de " ces yeux vert clair qui fuyaient le regard du prochain [9] ".
Gagnée par la rêverie liquide d'un glauque, ou d'une obliquité,
l'inconsistance azuréenne s'y met au service d'un projet de dissimu-
lation. Devant ces yeux bleus ou verts nous éprouvons alors le
malaise d'une fuite concertée de l'autre, fuite qui pourra aller
jusqu'à prendre chez certains la forme d'un refus, ou d'un rejet.
Car au grief d'immatérialité trompeuse nous pourrons ajouter
quelquefois devant l'œil bleu celui d'insensibilité et de froideur.
Inhumains, par exemple, les yeux " d'un bleu de faïence " d'Élisabeth Baudoyer. Plus inquiétant encore ce personnage de *Pierrette*
chez qui le regard des " yeux bleuâtres " ne jetait, dit Balzac,
" ni flamme ni pensée [10] ". Le bleu c'est ici la dimension même
du négatif : inexpression, inactivité, froideur.

A ce premier type d'inquiétude s'en ajoute souvent, pour le
compliquer et l'alourdir, un autre non moins grave : le malaise
du retrait. Au lieu de se diriger vers son dehors, c'est-à-dire vers
nous qui la regardons, en suivant le mouvement extroversif de
toutes les vitalités heureuses, la chair semblera s'y retourner, s'y
réorienter vers elle-même comme pour nous interdire de l'atteindre.
Devant un tel renversement nous n'éprouverons plus la gêne
d'une pénurie, ni d'une inconsistance, mais l'appréhension, sans
doute plus minante encore, d'une sorte de vertigineuse esquive.
Plus nous nous enfonçons dans l'intériorité rêvée de l'autre,

7. *La Fille aux yeux d'or*, V, 272. — 8. *Splendeurs et Misères*, V, 1072. — 9. *Les
Employés*, VI, 926. — 10. *Pierrette*, III, 663.

moins nous y rencontrons ce foyer, ce point d'initiative à partir duquel tout s'illuminerait. Ainsi les " yeux jaunâtres et clairs " de Michu offraient, nous dit Balzac, " une profondeur intérieure où le regard de qui l'examinait allait se perdre sans y rencontrer de mouvement ni de chaleur[11] ". Cette gêne d'un regard-abîme, certains personnages dangereux parviennent à s'en faire une arme, souvent décisive, contre leurs partenaires, amis ou ennemis. C'est le thème de l'inscrutable, de l'insondable, lié à celui du secret, et qui a donc besoin pour s'établir d'une certaine épaisseur ou voluminosité fuyante de la chair. Voyez par exemple Nucingen, " cubique ", " gras ", " lourd comme un sac ", " immuable comme un diplomate ". Cette massivité lui permet de laisser se creuser en lui le gouffre d'un sens indéchiffrable. A l'inverse de son compère Du Tillet, maigre, agile, " aigu ", abrité derrière un rideau extraordinairement subtil de manœuvres et d'intrigues, il a, dit Balzac, sa profondeur " non pas en avant, mais en arrière ", il " est impénétrable ", on ne le voit jamais venir[12] " : car, dernier élément d'anxiété, cette profondeur non maîtrisable devient toujours finalement le lieu d'un éclatement inattendu ; le retrait y prépare l'agression ; et cette attaque dont nous n'avons pas pu surprendre le départ, ni deviner l'intention puisqu'elle s'y déclenche à partir d'une sorte d'*ailleurs* charnel, a toute chance alors de se montrer irrésistible.

Il faut noter aussi que la dérobade introversive tient quelquefois au fait que le regard s'est authentiquement, véridiquement détourné du monde externe, pour s'accommoder à l'espace, soudain à lui révélé, mais à lui seul, d'une sorte d'en deçà métaphysique. Le repli n'est plus alors de psychologie, ni de tactique, mais d'essence. Chez les plus grands rêveurs balzaciens la vision semble ainsi basculer vers elle-même, comme pour rechercher l'horizon d'une transcendance intime. Foncièrement évasive, " invasive ", portée vers un ailleurs (un dedans) qui l'impersonnalise, qui même l'inanime, elle échappe à la prise des perceptions communes. Ainsi Louis Lambert, " dans les moments où il se livrait à ses contemplations ", avait un regard " terne ", " sans couleur ". Son œil, ajoute Balzac, " ressemblait alors à une vitre d'où le soleil

---

11. *Une ténébreuse affaire*, VII, 449. — 12. *La Maison Nucingen*, V, 602.

se serait retiré soudain après l'avoir illuminée [13] ". Belle image d'une transparence glacée et déshumanisée, parce que soudain déserte, privée de son foyer vivant, veuve d'une ardeur retirée dans l'autre monde. Même phénomène chez Balthazar Claës, autre grand martyr de la voyance : " Parfois ses yeux prenaient une couleur vitreuse, il semblait que la vue se retournât à l'intérieur [14]. " C'est à la conversion introspective du regard mental que s'impute ici l'étonnante vitrification de l'œil physique. Mais le résultat reste le même que si le porteur de ce regard souffrait d'une faiblesse énergétique : au lieu d'appréhender en lui la richesse d'un espace vivant et palpitant, nous n'y touchons que le site d'une paralysie, " l'immobilité " d'un " regard blanc et vide [15] ", l'angoisse d'une absence.

Autre thème d'absentement, mais plus assertif, plus explicite : l'exclusion. Au lieu que la profondeur personnelle nous engage dans le leurre d'un creusement indéfini, elle y décide de se clore, et de s'interdire en sa surface même. L'intériorité d'autrui s'y occulte, s'y fait problématique. Nous ne saurons ici jamais à qui nous avons affaire, ami ou ennemi, ni même si nous avons affaire à quelqu'un, si un être personnel existe derrière la façade. Cette stratégie de la clôture met en jeu toute une série de moyens fort efficaces. Le premier sera la diminution concertée des ouvertures : l'espace oculaire semblera se rétrécir, et en même temps se dissimuler, s'enfouir derrière le gonflement malsain de ses rebords ; paupières enflées, sourcils touffus et retombants constitueront autant de moyens naturels d'obturation. Ainsi chez Minoret Levrault, archétype du visage inquiétant, " les yeux gris, agiles, enfoncés, cachés sous deux buissons noirs, ressemblaient aux yeux des Kalmouks venus en 1815 [16] ". Le double malaise du barbare occupant et de l'asiatique indéchiffrable vient ici confirmer pour nous la nuance de gêne inhérente à cette teinte neutre, à ce mouvement élusif, et surtout à cette occultation dont il nous faut bien soupçonner la malveillance. Il y aura donc chez Balzac une phobie des petits yeux, ainsi que des yeux envahis ou engorgés de chair : par exemple chez ce personnage qui, dans le Curé de Tours, lève sur l'abbé Birotteau " ses petits yeux perdus sous les

---

13. *Louis Lambert*, X, 369. — 14. *La Recherche de l'absolu*, IX, 504. — 15. *Ibid.* — 16. *Ursule Mirouët*, III, 266.

plis formés dans son masque par la graisse ", puis " les referme sournoisement [17] ". Le fait qu'il s'agisse ici d'un chien, le chien de Mlle Gamard, bourreau du pauvre abbé, ne fait que rendre cet exemple plus probant encore : chez les hommes aussi l'œil petit et noyé de graisse a valeur d'animalité, c'est-à-dire d'inhumanité, vivante ; il y signifie l'étrangeté, le refus absolu de relation ; il est, pour celui qui se heurte à lui, la marque même de la forclusion.

Ajoutons qu'une telle hantise de clôture va jusqu'à affecter quelquefois non seulement la relation de l'œil au reste du visage (son enkystement, sa diminution), mais sa qualité propre, son mode particulier d'apparition. Même en effet lorsqu'il s'ouvre, lorsqu'il s'offre aux regards d'autrui, l'œil négatif semble encore d'une certaine manière se fermer. Il suffit pour cela d'imaginer l'intervention d'une sorte d'écran qui lui serait intérieur, et qui, sans en compromettre absolument le creusement, car il n'y aurait alors plus d'œil, en bloquerait pourtant de manière irrémédiable l'approche, la pénétration relationnelle et la compréhension. Balzac installe assez souvent dans les yeux refusés le *non* de cette barrière translucide. Chez le colonel Chabert, par exemple, elle signale l'idiotie, l'insensibilité méfiante de qui a été abruti par le malheur : " Ses yeux paraissaient couverts d'une taie transparente : vous eussiez dit de la nacre sale dont les reflets bleuâtres chatoyaient à la lueur des bougies [18]. " L'intérêt imaginaire de cette *nacre* réside dans son ambiguïté : apparemment diaphane parce que non colorée, et vivante parce qu'animée d'un brio lumineux, elle mime l'espace normal d'une vision, tout en en dénonçant la fausseté à travers d'autres indices évidents : teinte douteuse (sale), opacité matérielle, inertie. Si bien que cette rêverie nous impose la présence d'un œil à la fois vivant et minéral, ouvert et obturé. Chez d'autres personnages, plus négatifs encore, la même occlusion équivoque s'opère à travers des matières plus dures, plus cruelles. Ainsi Fœdora, la femme sans cœur, sans intériorité sentimentale, soutient, dit Balzac, les rayons amoureux des yeux de Raphaël " sans que la clarté des siens s'en altérât, car ils semblaient, comme ceux des tigres, être doublés par une feuille de métal [19] ". L'œil ne se contente plus ici de stopper ou d'égarer le regard qui le touche :

17. *Le Curé de Tours*, III, 806. — 18. *Le Colonel Chabert*, II, 1096. — 19. *La Peau de chagrin*, IX, 124.

cette pellicule métallique renvoie brutalement le message à l'émetteur. Pour refuser le contact, l'écran oculaire s'y transforme en un miroir.

Mais pour clore un visage Balzac ne se contente pas d'y barrer les regards. Il fait participer à cette fermeture tous les autres éléments de la physionomie. Chacun d'entre eux y est séparément frappé de constriction : la peau se rétrécit, se ride ; le nez s'amincit et s'immobilise ; la bouche surtout, lieu crucial, se crispe sur elle-même comme pour interdire et refouler en dedans toute tentation expressive. " Les lèvres minces d'une bouche serrée [20] ", d'une bouche " rentrée [21] ", d'une bouche " mince et serrée [22] " forment ici l'un des plus puissants leitmotive d'interdiction. Mieux encore : ce tropisme de bouclage intéresse aussi la relation qui unit les uns aux autres les divers éléments ainsi condamnés. Non seulement chacun d'entre eux se recroqueville sur lui-même, mais ils se tassent tous les uns sur les autres, comme pour empêcher le creusement, entre eux, d'aucune fissure divulgante. Cette contraction unanime constitue sans doute pour Balzac le thème originel de l'avarice, dans la mesure où celle-ci est un choix qui intéresse, bien avant cette substance secondaire et symbolique qu'est l'or, la répartition profonde des énergies vitales. L'avare est celui qui garde, qui se garde ; et qui, pour mieux tout retenir, verrouille ses ouvertures. Chez lui, commente Balzac " l'immobilité des narines accuse une sorte de sécheresse. Jamais le nez d'un avare n'a vacillé, il est contracté comme la bouche ; tout est clos dans son visage comme chez lui [23] ". D'où l'étonnante mythologie du resserrement qui commande, par exemple, le portrait de l'usurier Taboureau : " Homme maigre et à demi voûté, au front bombé, très ridé. Cette figure creuse semblait percée par de petits yeux gris tachetés de noir. L'usurier avait une bouche serrée et son menton effilé tendait à rejoindre un nez ironiquement crochu [24]. " Merveille de ce trait final : nez recourbé, bouche scellée, menton réduit s'y rétractent en outre les uns les autres en une parfaite fermeture.

Ne minimisons pas le malaise causé par de telles constrictions : il tient au caractère de secret qui nécessairement les accompagne. La crainte de la clôture, c'est, pour l'homme balzacien, le souci du

20. *Ursule Mirouët*, III, 299. — 21. *Le Cousin Pons*, VI, 551. — 22. *Une ténébreuse affaire*, VII, 460. — 23. *Béatrix*, II, 376. — 24. *Le Médecin de campagne*, VIII, 369. —

sens qui s'interdit, de la cause qui se dérobe, c'est l'appréhension d'une puissance qu'il sent être à la fois proche et insaisissable. L'avare, comme d'ailleurs le politique, bénéficie de toute la force du caché ; héros de la rétention (de la nourriture, de l'or, du feu : voyez Gobseck), retranché derrière sa façade, comme l'autre en sa fausse profondeur, il échappe à la lecture, sinon sous le sigle décevant de l'impossible à lire, ce qui constitue un privilège exorbitant en un monde dominé, comme celui-ci, par la passion du déchiffrement. Sur le plan du visage obturé s'effacent en effet tous les signes, et même toutes les possibilités de signe : le sang n'y soutient plus la naissance du sens ; l'exsangue au contraire, l'immobile y confirment les effets du resserré. Ainsi la " figure blafarde de Corentin semblait ne pas avoir une goutte de sang [25] ". Il en résulte une illisibilité, en même temps que l'affleurement d'une sorte d'acidité mauvaise : il avait, dit encore Balzac, " du vinaigre sur les lèvres et du verjus dans les yeux [26] ". Comment rêver alors le dedans de ces chairs aigries et clôturées ? Balzac n'y réussit qu'en projetant en elles des images de dureté minérale, de froideur non vivante : ainsi celle de la pierre, et de la plus impénétrable qui soit, le granit (le " père Grandet restait inébranlable, âpre et froid comme une pile de granit [27] "), ou celle de ce granit métallique, le bronze : par exemple dans *la Muse du département*, Dinah se heurte à son mari, comme " une âme de bronze cotonnée des manières les plus douces [28] ".

Reste que, signifiants de l'impénétrable, bronze ou granit n'en sont pas pour autant des substances entièrement négatives. Elles demeureront récupérables par une rêverie qui se chercherait des cautions du côté de la consistance ou de la densité. C'est que l'inentamable n'est peut-être pas ici le péché majeur. Bien plus grave sans doute le défaut qui frappe, à l'intérieur même de l'espace charnel, la capacité de déplacement imaginaire, ou, si l'on préfère, l'aptitude physique à l'accueil et au transfert, la viabilité. La mauvaise volonté du corps y sera cette fois vécue comme rugosité, comme freinage : vice de la sécheresse dont on a vu déjà le lien originel avec les images du feu.

Physiologiquement, le sec se place le plus souvent sous la dépen-

25. *Une ténébreuse affaire*, VII, 460. — 26. *Une ténébreuse affaire*, VII, 469. — 27. *Eugénie Grandet*, III, 611. — 28. *La Muse du département*, IV, 69.

dance du nerveux, et cela sans doute parce que le thème de la nervosité se relie, soit directement, soit par le relais de l'électrique, à celui de l'expansion ardente. Fils conducteurs de force, les nerfs peuvent en effet chauffer : ainsi la marquise d'Espard, toujours agitée d'intrigues et de passions changeantes, était, nous dit Balzac, " une femme d'un tempérament sec et nerveux : sans son régime, son teint eût pris la couleur rougeâtre que donne un constant échauffement [29] ". Attention donc à la surchauffe : provoquant l'irritation des conduits nerveux, elle les rendrait inaptes à transmettre normalement les fluides. Le mal à redouter, c'est ici le manque permanent d'huilage ; le péril premier, celui d'intransivité. Nous devrons donc toujours nous méfier des " natures... excessivement filandreuses et sèches ", et même de tous les êtres chez qui la sécheresse pourra superficiellement se déguiser en délicatesse, en finesse : car le nerveux, c'est aussi le raffiné, l'ultrasensible. De Mme de Bargeton, par exemple, il suffira que Balzac évoque" les doigts effilés et soignés, même un peu secs [30] " pour que nous fassions le diagnostic de sa non-générosité profonde : ces doigts nous obligent à prévoir une trahison future. Et que dire de la duchesse de Langeais en qui, nous le savons, Balzac a sans doute fixé les souvenirs d'une frustration très personnelle ? A quoi son obstinée résistance est-elle due ? Sans doute à un défaut d'onction, qui s'exprime dans le visage par les motifs de l'étroit, de l'allongé (lui-même traduit en aristocratique, en archaïque), du non-arrosé : " Sa figure un peu trop longue avait de la grâce, quelque chose de fin, de menu, qui rappelait les figures du Moyen Age. Son teint était pâle, légèrement rosé. Tout en elle péchait pour ainsi dire par un excès de délicatesse [31]. " L'élongation des formes est bien ici un synonyme de la non-largeur humorale, disons même de la non-largesse ; et cet excès final ne nous renvoie qu'à une carence de la vitalité.

Chez d'autres personnages la nervosité sèche ne s'allie plus à de la fragilité, mais au contraire à de la dureté, voire à de la violence. Regardez par exemple la seconde héroïne du *Lys dans la vallée*, l'ardente, la voluptueuse Arabelle. Dans la distribution dramatique du roman, elle occupe, on le sait, le rôle maléfique de la

---

29. *L'Interdiction*, III, 45. — 30. *Illusions perdues*, IV, 507. — 31. *La Duchesse de Langeais*, V, 167.

tentatrice impure et vorace. Or son essence générique est bien
encore celle du sec, un sec qui se traduit apparemment chez elle,
comme chez Mme de Bargeton et la duchesse de Langeais, en
finesse, voire en débilité. Mais cette fragilité douloureuse se
trouve bientôt démentie par d'autres aspects, très exactement
inverses, de la même pathologie de sécheresse. " Cette belle lady si
svelte, si frêle, cette femme de lait si brisée, si brisable, si douce,
d'un front si caressant, couronnée de cheveux de couleur fauve si
fins, cette créature dont l'éclat semble phosphorescent et passager
est une organisation de fer. " Chute brutale de la phrase qui marque
le dévoilement véritable d'une humeur : car le délié rêvé de la
nervosité se trouve en réalité sous-tendu chez Arabelle par un
autre thème, plus profond, de crispation ardente, celui du musculaire. Sous une enveloppe gracile lady Dudley possède la violence
sèche de l'athlète : " Quelque fougueux qu'il soit aucun cheval ne
résiste à son poignet nerveux, à cette main molle en apparence et
que rien ne lasse. Elle a le pied de la biche, un petit pied sec et
musculeux sous une grâce d'enveloppe indescriptible... " La
duplicité de l'énergique et du fragile se résout d'ailleurs pour elle
dans l'aveu d'une seule vocation foncière, qui est celle de la flamme.
Au centre de son personnage, et commandant tous ses rapports,
tant physiques que sentimentaux, avec le monde, Balzac imagine
l'activité ruineuse d'une ardeur, le mal d'un anhydrisme : " Son
corps ignore la sueur, il aspire le feu dans l'atmosphère, et vit dans
l'eau sous peine de ne pas vivre. Aussi sa passion est-elle tout
africaine... " Et Balzac d'opposer alors cette torridité possessive à
l'ardeur tout oblative de la douce Henriette ; l'une attirant toute
chose à elle pour la griller à son foyer, l'autre répandant au contraire
autour d'elle la fraîcheur dont notre âme a besoin, l'une étant un
gouffre ardent, l'autre une source offerte, si bien que les deux
héroïnes du roman s'opposent non seulement par les essences
matérielles desquelles elles relèvent de manière ouverte, mais par
leur façon, ici captative, là expansive, de se relier à ces principes :
" Quelle opposition avec Clochegourde ! L'Orient et l'Occident,
l'une attirant à elle les moindres principes pour s'en nourrir,
l'autre exsudant son âme, enveloppant ses fidèles d'une lumineuse
atmosphère ; celle-ci vive et svelte, celle-là lente et grasse [32]. "

32. *Le Lys dans la vallée*, VIII, 947.

On interprétera plus loin le rôle soulageant de la sueur, cette nécessaire excrétion de l'être. Et l'on se souvient de la valeur idéalisante des atmosphères charnelles émanées. Notons seulement ici le trait final qui pose, entre Arabelle et Henriette, une différence supplémentaire de *vitesse*. C'est que la thématique du sec n'intéresse pas seulement le registre des humeurs ni des substances : elle touche aussi l'univers des formes, spatiales et temporelles, ou plutôt celui de la relation entre les formes. Le temps sec, ce sera par exemple le temps d'une rapidité discontinue. La durée s'y enfermera dans les rythmes de la secousse (suite de blocages et de débloquages), de l'inégalité, quelquefois de l'éparpillement, ou du décentrement. Ainsi de Fœdora, dans *La Peau de chagrin* : " Quand je cherchais à m'associer en quelque sorte à l'action de sa vie, écrit Raphaël, je rencontrais en elle une intime et secrète vivacité, je ne sais quoi de saccadé, d'excentrique, les femmes sans âme n'ont rien de moelleux dans leurs gestes [33]. "

Et la même absence de moelleux caractérise aussi leur apparence extérieure. Transportée dans le registre des formes corporelles, la sécheresse y devient en effet ce vice impardonnable : l'angularité. Car tandis que la chair sensuelle se module dans l'espace par une suite invitante de creux et de renflements, la maigreur angulaire accuse, dans la surface même, l'aigre dureté de l'intérieur. L'aspérité du contour déchire la caresse, rebute le désir : contre l'assaut érotique elle constitue l'une des défenses les plus sûres. Ainsi dans le cas, quelque peu caricatural, de Mme de Watteville : " Comme sa femme était d'un blond ardent et d'une nature sèche devenue proverbiale (on dit encore pointue comme Mme Watteville), quelques plaisants de la magistrature prétendaient que le baron s'était usé contre cette roche [34]. " Frigidité par excès de chaleur... On voit bien en tout cas que le *pointu* est ici une sorte de mode formel de l'ardeur sèche. Cela nous est confirmé, de façon plus sérieuse, par l'évocation suivante de Béatrix, autre femme brûlante et raide, autre femme dangereuse et égoïste : " Elle a de la sévérité dans les lignes, écrit Balzac, elle est élégante et dure, elle a la figure d'un dessin sec, et l'on dirait que dans son âme, il y a des ardeurs méridionales. C'est un ange qui flambe et se dessèche. Enfin ses yeux ont soif [35]. "

33. *La Peau de chagrin*, IX, 123. — 34. *Albert Savarus*, I, 753. — 35. *Béatrix*, 397.

Or c'est bien là toujours le malheur de la femme sèche ou angulaire : elle a soif, et elle ne peut pas satisfaire notre soif ; elle voudrait tout boire, et n'a donc rien à nous donner à boire. On reconnaîtra plus loin dans l'humide l'attribut le plus bénéfique de la féminité désirable : il a ici pour antithèse tout autant le rigide que le sec. Car si l'on transpose l'essence d'angularité dans l'ordre de la stature et du maintien, elle y devient aussitôt raideur. Les corps rebutants seront aussi pour Balzac tous ceux qui s'avéreront inaptes à la courbure, ceux qui ne sauront pas s'infléchir sur eux-mêmes, se plier doucement vers nous, autour de nous. Corps des vieilles filles par exemple, en qui Balzac s'amuse à rêver d'étonnants processus de sclérose (" un naturaliste a physiquement expliqué la démarche de toutes les vieilles filles en prétendant que leurs jointures se soudent [36] " ...) ; corps, plus tragiquement désirés, des mères trop rigides, de qui l'on n'obtiendra la grâce accordée d'aucune caresse, d'aucune tendresse. Devant Mme de Lenoncourt Félix de Vandenesse, avec derrière lui Balzac, revoit ainsi brusquement surgir toute l'aridité de son enfance : " En voyant ses yeux d'un bleu dur, ses tempes rayées, son visage maigre et macéré, sa taille imposante et droite, je reconnus la race froide d'où procédait ma mère, aussi promptement qu'un minéralogiste reconnaît le fer de Suède .[37] " Dureté, froideur, maigreur, rigidité, tout cela rêvé à travers l'image désespérante du métal : revoilà bien la grande constellation charnelle maléfique, d'autant plus désastreuse cette fois qu'elle concerne l'être en qui le désir le plus originel aurait voulu rencontrer les qualités exactement inverses.

Dans des créatures à ce point métallisées un seul mouvement reste encore imaginable : celui du *ressort*. Thème d'ingratitude (même si nous devons le voir plus tard récupéré pour un autre de ses aspects), parce qu'il figure le geste d'une spontanéité tombée au pouvoir du mécanique, captive de l'automatisme et de la discontinuité. Le ressort agit en effet par secousses si bien que son spasme constitue à peine un mouvement ; il est plutôt le lien, ou disons le relais quasi instantané des deux états successifs d'une inertie. Il est donc presque toujours indice d'inhumanité. Toute sa puissance, il la tient d'ailleurs de la matière dont il est constitué,

36. *Le Curé de Tours*, II, 810. — 37. *Le Lys dans la vallée*, VIII, 845.

l'acier, substance paradigmatique chez Balzac de la fausse élasticité, du gel, de l'éclat inexorable. Or l'œil peut être d'acier, mais la chair tout aussi bien : devant elle on tombera peu à peu dans le cauchemar non seulement de l'impénétrable, mais de l'inaccrochable, de ce sur quoi rien ne peut mordre, et qui en outre, en un étonnant renversement onirique, vous mord. Devant la duchesse de Chaulieu jalouse, Canalis en fait la terrible expérience : " La délicieuse tête de femme sourit, et en même temps l'acier mord, la main est d'acier, le bras, le corps tout est d'acier. Canalis essayait de se cramponner à cet acier, mais ses doigts y glissaient comme ses paroles sur le cœur... Et la tête gracieuse, et la phrase gracieuse, et le maintien gracieux de la duchesse déguisaient à tous les regards l'acier de sa colère, descendue à vingt degrés au-dessous de zéro [38]. " Admirable onirisme de la glace insaisissable et agressive.

N'y a-t-il dès lors aucun moyen d'attendrir des chairs si étrangères ? Ne peut-on vraiment pas séduire l'acier, le roc, la glace ? La seule tactique envisageable serait de leur opposer un autre acier, un autre roc, une autre glace. Face à de telles femmes le moindre signe de faiblesse entraînerait un échec sans remède. " Pour faire jaillir l'amour dans une nature siliceuse, il faut, nous dit Balzac, un homme de fer [39]. " Et ailleurs : " Pour fondre, pour vivifier ces cailloux ", ce sont les " femmes froides, frêles, dures et minces " qu'ont évoquées toutes les analyses antérieures, il faudra des " coups de foudre [40] ". Et le mot *foudre* doit être pris ici dans tous les sens. Seuls l'explosion d'une violence ou l'éclatement d'un feu auront quelques chances de briser puis de liquéfier, donc d'animer la pierre ou le métal : de faire capituler la femme froide. C'est ce dont témoigne du moins l'aventure de deux grandes héroïnes balzaciennes : Montriveau menace Mme de Langeais de la marquer au visage en la brûlant, ce qui casse enfin sa résistance. Quant à Calyste, dans *Béatrix*, il va plus loin encore puisque, accomplissant pleinement le rêve d'agression, il précipite du haut d'une falaise la femme qui se refusait à lui. On sait qu'elle en réchappe et se retrouve, miraculeusement conquise, dans les flots d'un amour lui " baignant le cœur de ses molles et fluides ardeurs [41] ". Une rêverie de viol commande évidemment ces deux

38. *Modeste Mignon*, I, 583. — 39. *Le Contrat de mariage*, III, 195. — 40. *Béatrix*, II, 495. — 41. *Ibid.*

situations parallèles : un viol qui réussirait à casser et à défaire l'autre, à briser ses écorces, mais à transmuer aussi la substance même de son intériorité rebelle, à la liquéfier, à transformer sa pierre ou son métal en une eau tendrement soumise.

Resterait à se tourner maintenant vers l'autre pôle humoral imaginaire, non plus celui de l'avarice ou de la clôture, mais celui de la pléthore, pour y découvrir les raisons d'une inquiétude inverse, mais non moins réelle que celle dont on vient d'analyser les diverses nuances. La gêne du trop équilibre en effet ici le malaise du trop peu. Ce que redoute alors la rêverie, c'est la perspective d'un bouillonnement incontrôlé de l'existence, d'une éruption que son porteur n'arriverait pas à maîtriser. Ou s'il la domine, c'est au prix d'un bloquage qui risque d'entraîner en lui mainte conséquence déplaisante.

Refoulée, la surabondance énergétique s'imagine en effet à travers le motif ingrat de l'*engorgé*. Ne trouvant aucune échappée vers le dehors, la substance vitale doit s'arrêter et peu à peu s'accumuler sur elle-même : il en résulte une compression malsaine, qui dégénère vite en un échauffement, voire en une exaspération frénétique des humeurs. Ainsi, dans *Béatrix*, chez Sabine, folle de jalousie, dont le " sang bouillonnant ", et avide d'issue, " lui parut à la fois se mêler à ses nerfs et vouloir sortir par ses pores [42] ". Pour d'autres personnages la poussée de cet excédent sanguin réussit à modifier, de l'intérieur, la configuration normale de la peau en y provoquant le surgissement de diverses excroissances écœurantes. Le commerçant Graslin, par exemple, héros peu attirant du *Curé de village*, a, nous dit Balzac, le " sang échauffé par un travail continu, par les inquiétudes, par la rage du commerce, par les veilles, par la sobriété, par une vie sage " ... On remarquera que la chasteté se définit ici, de manière purement physique, comme un phénomène de simple rétention, tout aussi néfaste qu'anti-naturel. Et quel est le résultat externe de tous ces bouillonnements ? Un visage " rouge comme celui d'un ivrogne émérite, et couvert de boutons âcres et saignants, ou prêts de percer [43] " : visage

42. *Béatrix*, II, 554. — 43. *Le Curé de village*, VIII, 555.

donc générateur du dégoût double de l'hypertension et de la pyorrhée. Car eux-mêmes issus d'une éruption, ces boutons continuent à suppurer, entretenant en eux les signes inquiétants d'une éruption seconde : à l'engorgement ils n'offrent en effet aucune solution réelle, ils ne sont que des palliatifs, tout aussi douteux que douloureux. Pour ces chairs écœurantes, parce que vouées à lentement aigrir et pourrir sur elles-mêmes, soumises au poids d'une clôture tout autant morale que physique, car la compression y est 'aussi répression, le seul salut serait celui d'un débondage, saignée médicale, décharge amoureuse...

Ou peut-être *sueur* : car transpirer, c'est bien aussi excréter de façon spontanée le trop-plein humoral, c'est donner une issue à l'engorgé ; c'est, par la médiation à nouveau euphorique du *pore*, délivrer l'intimité de son venin. Ce défoulement s'opère sans brutalité, à travers la lenteur presque insensible d'une traversée uniforme et osmotique, mais non cependant sans surprises. Considérez par exemple le cas assez extraordinaire du notaire Fraisier, dans *le Cousin Pons*. Homme de frustration, de vice et de calcul, il se trouve enfermé dans le sac d'une " peau réfractaire et glacée par d'affreuses maladies ", et condamné à s'y décomposer. Mais au moment où il entre dans le salon de Mme de Marville, au cours d'une démarche où il est en train de jouer son avenir mondain, il se " sent une légère sueur dans le dos et au front ". Et il se souvient alors, dans la joie, du discours de son ami, le médecin Poulain : " Si ma fortune ne se fait, se dit-il, je suis sauvé, car Poulain m'a promis la santé le jour où la transpiration se rétablirait [44]. " La sueur, qui apparaît ici comme une sorte de miracle, a valeur de soulagement existentiel. Sa venue, son expulsion ont bien évidemment été provoquées par le bouleversement interne de la crise. Or ce cas n'est pas isolé : chez Balzac on transpire tout spontanément d'espoir, ou d'angoisse, ainsi la princesse de Cadignan qui, devant Daniel d'Arthez " pour la première fois de sa vie... souffrait dans son cœur et suait dans sa robe [45] ". Proust, sans voir peut-être leur nécessité profonde, fut, on le sait gêné de ces excrétions un peu vulgaires, et en combla ironiquement l'héroïne de son pastiche balzacien : " Mme Firmiani suait dans ses pantoufles,

44. *Le Cousin Pons*, VI, 700. — 45. *Les Secrets de la princesse de Cadignan*, VI, 64.

un des chefs-d'œuvre de l'industrie polonaise [46]. " Mais cette brutalité même est sans doute signe d'authenticité. C'est un fait que la sueur se relie ici aux émotions les plus sincères, qu'elle a souvent par exemple valeur d'aveu charnel : les grandes amoureuses balzaciennes ont toujours les mains suantes, le front humide; chez elles le désir tout naturellement exsude; on reconnaîtra plus loin dans la moiteur l'un des signes de l'ouverture érotique, du don amoureux de soi.

A la poussée pléthorique du dedans s'offre peut-être enfin un dernier choix possible : celui d'un élargissement, d'un gonflement de l'espace corporel. Plus besoin de faire éclater la chair, ni de pousser à travers elle l'âpreté des boutons, la nappe des sueurs : on en reculera toujours davantage les limites. Sur le plan de l'humeur, le grossissement est bien ici synonyme de richesse. Il traduit, tout comme le génie, " l'abondance du sang [47] " et l'ampleur de la vitalité. Tant qu'il demeurera discret, le débordement charnel devra donc être tenu pour bénéfique. De Séverine Beauvisage, agréablement grassouillette, Balzac pourra dire par exemple qu'elle était " accablée de tant de vie et de santé que, par-dessus ses souliers, la chair, quoique contenue, formait un léger bourrelet [48] ". Ce " bourrelet " est un signe fréquent de plénitude : on le remarquera souvent aussi au bout des doigts, autour des ongles. Mais devant de tels renflements le malaise ne sera jamais bien loin de l'euphorie : trop longtemps chaste, Mlle Cormon, l'héroïne de *la Vieille Fille*, devient par exemple si replète, si douloureusement dodue qu'elle en semble presque éclater dans sa peau. Et chez Mme Jeanrenaud, l'énorme commère de *l'Interdiction*, on redoute, sur le mode comique bien sûr, une issue un peu semblable : " Ses seins volumineux excitaient le rire en faisant craindre une grotesque explosion à chaque tousserie [49] ". C'est là le risque auquel reste imaginairement soumise toute masse corporelle démesurément développée.

---

46. *Pastiches et Mélanges*, p. 15. — 47. *Pierre Grassou*, VI, 117. — 48. *Le Député d'Arcis*, VII, 684.

49. *L'Interdiction*, III, 58. Même inquiétude, du moins si l'on croit les propos goguenards de Vautrin, chez Mme Vauquer excessivement corsetée, " ficelée comme une carotte ". " N'étouffons-nous pas un petit brin ?... Les avant-cœurs sont bien pressés, maman. *Si nous pleurons, il y aura explosion*; mais je ramasserai les débris avec un soin d'antiquaire. "

Ce danger d'éclatement, nul ne l'illustre mieux que Minoret-
Levrault, l'énorme maître de poste d'*Ursule Mirouët*. Originellement
défini par la puissance et le dérèglement de son expansion sanguine,
il grandit peu à peu devant nos yeux jusqu'à la taille d'un tau-
reau, d'un géant, d'un Atlas sans monde. Mais cette inflation,
Balzac la nomme " brutal développement de la chair ", ne suffit
pas encore à satisfaire l'exigence débordante de l'humeur. Celle-
ci, du dedans, travaille la peau, la corrode, la creuse, la distend,
y pousse des protubérances (liées peut-être dans le texte suivant
à l'imagination de ces organes latéralement proéminents : les
oreilles), ronge en somme sans se lasser l'écorce épidermique.
D'où le cauchemar d'une giclée sanguine imminente : " De chaque
côté de la tête, on voyait de larges oreilles presque cicatrisées sur
les bords par les érosions d'un sang trop abondant qui semblait
prêt à jaillir au moindre effort. " Merveilleuse combinaison de
toutes les rêveries néfastes de rupture : rupture mal réparée, et
dont le premier rapetassage cellulaire semble à la fois interdire
et annoncer de nouvelles fuites (*cicatrice*); rupture lente, par frot-
tement et amincissement (*érosion*); rupture violente, à valeur trau-
matique d'éruption (*giclée*, *jaillissement*). Minoret nous est ainsi
donné à voir, et à comprendre, à travers un fantasme profond
d'hémorragie. A cette angoisse Balzac apporte d'ailleurs finalement
une traduction psychologique : la tendance à l'éclatement sanglant
réalisera chez lui un type d'affectivité, elle signalera la violence
cachée d'un caractère : " La colère devait être rare chez cet homme,
mais terrible, apoplectique alors qu'elle éclatait [50]. " Le sang
excessif possédait valeur immédiate de nausée, puis qualité seconde
de signe : il a aussi, on le voit, pouvoir temporel de prophétie.
La phobie de pléthore annonce un geste final de destruction.

50. *Ursule Mirouët*, III, 266-267.

LE CORPS HEUREUX : TENSION ET DÉTENTE

Face à ces images d'une chair gênante ou inquiétante, il faudrait dessiner maintenant les figures d'une physiologie heureuse. Figures exactement antithétiques des premières : car tout fonctionne ici par couples d'opposés. Dans ce monde si violemment marqué par la loi des contrastes (on en verra plus tard le lien à la rêverie de l'énergie) et donc si gouverné, en toutes ses dimensions, par les signes ennemis d'un certain " bien " et d'un certain " mal ", elles permettent à Balzac de construire humoralement ses créatures positives, tout comme celles que nous venons de traverser soutenaient en lui l'invention de ses personnages effrayants ou décevants. Sortis de la galerie des corps infernaux, parcourons donc vite maintenant les avenues de la chair bénéfique.

Le premier motif que nous y rencontrerons, opposé à ceux de l'asthénie, de l'éparpillement, du manque, sera celui de la concentration, de la densité, ou mieux peut-être de la compacité vitale. La véritable énergie sait en effet se rassembler dans le foyer du plus petit volume : elle y acquiert une merveilleuse dureté. La puissance sort ainsi d'une extrême contraction de la puissance : elle se rêve, à la limite, comme une réduction au centre, presque comme un resserrement dans l'unité : " Le pouvoir est en quelque sorte le cœur d'un État. Or dans toutes ses créations la nature a resserré le principe vital pour lui donner plus de ressort [1]... " Cette condensation centraliste, qui affecte ici la vie des États, commande plus encore l'économie des corps. Le héros balzacien existe comme un bloc vivant. En lui nous devrons toujours soupçonner la ressource d'une réserve de force comprimée : épaisseur originelle, en deçà invisible, souvent même nocturne où se sera mobilisé, puis résumé le plus pur de sa vertu. C'est

1. *Le Médecin de campagne*, VIII, 440.

de ce foyer implicite que procéderont ensuite de façon plus ou moins sensible ses diverses manifestations énergétiques. La pré-éminence axiologique qu'en toutes circonstances Balzac confère à la notion de *cause* (de cause située *derrière* l'effet, et comme *au fond* de lui, dans son ombre antérieure) se retrouve, on ne s'en étonnera pas, dans le registre de la chair. Elle l'amène, par-delà les hasards périphériques, à rechercher un principe originairement unificateur de toute son activité sensible, ou, comme il le dit mieux lui-même le " centre inconnu d'où partent et où s'adressent nos sympathies [2] ".

Ce " centre inconnu ", cette zone de densité première, où les situer anatomiquement ? Quelquefois dans la pensée, qui lorsqu'elle " demeure dans sa totalité, reste bloc, ne se débite pas en conversations, en intrigues, en œuvres de littérature, en imaginations de savant... est apte à jeter des feux d'une intensité prodigieuse, contenus, comme le diamant brut garde l'éclat de ses facettes [3] ". Mais d'autres héros, plus actifs, moins méditatifs, opèrent la même contention ardente dans des lieux anatomiquement moins nobles : " Demandez aux femmes quels hommes elles recherchent, les ambitieux. Les ambitieux ont les reins plus forts, le sang plus riche en fer, le cœur plus chaud que les autres hommes [4] " dit Vautrin, orfèvre en matière d'énergie. Et l'on notera le lien du thème calorique, celui aussi du métallisme au motif de la puissance sexuelle.

Mais cette quête d'une sorte de point focal de la personne s'opérera surtout à travers une herméneutique du regard. C'est au fond de l'intériorité oculaire que s'imaginera souvent le centre brûlant des énergies. Autant Balzac déteste, on s'en souvient, les yeux glacés, bouchés, distraits, dissimulés ou atoniques, autant il aime à plonger dans des " prunelles " qui aient de la " profondeur ", celles par exemple de Camille Maupin, à condition, bien sûr que cette profondeur, souvenons-nous du maléfique Nucingen, échappe au vertige du sans-terme et de l'insaisissable. Chez Camille Maupin les yeux sont à la fois durs et vivants, " du bronze entouré d'or, mais de l'or vivant, du bronze animé ". Leur espace n'est pas doublé " comme dans certains yeux, par une espèce

2. *Le Père Goriot*, II, 1079. — 3. *Le Cousin Pons*, VI, 628. — 4. *Le Père Goriot*, II, 934.

de tain qui renvoie la lumière et les font ressembler aux yeux des tigres ou des chats " : nous connaissons déjà le thème, ici imparti à une animalité sauvage, de cette transparence-écran. Rien ne fermant l'accès de l'intimité oculaire, " le regard de l'observateur peut se perdre dans cette âme qui se concentre et se retire avec autant de rapidité qu'elle jaillit de ces yeux veloutés [5] ". On remarquera ce mouvement d'aller-retour (enchaînement d'un recul en soi et d'un jaillissement hors de soi, d'un recueillement et d'une expansion) qui relève du thème bientôt analysé de l'*élastique*. Et l'on notera aussi que retrait vers l'origine et concentration vitale s'opèrent ici en un seul geste. C'est que le point le plus retiré est aussi celui où la puissance personnelle peut atteindre à son maximum d'intensité, donc d'efficacité. Cela explique l'étonnante métamorphose qui se produit chez certains êtres lorsqu'un hasard, une grâce, ou une fête de la volonté leur permettent de se rassembler en cette sorte de *point sublime*. Ainsi chez Véronique Graslin, le visage d'ordinaire disgracié, rongé de petite vérole, peut, à certains moments affectivement privilégiés, " quand un sentiment violent éclatait " en elle, se transfigurer comme sous l'effet d'une clarté venue des profondeurs. Il semblait alors " qu'une lumière intérieure effaçât par ses rayons les marques de la petite vérole. Le pur et radieux visage de son enfance reparaissait dans sa beauté première. Quoique légèrement voilé par la couche grossière que la maladie y avait étendue, il brillait comme brille mystérieusement une fleur sous l'eau de mer que le soleil pénètre "... Belle image où se disent à la suite le geste originel d'excitation ardente, l'espace, à la fois transparent et résistant, traversé par la grâce calorique, et le résultat final : brio, épanouissement. Mais c'est encore à travers l'œil que se trahira le mieux ce phénomène. Car sa prunelle " douée d'une grande contractibilité, semblait alors s'épanouir, et repoussait le bleu de l'iris qui ne formait plus qu'un léger cercle ". Double effet miraculeux de creusement et d'expansion du centre, dû à un afflux (" orage des passions contenues ", " force venue des profondeurs de l'âme [6] " ? se demande Balzac) d'énergie primitive retrouvée.

Pour séduire, le regard devra donc posséder une certaine vertu

5. *Béatrix*, II, 376. — 6. *Le Curé de village*, VIII, 547.

45

abyssale. Cette dimension d'abîme et de secret toute conscience romantique la réclame : le sens ou la cause, disons l'origine du signe s'y écartant toujours en un lointain ou en un en-arrière, souvenons-nous des analyses de Michel Foucault. Mais l'appétit balzacien de lisibilité exige aussi que ce lointain ne soit pas absolument inaccessible. La vie certes, en sa qualité de fondement, de centre ontologique, creuse et déborde du dedans toute forme vivante, mais il faut qu'à travers cette forme le foyer reculé puisse être au moins visé ou deviné. Revenant à notre thématique du regard, on comprendra dès lors pourquoi l'œil désirable, sans bien sûr s'y enfouir, s'y clore, cherche à s'enfoncer quelque peu dans les surfaces du visage. Alors que l'œil exorbité nous gêne, en raison de son inhumanité agressive, l'œil à demi enfoncé paraît vouloir nous appeler, nous inviter à explorer rêveusement son ombre. C'est là par exemple l'un des caractères les plus précieux de la " beauté juive ", telle qu'elle s'incarne en Esther Gobseck : " Ce trait merveilleux, dit Balzac, était produit par la profondeur de l'arcade sous laquelle l'œil roulait comme dégagé de son cadre, et dont la courbe ressemblait par sa netteté à l'arête d'une voûte. " Plaisir double de la rondeur librement flottante, et du contour rigoureusement dessiné. Il faut bien voir aussi que cette voûte oculaire, pour fabriquer en elle un effet séduisant de pénombre, n'est pas vraiment obscure. L'orbite s'y éclaire d'une lueur suave qui relève à la fois du motif de l'irradiation nerveuse, de celui de la vigueur sanguine, et de celui de la finesse épidermique : " Quand la jeunesse revêt de ses teintes pures et diaphanes ce bel arc, surmonté de sourcils à racines perdues; quand la lumière, en se glissant dans le sillon circulaire du dessous y reste d'un rose clair, il y a là des trésors de tendresse à contenter un amant, des beautés à désespérer la peinture. C'est le dernier effort de la nature que ces plis lumineux où l'ombre prend des teintes dorées, que ce tissu qui a la consistance d'un nerf et la flexibilité de la plus délicate membrane. " L'impression finale, traduite en une étonnante métaphore, est celle d'un objet focal qui nous attendrait au creux d'un espace tout à la fois profond, souple, intime : " L'œil au repos est là-dedans comme un œuf miraculeux dans un nid de brins de soie [7]. "

7. *Splendeurs et Misères*, V, 688.

De tels textes nous mettront peut-être mieux à même de comprendre les raisons de la préférence, souvent notée, mais apparemment gratuite, que Balzac accorde à l'*œil noir*. Les yeux noirs,
ainsi les yeux de Calyste dans *Béatrix*, " yeux noirs pleins d'énergie
et de soleil qu'il tenait de son père ", sont toujours en effet ici
des signes de passion et de génie. Mais c'est peut-être simplement
parce qu'ils réalisent en eux un idéal double de densité et de profondeur. Le regard bleu, on s'en souvient, restait lié au soupçon
d'un éparpillement, au risque permanent d'une délave. Le regard
noir concentre au contraire en lui la qualité d'un feu enfin relié
à son principe : un feu compact, tendu, sombre à force d'ardeur.
Entre œil bleu et œil noir n'existe peut-être ainsi qu'une différence
de resserrement. Ne suffit-il pas quelquefois d'accroître l'intensité
de l'azur oculaire pour refabriquer un regard sombre ? De Lucien,
dans *Illusions perdues*, Balzac en arrive par exemple à écrire qu'il
avait " les yeux noirs tant ils étaient bleus [8] ".

Ce thème de concentration excède le seul registre de l'oculaire.
D'autres zones corporelles, moins différenciées, en autorisent
encore la mise en œuvre. Balzac y situe de surprenants dispositifs,
destinés à ramasser sur elle-même l'énergie. C'est ainsi qu'un texte
de *Modeste Mignon* explique la puissance quasi magique des *bossus* :
car ces êtres souffreteux sont tous en réalité " doués " de quelque
faculté supérieure : " Soit d'une gaieté spirituelle, soit d'une méchanceté complète, soit d'une bonté sublime ". Or ce qui rend
compte d'une telle superlativité, c'est le fait même de leur recour-
bement; la flexion de leur épine dorsale, axe de rayonnement
fluidique, oblige en effet leur énergie à se rassembler sur elle-même,
comme au foyer d'un miroir concave. D'où l'étonnante rêverie :
" La courbure ou la torsion de la colonne vertébrale produit chez
ces hommes, en apparence disgraciés, comme un regard où les
fluides nerveux s'amassent en de plus grandes propriétés que
chez les autres, et dans le centre même où ils s'élaborent, où ils
agissent, d'où ils s'élancent ainsi qu'une lumière pour vivifier
l'être intérieur [9]. " A l'ordinaire gaspillage d'énergie réalisé par
l'être vertical se substitue ainsi chez l'être recourbé un recueillement
quasi physique, une récupération, puis un amoncellement de la
totalité des forces personnelles.

8. *Illusions perdues*, IV, 485. — 9. *Modeste Mignon*, I, 455.

Au lieu nodal de leur condensation ces forces ne demeurent pourtant pas captives. La conclusion du texte précédemment cité nous instruit encore, en ce que nous y voyons l'énergie ramassée s'épancher aussi dans tout le corps à partir de l'espace — l'étonnant " regard " — de sa réunion même. Et cet épanchement ne s'arrête pas aux frontières de l'individu : il se continue à l'extérieur, jusqu'à la rencontre d'autres êtres, ce qui explique le magnétisme des bossus, cette emprise distante. Leur cas peut être étendu à toute une série d'autres personnages bénéfiques. Le thème de la densité vitale implique en effet ici celui de la disponibilité, ou de la réserve, beaucoup plus que celui de la restriction, de l'entassement solipsiste. Aucun hiatus non plus, aucune différence de nature entre l'être de la volonté et l'étant volontaire qu'il soutient et sature pleinement. C'est pourquoi la consistance interne du héros, ou la profondeur compacte du regard doivent toujours se montrer prêtes à se décharger, à éclater vers l'extériorité d'un monde. La vraie tension mûrit et annonce une détente : d'autant plus vigoureuse alors et joyeuse celle-là qu'aura été réussi l'effort de contraction. La densité heureuse ne succombe donc jamais ici à la tentation mauvaise du rigide ; elle doit rester capable de flexibilité, mais sans rien abandonner pour autant de sa rigueur. Mme de Beauséant, " cette femme *souple et dure* comme un ressort [10] " est bien, de ce point de vue, une créature balzacienne exemplaire.

C'est que la puissance concentrée a justement pour l'un de ses attributs majeurs l'*élasticité*, le don alternatif de tension et de détente. Tantôt en effet l'énergie s'y enclôt sur elle-même, tantôt elle s'échappe et fuit à l'extérieur. Mais en chaque moment de son histoire elle reste prête à se livrer à celle des deux tendances qui n'est pas en train de l'occuper. Tendu, l'homme-ressort ne réclame qu'à se détendre ; détendu, il ne demande qu'à être de nouveau bandé. Remarquons au passage que le thème du ressort perd ici tout caractère maléfique : néfaste lorsqu'il signalait un durcissement mécanique du vital, il devient favorable en nous permettant de rêver, dans le statisme apparent du corps, le fonctionnement d'une véritable dynamique pulsionnelle. Mais d'où sort cette capacité " d'avoir du ressort " ? On peut l'imaginer comme le résultat

10. *La Femme abandonnée*, II, 227.

d'un long entraînement : durcie par les assauts de l'expérience, la mollesse immédiate de la chair acquerrait, sans rien perdre de sa flexibilité, un pouvoir nouveau de résistance et de réponse. Le réseau nerveux fournit alors un support à cette sorte de structuration élastique : " Quand un homme a su la vie, à force d'en éprouver les douleurs, sa fibre se corrobore et acquiert une certaine souplesse qui lui permet de gouverner sa sensibilité; il fait de ses nerfs des espèces de ressorts d'acier qui plient sans casser [11]. " Il est sûr en tout cas que de tels ressorts d'acier fonctionnent chez toutes les grandes créatures balzaciennes. Rastignac par exemple est le héros du tour à tour : capable de faire alterner en lui l'attention la plus concentrée et la démobilisation la plus paresseuse, d'enchaîner sans rupture la mollesse du dilettantisme et les rigoureuses manœuvres de l'ambition : il " a tout l'esprit qu'il faut avoir dans un moment donné, comme un militaire qui ne place son courage qu'à quatre-vingt-dix jours, trois signatures et des garanties. Il paraît cassant, brise-raison, sans opinion fixe; mais s'il se présente une affaire sérieuse, une combinaison à suivre, il ne s'éparpillera pas, comme Blondet que voilà ! et qui discute alors pour le compte du voisin. Rastignac se concentre, se ramasse, étudie le point où il faut charger, et il charge à fond de train. Avec la valeur de Murat, il enfonce les carrés, les actionnaires, les fondateurs et toute la boutique; quand la charge a fait son trou, il rentre dans sa vie molle et insouciante, il redevient l'homme du midi, le voluptueux, le diseur de riens, l'inoccupé Rastignac, qui peut se lever à midi parce qu'il ne s'est pas couché au moment de la crise [12] ". Portrait admirable en raison de sa cohérence imaginaire : toutes les catégories de l'existence s'y trouvent soumises à l'alternance essentielle de la contraction et du laisser-aller, de la rigidité et de la mollesse, de la concentration et de la dissémination, de la mobilité et de la lenteur, en somme de l'un actif et de la multiplicité passive [13]. Et souvenez-vous encore de Vautrin, au moment de

---

11. *Gobseck*, II, 657. — 12. *La Maison Nucingen*, V, 596-597.

13. Même rythme existentiel chez Lucien de Rubempré, doublet amolli de Rastignac, avec cette différence toutefois que la phase de détente signifie chez lui non pas laisser-aller au plaisir, vacance heureuse, mais découragement, voire affaissement : " chez les gens dont le caractère ressemble à celui de Lucien... ces passages subits d'un état de démoralisation complète à un état quasimétallique, tant les forces humaines se, tendent, sont les plus éclatants phénomènes de la vie des idées. La volonté revient

son arrestation, dans *le Père Goriot* : sur le point d'éclater en rage meurtrière, il se montre capable de réabsorber en lui l'afflux d'une violence dont le défoulement lui eût été fatal. Ce qu'il y a de merveilleux ici, c'est la rapidité de la volte-face énergétique : " Un murmure admiratif, arraché par la promptitude avec laquelle la lave et le feu sortirent et rentrèrent dans ce volcan humain retentit dans la salle. " Toutes les grandes créatures balzaciennes partagent le même don d'intermittence : plier pour ne pas rompre, résister à l'assaut sans s'y briser, savoir se retirer en soi pour y mûrir la ressource d'un rebondissement futur.

Chez certaines d'entre elles cet art de lier et de vivre à la suite deux thèmes vitaux antagonistes devient une aptitude à les faire coexister, à les manifester ensemble, dans le même lieu et le même moment. Les registres énergétiques opposés — tension et détente — se signifient donc à nous conjointement : sous la forme d'une superposition et d'une transparence. Concentration et dilatation se trahissent ici dans l'unité d'un même geste, l'une directement, l'autre plus ou moins voilée à travers l'espace de la première. C'est le cas par exemple de toutes les existences en qui une enveloppe paisible, ou même apparemment inerte, recouvre, sans l'occulter vraiment, l'ardeur d'une tension profonde. Ce feu pourra être rêvé au passé, un passé toujours susceptible d'ailleurs de se reconvertir en un futur. Ainsi chez Maxime de Trailles les yeux, thème familier, " étaient recouverts comme d'un glacis " : mais ce gel masque mal les signes d'une incandescence enfouie : " Quoiqu'affaibli, le regard n'en était que plus terrible, il épouvantait. On sentait là-dessous une chaleur couvée, une lave de passion

comme l'eau disparue d'une source ; elle s'infuse dans l'appareil préparé pour le jeu de sa substance constitutive inconnue ; et, alors, le cadavre se fait homme, et l'homme s'élance plein de forces à des luttes suprêmes. " Texte fort intéressant parce que s'y développent à la suite, et sans contradiction, deux des motifs essentiels de la rêverie énergétique : celui de la dureté, de la compression (métal, tension), celui de la fluidité (imprégnation de l'appareil nerveux par le liquide dynamique). Mais à quoi tient dès lors le fait que l'intermittence est chez Rastignac louée, reconnue comme un élément de sa réussite, alors qu'elle est blâmée chez Lucien, qu'on lui impute même la plus grande part de son échec ? A ceci sans doute que le rythme cyclothymique correspond exactement chez l'un à l'appel de la réalité, alors que chez l'autre il se développe de manière indépendante et néglige les exigences de l'action. A l'inverse de Rastignac, Lucien se laisse constamment surprendre par l'événement. Ce qui juge en effet ici une énergie c'est non seulement la loi de son économie interne, mais aussi le mode de ses investissements d'objet.

mal éteinte [14]. " Très précieuse ici, bien sûr, l'imagination du
volcanisme, puisqu'elle situe tout naturellement en une profondeur, hors de vue et hors de prise, le lieu de la condensation ardente. Et cette ardeur, elle nous permet en outre de l'imaginer
comme latente, comme toujours prête à éclater à travers la paix
trompeuse des surfaces. L'un des prestiges du caché tient en effet
à ce qu'il se lie au thème du possible, et, à travers lui, à une imagination de l'avenir. Ainsi chez Rosalie de Watteville : les qualités
et les défauts, nous dit Balzac, étaient " aussi profondément cachés
dans cette âme de jeune fille, en apparence molle et débile, que
les laves bouillantes le sont sous une colline avant qu'elle devienne
un volcan [15] ". Du dessus au dessous, de la surface innocente à
la profondeur bouillonnante, on voit que le rapport n'est plus
seulement ici de superposition, mais presque de camouflage, voire
de répression : d'une répression dont on soupçonne qu'elle n'aura
pas longtemps le pouvoir de dominer la vérité profonde. Si bien
que cette scission du personnage entre deux niveaux superposés,
le mou et le dur, le manifeste et le latent, est aussi un moyen de
nous introduire au secret de sa destinée future.

Dernière combinaison enfin de nos deux modes énergétiques
ennemis : tout en demeurant superposés ils ne s'opposent plus,
mais semblent s'influencer, voire se contaminer l'un l'autre. La
détente superficielle cesse d'y signifier mollesse; la force profonde
y perd son caractère contracté pour s'étaler sous, et selon toute
l'extension de la surface. Un étrange mixte naît alors : celui de la
paix ardente. Il ne répond pas, remarque bien Balzac, aux habitudes
de la mythologie commune car " la foule préfère généralement
la force anormale qui déborde à la force égale qui persiste. La
foule n'a ni le temps ni la patience de constater l'immense pouvoir
caché sous une apparence uniforme [16] ". Le neuf, c'est que cette
uniformité, loin de cacher le pouvoir, le trahit au contraire, le
manifeste en elle. Le plus violent s'identifie naturellement alors
au plus tranquille, parce qu'on devine en cette paix la suprême
maturation d'une puissance : d'une puissance à qui, pour être, il
suffit seulement d'être *possible*... " Les grands calculateurs seuls
pensent qu'il ne faut jamais dépasser le but, et n'ont de respect

14. *Le Député d'Arcis*, VII, 731. — 15. *Albert Savarus*, I, 763. — 16. *La Recherche
de l'absolu*, IX, 476.

que pour la virtualité empreinte dans un parfait accomplissement, qui met en toute œuvre ce calme profond dont le charme saisit les hommes supérieurs [17]. " Ce mystère du virtuel empreint dans l'accompli, c'est celui aussi de la profondeur pleinement présente en la surface, celui encore d'un futur déjà inscrit en filigrane dans le texte du présent. Pour maintenir cet équilibre si précieux, il suffira sans doute de ne point agir : pouvoir, pouvoir vouloir, mais ne pas vouloir ce qu'on pourrait, voilà peut-être le dernier mot d'une sagesse, celle-même que Balzac évoque à travers le personnage fraternel de Z. Marcas : " Marcas avait peur de regarder, moins pour lui que pour ceux sur lesquels il allait arrêter son regard fascinateur ; il possédait une puissance et ne voulait pas l'exercer [18]. " Utopie d'une détente qui préserverait, qui accomplirait en elle la dureté rêvée d'une tension.

Cette dialectique imaginaire de la concentration ne comporte cependant pas que des moments de réussite : elle connaît aussi bien des raisons d'échec. Qu'elle se poursuive à travers le motif de l'alternance, ou celui de la superposition, ou celui encore du virtuel, tout y dépend d'un équilibre que le moindre excès, en un sens ou en l'autre, risque de ruiner. Trois éventualités désastreuses peuvent être ainsi envisagées. La première intervient à la suite d'une exaspération de la tension vitale et d'un défaut corrélatif d'émanation ou de détente. Elle explique partiellement peut-être, par exemple, la folie de Louis Lambert, victime d'une sorte d'éréthisme énergétique : " L'exaltation à laquelle dut le faire arriver l'attente du plus grand plaisir physique, encore agrandie chez lui par la chasteté du corps et par la puissance de l'âme, avait bien pu déterminer cette crise [19]... " Crise de surcompression qui ne s'achève pas, comme il eût été normal, en un éclatement vital, mais conduit à une cassure de toutes les structures intérieures [20]. Le même ré-

17. *Ibid.* — 18. *Z. Marcas*, VII, 742. — 19. *Louis Lambert*, X, 441.
20. La psychanalyse nuancerait probablement ce diagnostic, en dénonçant, à côté du fait d'une hypertension pathologique, celui d'un déséquilibre dans la répartition de l'énergie (de la libido), ainsi suramassée, entre les diverses instances psychiques. Chez Louis Lambert en effet, le désir charnel le plus bestial côtoie l'exigence spirituelle, le physiologique y jouxte l'angélique, sans qu'existent entre ces deux registres l'espace d'aucune médiation, la possibilité d'aucun débouché objectif, d'aucun investissement " réel ". C'est ce que suggère F. Pasche " la Métapsychologie balzacienne ", article cité.

sultat pourra être obtenu dans un second cas, très différent : celui
où le moi concentré subit un assaut venu cette fois de l'extérieur,
assaut si insistant, si rude qu'après une longue résistance la substance
intime s'affaisse, s'effondre d'un seul coup. C'est ce qui arrive
à Vautrin à la Conciergerie, après le suicide de Lucien; et Balzac
évoque cet accident à travers la belle métaphore du *rouissage* :
ce qui permet de nous faire comprendre, par une analogie d'ordre
matériel, sous quel type de contrainte l'acier-Vautrin a pu si totalement et brusquement céder. Qu'était en effet devenue " cette
nature de bronze... dont les nerfs, aguerris par trois évasions,
par trois séjours au bagne avaient atteint à la solidité métallique
des nerfs du sauvage " ? Pour imaginer le sens de cette défaite,
ou plutôt de cette défection physiologique, il nous faudra rêver
à une sorte de délitement soudain, voire à un morcellement infinitésimal de l'âme, et du métal qui en constitue le symbole : et cela
sous l'effet d'une insupportable oppression. " Le fer cède à certains degrés de battage ou de pression réitérée; ses impénétrables
molécules, purifiées par l'homme et rendues homogènes se désa-
grègent, et sans être en fusion, le métal n'a plus le même degré
de résistance. Les maréchaux, les serruriers, les taillandiers, tous
les ouvriers qui travaillent constamment ce métal en expriment
alors l'état par un mot de leur technologie : le fer est roui se disent-
ils en s'appropriant cette expression exclusivement consacrée
au chanvre, dont la désorganisation s'obtient par le rouissage [21]. "
Double relais métaphorique articulé sur un seul mot clef : la
décomposition du végétal permet de rêver celle du métal, qui
fait comprendre à son tour celle de l'homme : " Eh bien, conclut
Balzac, l'âme humaine, ou si vous voulez la triple énergie du corps,
du cœur et de l'esprit se trouve dans une situation analogue à
celle du fer par suite de certains chocs répétés. Il reste alors des
hommes comme du chanvre et du fer : ils sont *rouis*. " Défaut
dont il nous faut bien noter d'ailleurs le caractère provisoire,
puisqu'une seule nuit suffit à Vautrin pour se refabriquer son
ressort, et sa puissance.

Face à ces deux écroulements par excès de compression on
peut imaginer enfin le cas inverse, celui où l'énergie intime capi-

---

21. *Splendeurs et Misères*, V, 1038.

tule à la suite d'un trop grand laisser-aller. Le moi s'y déprime cette fois dans les facilités de la détente, il s'y attendrit, s'y dessaisit en quelque sorte de lui-même, au point de ne plus pouvoir retrouver son être spécifique. Ce processus d'affaiblissement se rêve encore, et ce n'est point hasard, à travers le thème générique du ressort, du nerf-ressort : car si le système nerveux avait pu nous apparaître jusqu'ici comme le soutien même de l'élasticité vivante, il ne faut pas oublier que les nerfs sont aussi des canaux le long desquels circule la fluidité de l'être. Relevant ainsi à la fois du mécanique et de l'hydraulique, ils se prêtent à une double utilisation imaginaire : en eux la vocation de liquidité risque donc toujours de prévaloir sur l'essence fibreuse, cela surtout si le moi subit la contagion d'une mollesse extérieure, celle d'une atmosphère par exemple, ou d'un moment, ou d'un climat. Ainsi, après la révolution de 1830 et la retombée de ses espoirs, le héros de *Jésus-Christ en Flandre* constate que son " âme était devenue molle et fluide " ; puis il continue, retrouvant notre métaphore familière : " Les ressorts de mon intelligence se détendaient sous la brise d'un vent d'ouest [22]. " Ou bien c'est la chaleur qui a valeur émolliente : " Le poêle endort, il hébète... Une chambre à poêle est un matras où se dissolvent les hommes d'énergie, où s'amincissent leurs ressorts, où s'use leur volonté [23]. "

Quelquefois c'est une ultra-sensibilité de l'organisme, une porosité presque pathologique aux influences du dehors qui entraînent la défection intime. Ainsi la Fosseuse, ouverte à toutes les infiltrations atmosphériques, et sur laquelle Benassis pose, dans *le Médecin de campagne*, un regard très médical : " Si l'atmosphère est lourde, électrisante, la Fosseuse a des vapeurs que rien ne peut calmer, elle se couche et se plaint de mille maux différents sans savoir ce qu'elle a ; si je la questionne, elle me répond que ses os s'amollissent, que sa chair se fond en eau [24]. " Cette fusion résulte d'une perméabilité maladive, d'une abolition des limites entre le dedans et le dehors. On ne s'étonnera pas dès lors que, dans certains états limite de cette rêverie, la dissolution nerveuse puisse prendre valeur cosmique : c'est alors, autour du corps désastreusement alangui, le monde entier qui succombe à un

22. *Jésus-Christ en Flandre*, IX, 260. — 23. *Malmoth réconcilié*, IX, 270. — 24. *Le Médecin de campagne*, VIII, 410. —

cauchemar aquatique. Ainsi de Raphaël sur le bord du suicide, dans les premières pages de *la Peau de chagrin* : " En proie à cette puissance malfaisante dont l'action dissolvante trouve un véhicule dans le fluide qui circule en nos nerfs, il sentait son organisme arriver insensiblement aux phénomènes de la fluidité. Les tourments de cette agonie lui imprimaient un mouvement semblable à celui des vagues, et lui faisaient voir les bâtiments, les hommes à travers un brouillard où tout ondoyait [25]. " Triomphe du flottement et du vertige : pour le porter à son comble, pour faire se rencontrer son amollissement intime avec une fluidité des choses, Raphaël n'aurait plus qu'à se laisser définitivement glisser dans les eaux de la Seine qui l'appellent. Sa noyade y achèverait de manière littérale l'angoisse balzacienne de liquéfaction.

25. *La Peau de chagrin*, IX, 22.

IV

LE CORPS HEUREUX : FLUIDITÉ

Il ne faudrait pas croire cependant que le destin imaginaire de l'humide soit toujours, chez Balzac, aussi catastrophique. S'il peut arriver à l'eau d'apparaître comme la forme ultime d'une énergie vaincue, elle soutient dans d'autres cas des valeurs beaucoup plus positives et heureuses. Mais elle le fait en affectant des zones sexuelles fort différentes de celles dont nous avons jusqu'ici analysé la rêverie. Alors que l'énergie compacte ou élastique régissait surtout un univers de la virilité, la fluidité caractérisera de préférence les chairs féminines, et parmi elles les plus sensuelles, les plus ardemment rêvées et convoitées. Elle forme, à vrai dire, l'un des motifs clefs de l'érotique balzacienne.

Pour premier visage elle aura celui de la pulposité devinée, du moelleux. En opposition aux maigreurs et sécheresses des femmes négatives la femme désirable offre ici tout d'abord à l'œil, puis à la prise imaginée, la large étendue d'une chair tendre. A la poussée souvent brutale du désir elle oppose la réponse d'une sorte d'abondance tout à la fois comblante et débordante. La réaction de bonheur est alors chez l'homme immédiate, primitive. Ainsi quand de Marsay, tel " un aigle qui fond sur sa proie " a pris " à plein corps " et assis sur ses genoux la belle Paquita, il sent, nous dit Balzac, " avec une indicible ivresse, la voluptueuse pression de cette fille dont les beautés si grassement développées l'enveloppèrent doucement [1] ". De Marsay réagit ici comme tous les mâles balzaciens : dans ces chairs si expansives, si tendrement acquiesçantes, il semble que l'énergie vitale se soit faite à la fois onction et plénitude. " Ces rondeurs si pleines, ce galbe gras et comme ondoyant [2] " de deux magnifiques épaules, ces " mains

1. *La Fille aux yeux d'or*, V, 303. — 2. *Béatrix*, II, 415.

trouées de fossettes ", " ces bras potelés, ronds, à fossettes [3] ", qui caractérisent tant d'héroïnes balzaciennes, et des plus diverses socialement ou psychologiquement, ils nous apportent la promesse d'une sorte de velouté interne, d'une irrigation, d'une libre circulation profonde des humeurs, d'un métabolisme sans obstacles. Finie dès lors la douleur de l'irritation nerveuse, guéri le mal d'intransivité : nous voici introduits en un registre pressenti du moelleux, presque du mielleux (" le mielleux langage des amants [4] ") qui autorise tous les glissements de la possession voluptueuse.

Si cette qualité de chair se révèle être le plus souvent l'apanage des femmes de trente ans, donc de quelques-unes des plus nobles héroïnes balzaciennes (ainsi Camille Maupin ou Mme de Mortsauf, dont on retrouvera plus loin les fascinantes épaules), il lui arrive aussi de combler, et de manière non moins savoureuse, quelques créatures plus communes, voire caricaturales. On a déjà évoqué le cas de Mlle Cormon, la vieille fille, " perdrix dodue alléchant le couteau du gourmet ", et offrant au jeune Athanase " le type d'attraits qui devaient le séduire ". Car, continue Balzac, qui pousse ici jusqu'à son terme le rêve érotique de fluidité, " les jeunes imaginations, essentiellement avides et courageuses, aiment à s'étendre sur ces belles nappes vives [5] ". Même concupiscence devant cette autre " grosse dondon ", Mme Cibot, la belle écaillère du *Cousin Pons* : " Ses tons de chair pouvaient se comparer, dit Balzac, aux appétissants glacis des mottes de beurre d'Isigny [6]. " Ce beurre provoque tout naturellement alors une réaction d'appétence gourmande; on l'imagine possédé par le lié d'une sorte de gustation-caresse : " Oh ! les beaux bras que vous avez !... même Cibot, lui dit un amoureux naïf, je rêvais cette nuit que c'était du pain, et que j'étais du beurre, et que je m'étendais là-dessus ! [7] " Si le désir se donne ici pour objet un substitut si merveilleusement alimentaire, au point que la possession de la belle écaillère se rêve à travers le geste même qu'elle accomplit professionnellement en beurrant le pain de ses huîtres, il n'y a point là de gratuité. Car posséder une chair si allégrement appétissante exclut le risque d'épuisement ou même de dépense. La Cibot n'est pas loin donc de cet être idéal qu'évoque Balzac dans *la Fille aux*

3. *Le Cousin Pons*, VI, 645. — 4. *La Recherche de l'absolu*, IX, 566. — 5. *La Vieille Fille*, IV, 255. — 6. *Le Cousin Pons*, VI, 562. — 7. *Ibid.*

yeux d'or, " avec lequel la lutte pouvait être constante sans fatigue [8] ". L'aimer, ce serait rêveusement aussi la dévorer, ce serait plonger au cœur substantiel d'une nourriture inépuisable.

Et aussi d'ailleurs d'un abreuvement indéfini : car la chair sensuelle apaise tout autant la soif que la faim. Elle le fait tantôt sous la forme, immédiatemment maternelle, du *lait* (sur le dos de Mme de Mortsauf flotte une lentille, " mouche perdue dans du lait [9] "), tantôt sous le mode plus général de l'*eau.* Saisie par le désir, la chair demeure certes incandescente, mais c'est d'un embrasement quasi liquide, Balzac évoque dans *Béatrix* " ses molles et fluides ardeurs [10] ". Ainsi les Javanaises, ces super-femmes, " jaillissent ", " pétillent ", " éclatent ", mais ce feu n'empêche pas leur corps d'être " doué de fluidité ". " Elles bondissent, puis elles se calment, elles s'étalent ", comme les eaux " d'une mer apaisée [11] ". Le désir provoque en effet une dilution de l'être ; il se dirige vers le désiré comme un écoulement irrésistible, " en l'inondant pour ainsi dire [12] ", tel ce " courant de l'amour " auquel Eugénie Grandet " s'abandonne délicieusement [13] ". Dans la présentation du corps lui-même il se trahit par des signes non trompeurs : eau qui noie les regards, sueur qui perle aux mains des amoureuses. Décelons en cette liquidité si souvent indiscrète une forme extrême de la continuité dont le vœu marque en profondeur toute l'érotique balzacienne.

Ce n'est donc point hasard si la sensualité heureuse recherche avec tant d'insistance l'appui d'une présence aquatique : soit que la femme soit désirée dans un cadre de lacs et de rivières, ce qui amplifie à l'échelle du paysage l'attrait de son humidité (songeons aux rivières tourangelles du *Lys,* aux lacs d'*Albert Savarus* ou de *la Femme abandonnée*) ; soit que la chair s'imagine dans le contact même de l'eau vive : ainsi main dénudée de Mme de Mortsauf plongée dans la Vienne (" la comtesse ôta ses gants et laissa tremper ses belles mains dans l'eau comme pour rafraîchir une secrète ardeur [14] "), ou corps de Mme de Restaud surprise, en déshabillé, au sortir de son bain matinal : " Elle embaumait... et sa beauté

---

8. *La Fille aux yeux d'or,* V, 315. — 9. *Le Lys dans la vallée,* VIII, 796. — 10. *Béatrix,* II, 495. — 11. *Voyage à Java,* cité dans *la Fille aux yeux d'or,* introduction par P. G. Castex, éd. Garnier, p. 368. — 12. *Eugénie Grandet,* III, 540. — 13. *Ibid.,* 588. — 14. *Le Lys dans la vallée,* VIII, 926.

pour ainsi dire assouplie, semblait voluptueuse ; ses yeux étaient humides [15]. " De l'eau du bain à la tendresse de la chair, il y a, on le voit, contiguïté, et même peut-être davantage : contagion, complicité, compénétration profonde. Car le bain caresse et régénère la baigneuse, en la traversant physiquement de sa fraîcheur : " Une main de femme, au moment où elle sort de son bain de senteur, conserve je ne sais quelle fraîcheur douillette, une mollesse veloutée dont la chatouilleuse impression va des lèvres à l'âme [16]. " Frais, mou, douillet, chatouilleux, velouté, voilà une parfaite réunion d'essences érotiques. Aimer d'ailleurs, n'est-ce pas se baigner dans la fluide intimité de l'autre, pour en être parcouru et imprégné ? C'est ce que, sur le plan spirituel, rêve Félix, pour la première fois vraiment admis à Clochegourde : " Je fus bientôt de la maison, et j'éprouvai pour la première fois une de ces douceurs infinies qui sont à l'âme tourmentée ce qu'est le bain pour le corps fatigué ; l'âme est alors rafraîchie sur toutes ses surfaces, caressée dans ses plis les plus profonds [17]. "

Le rêve de régénération voluptueuse se poursuit en un autre domaine, à travers le choix de certaines formes favorites : ainsi le goût, si souvent ici déclaré, du *sinueux*. Chez Henriette de Mortsauf, par exemple, aucune trace d'angularité gênante : " Le bas de sa tête n'offrait point ces creux qui font ressembler la nuque de certaines femmes à des troncs d'arbre, ses muscles n'y dessinaient point des cordes, et partout les lignes s'arrondissaient en flexuosités désespérantes pour le regard comme pour le pinceau [18]. " Chez Modeste Mignon, plus jeune, donc plus élancée, se retrouve, sur le mode virginal, et aidée par la discipline du corset, la même grâce flexueuse : " Le basin, l'acier, le lacet épuraient et ne fabriquaient pas les lignes serpentines de cette élégance, comparable à celle d'une jeune peuplier balancé par le vent [19]. " L'image finale, celle de l'arbre agité, met bien en évidence l'une des valeurs rêvées du sinueux. Certes la ligne serpentine séduit la main parce qu'elle guide sans jamais l'arrêter, et qu'elle module aussi, varie à l'infini le mouvement prolongé de la caresse. En elle aucune secousse,

---

15. *Le Père Goriot*, II, 893. — 16. *La Duchesse de Langeais*, V, 175. — 17. *Le Lys dans la vallée*, VIII, 851. Il faudrait évoquer ici le thème de la *mer*, et son lien avec une nostalgie maternelle. F. Germain l'a bien fait dans sa préface à *l'Enfant maudit* (p. 63 s.) — 18. *Ibid.*, VIII, 797. — 19. *Modeste Mignon*, I, 370.

aucun caprice : elle offre du toujours nouveau, mais jamais de
l'absolument inattendu. En opposition par exemple aux cassures
du Z, lettre maléfique parce que porteuse " d'une allure contrariée ",
figurant le " zigzag aléatoire et fantasque d'une vie tourmentée [20] "
(Z focal dans le nom de Balzac remarquons-le, lui-même frère de
celui de Marcas, à propos duquel se développe cette curieuse
rêverie), il faudrait peut-être installer les arrondis si féminins du S :
et de fait, dans le nom du sculpteur Sarrasine, le S remplace le Z
attendu, peut-être en raison du climat de non-virilité (fausse et
forcée) dans lequel va flotter son aventure [21]. Mais comprenons
que le flexueux n'éveille pas seulement en nous une imagination
des lignes : il manifeste aussi, sous la main qui rêve et qui caresse,
l'émotion, et comme l'afflux rythmé d'une profondeur vivante.
La fluidité amoureuse semble supporter de sa palpitation le relief
doucement onduleux de ces grands corps offerts. Le sinueux est
alors vécu comme l'épanouissement, la fin linéaire du moelleux,
de l'élastique, du pulpeux. Il se lie à un mouvement, actuel ou
pressenti, ainsi ce " trémoussement serpentin [22] " de Mme de Bargeton qui émeut tant Lucien. Sa marque ne s'arrête d'ailleurs pas au
corps lui-même : elle se retrouve jusque dans l'enveloppe vestimentaire, d'autant plus voluptueuse celle-ci qu'elle est plus souplement
agitée, plus ondoyante (ainsi, tout autour d'Henriette de Mortsauf
" le bruit onduleux " de sa " robe flottante [23] "). Elle affecte enfin
le paysage sensuel lui-même : suavité arrondie des collines tourangelles, lent balancement des eaux, allure surtout des rivières,
comme cette " rivière serpentine où l'âme se baigne entre les
frênes et les aulnes [24] ". Car la rivière se glisse au creux des vallées
herbeuses dont elle épouse les contours ; elle s'écoule sous la
touffe et le berceau des arbres protecteurs, telle une chair qui se
caresserait directement à la nature ; elle s'y " roule par des mouvements de serpent [25] ". On conçoit alors que Félix et Henriette
puissent, au-delà de l'interdiction qui les sépare, s'y rencontrer,
presque s'y marier dans l'engourdissement d'une sorte d'osmose
sinueuse : " nos âmes qui pour ainsi dire entraient l'une chez

---

20. *Z. Marcas*, VII, 737. — 21. Sur cette opposition, qu'il choisit même comme
titre de son étude, Roland Barthes a fondé son commentaire récent de *Sarrasine*. —
22. *Illusions perdues*, IV, 506. — 23. *Le Lys dans la vallée*, VIII, 827. — 24. *Ibid.*,
824. — 25. *Ibid.*, 788.

l'autre sans obstacle, mais sans y être conviées par le baiser...,
savourant toutes deux les charmes d'une torpeur pensive...,
s'engageaient dans les ondulations d'une même rêverie, se plon-
geaient ensemble dans la rivière, en sortaient rafraîchies comme
deux nymphes [26]. "

Un tel parti pris commande toute une topologie amoureuse,
toute une gestuaire érotique. Parmi les motifs corporels qui fixent
avec le plus de permanence la convoitise de l'amant balzacien,
beaucoup relèvent de l'essence flexueuse : ainsi l'arrondi de la
poitrine, souvent fort indiscrètement suivi par le regard, ou la
courbe totale de la silhouette, " cette belle ligne serpentine qui
prend au pied, remonte gracieusement jusqu'à la hanche, et se
continue par d'admirables rondeurs jusqu'aux épaules, en offrant
aux regards tout le profil du corps [27] ". Mais le plaisir, si souvent
évoqué par Balzac, d'un tel " serpentement " s'affiche surtout dans
les espaces anatomiques de transition, là où une partie du corps
passe, et ce doit être toujours de la manière la plus glissée, la plus
harmonieusement insensible, dans la partie voisine. C'est le cas de
la taille, et surtout celui du cou, sorte d'isthme charnel qui assure,
de façon si variée, si intéressante à interpréter et à analyser, la
liaison de la tête au torse. On n'en a jamais fini ici de rêver sur un
col de femme [28] : sa longueur, sa plus ou moins grande aptitude
à la courbure (" la ligne onduleuse " par laquelle une tête " se
rattache " à " de belles épaules [29] "), sa façon de s'articuler à
l'arrondi du visage et à l'horizontalité du dos, tout cela fascine
l'amoureux et lui permet quelquefois de pénétrer la nature profonde
de l'aimée. Ainsi, soudain révélée, l'essence maléfique de Mme d'Aiglemont : " Son cou était un peu long peut-être ; mais ces sortes
de cous sont les plus gracieux, et donnent aux têtes de femmes
de vagues affinités avec les magnétiques ondulations du serpent [30]. "

Ce qui renforce d'ailleurs ce magnétisme, et assure définitivement
le privilège sensuel du cou, c'est qu'il éveille aussi une rêverie du

---

26. *Ibid.*, 853. — 27. *Les Secrets de la princesse de Cadignan*, VI, 30.

28. Dans le registre masculin une pièce vestimentaire assure une fonction à peu
près équivalente : c'est la *cravate*, dont Balzac commente si souvent la valeur straté-
gique. R. Kempf, qui lui consacre une savoureuse analyse (*Sur le corps romanesque*,
p. 89) reconnaît justement en elle un " trait d'union entre la tête et la poitrine ".
Elle soutient la tête, la porte en avant, lui permet de se courber, etc.

29. *Béatrix*, II, 338. — 30. *La Femme de trente ans*, II, 758.

moelleux. Il est même l'un des lieux du corps où s'affiche avec le plus d'évidence, et parfois d'impudeur, la qualité purement charnelle d'un être. En lui s'avoue le secret d'une chair réduite à son degré le plus élémentaire, mais aussi le plus troublant, d'une chair devenue comme la pâte immédiate d'une vie. D'où sa qualité sensuellement bouleversante : elle suffit pour que l'innocente Ursule Mirouët tombe éperdument amoureuse de Savinien : " Il a peigné ses moustaches noires, sa virgule sous le menton, et j'ai vu son cou blanc, rond [31]... " Troublante surtout une telle vision quand elle s'opère, comme ici, à l'insu de l'autre désiré, quand aucun regard, aucune instance psychologique ni morale n'y viennent gêner le pur dévoilement de la substantivité charnelle. Pour cela il faudra surprendre le corps par-derrière, en fixant son regard sur la plage de cet arrière-cou voluptueux, la nuque. Ainsi Calyste avec Béatrix : il aperçut " une nuque délicate et blanche comme du lait, creusée par un sillon vigoureux qui se séparait en deux ondes perdues dans chaque épaule avec une moelleuse et décevante symétrie [32] ". Blancheur, ondoiement, lactance, tous ces attributs érotiques bien connus nous introduisent d'autant mieux à la rêverie d'une intimité charnelle que la nuque se prolonge en deux lieux sexuellement interdits : la touffe de la chevelure (" le brillant des cheveux lissés ", les " lignes blanches que le peigne y avait dessinées ", et où l'imagination, dit Balzac, court " comme en de frais sentiers [33] " : thème d'insinuation voluptueuse) et la descente charnue du dos. Se laisser glisser le long de la courbe d'une nuque, c'est pénétrer ainsi en imagination jusqu'au secret le mieux gardé de l'être désiré. On se souvient que la plus belle scène d'amour de *la Comédie humaine* commence par la fascination de " deux blanches épaules rebondies ", " partagées par une raie [34] ", le long de laquelle, " plus hardi que (sa) main ", descend le regard de Félix de Vandenesse. Hardiesse qui annonce d'ailleurs un autre assaut.

Car ces lieux si attirants, il ne s'agira pas seulement de les contempler, d'en rêver à distance. Le désir balzacien voudra les occuper de façon beaucoup plus active et immédiate. Toute une gamme de gestes s'imposeront alors à lui : marqués d'une intention possessive,

31. *Ursule Mirouët*, III, 350. — 32. *Béatrix*, II, 424. — 33. *Le Lys dans la vallée*, VIII, 785. — 34. *Ibid.*

ils correspondent aux divers attributs qui nous ont paru définir le type de la femme désirable. A la sinuosité du corps répondra par exemple une curieuse conduite appréhensive consistant à s'enrouler autour de ce corps, à se mouler très exactement et flexueusement à lui, bref, le mot se retrouve plusieurs fois chez Balzac, à *s'entortiller* autour de lui. Ainsi Esther enveloppe " Lucien de ses bras comme un tissu qui, saisi par le vent, s'entortillerait à un arbre [35] " ; Paquita saisit de Marsay par le corps en " s'entortillant autour de lui comme un serpent [36] ". Parfois même ce geste ne s'adresse qu'à une partie du corps convoité. Ainsi, dans *Massimilla Doni*, la Tinti échappe au prince " comme une couleuvre ", et " se roule autour de l'un de ses pieds que pressa mollement une chair adorable " : si bien que le prince est obligé de " secouer son pied ", " pour le retirer de cette fille [37] "... Revoici donc, mais utilisé cette fois sur le mode de l'actif, et non plus du passif, et même de l'agressif, le thème voluptueux du serpentesque. Couleuvre, ou ailleurs couleuvre davantage encore aquatique : anguille (" la fille serpentait comme une anguille [38] ") ; ce seront les répondants métaphoriques de ce geste, qu'on retrouve surtout, il est vrai, chez les créatures les plus totalement, les plus servilement dévouées à l'être aimé.

A côté de cette attitude si spéciale, et souvent la prolongeant, un autre maintien érotique répond à l'humidité, à la liquidité pressentie du partenaire féminin. On essaiera cette fois de se couler, presque de se traîner sur l'autre ; on se fera eau pour mieux posséder son eau. " Les jeunes imaginations " aiment ainsi à " s'étendre ", nous l'avons déjà vu à propos de M\ue Cormon, sur " les nappes vives " d'une chair plantureuse. La continuité lentement glissée d'une caresse pourra donc annoncer de profondes aptitudes sensuelles. Ainsi lorsque Daniel d'Arthez pose sur la main de Diane de Maufrigneuse " un long baiser traîné depuis le poignet jusqu'aux ongles ", ce contact révèle à la duchesse, experte il est vrai en la matière, toute " sa nature poétiquement amoureuse [39] ". Le thème serpentesque peut d'ailleurs intervenir ici encore pour qualifier ce rêve de lubricité. Ainsi dans *Massimilla*

35. *Splendeurs et Misères*, V, 737. — 36. *La Fille aux yeux d'or*, V, 298. — 37. *Massimilla Doni*, IX, 327. — 38. *Pierre Grassou*, VI, 129. — 39. *Les Secrets de la princesse de Cadignan*, VI, 49.

Doni, Emilio allant rejoindre sa maîtresse " se coula vers la porte
de sa chambre, dit Balzac, souleva la portière, et disparut comme
une anguille dans la vase [40] ". Lignes étonnantes parce que métaphoriques de la jonction amoureuse qui suivra et parce qu'intro-
ductrices en outre d'un autre thème érotique très actif : celui du
furtif, du clandestin. Le même nœud d'associations rêveuses se
retrouve en une autre évocation admirable, celle d'Esther Gobseck,
douloureusement privée de la présence charnelle de Lucien. Elle
trompe son attente en glissant le long d'un objet substitutif,
en affichant aussi, aveu involontaire, une nudité bien significative :
" Elle se coulait parfois le long des murs, le soir, comme une
couleuvre, sans châle, les épaules nues [41]. " Phrase d'une respiration
déjà quasi flaubertienne, où se parle toute la solitude du désir.

Si enfin le corps désiré n'est plus rêvé comme liquidité ni flexion,
mais comme pâte, comme épaisseur ouverte, le désir y inventera
des gestes de possession profonde. Aimer, ce ne sera plus seulement se mouler à, s'entortiller autour, se glisser le long de : ce
sera aussi se couler, presque se vautrer dans l'autre, le pétrir, le
malaxer, ce sera tenter d'épouser en un mouvement désordonné
qui soit aussi une caresse donnée et reçue, son secret, sa substance
la moins avouable. C'est bien sûr à Félix de Vandenesse, irrésis-
tiblement appelé par les épaules d'Henriette, qu'il faut demander
le sens de cette frénésie : " Après m'être assuré que personne ne
me voyait, je me plongeai dans ce dos comme un enfant qui se
jette dans le sein de sa mère, et je baisai *toutes ces épaules* en y roulant
ma tête [42]. " Merveille de cette multiplication de l'objet désirable,
de cet engloutissement, de cet assouvissement si simple : Balzac
nous en fait bien sentir l'intention archaïque ; seule une mère peut
être possédée ainsi, une mère ou toute femme apte à la remplacer.
Le malheur veut pourtant qu'Henriette de Mortsauf ne soit pas
la mère de Félix, mais une femme que ce même baiser émeut en
profondeur. Alors commencent malentendu et déchirement :
toute l'histoire du *Lys dans la vallée.*

40. *Massimilla Doni,* IX, 386. — 41. *Splendeurs et Misères,* VIII, 785. — 42. *Le Lys
dans la vallée,* VIII, 785.

V

LE CORPS ET SA LIMITE

Fluidité, tendresse, élasticité, densité, voilà donc quelques attributs essentiels de la profondeur heureuse : mais ils ne pourront être appréhendés dans le corps romanesque que si aucune opacité trop forte ne vient s'interposer entre la vérité charnelle et le mouvement de la conscience déchiffrante. Condition difficile à remplir, bien sûr, puisque tout corps s'enferme nécessairement en une enveloppe épidermique : derrière celle-ci la sous-jacence des humeurs ne pourra être que devinée ou que rêvée. Pour l'amoureux des substantialités vitales rien de plus irritant qu'une telle écorce cutanée. Mais est-elle vraiment écorce, demeure-t-elle toujours impénétrable ? Pour en lever l'obstacle, il suffira peut-être d'y introduire, par un coup de force imaginaire, la seule qualité qui permettrait au corps de se ré-ouvrir visuellement à l'extérieur : la transparence. Or c'est bien ce que fait, ou tente de faire, le regard balzacien ; surprenons-le dans l'attention patiente, et passionnée qu'il attache au motif, pour lui névralgique, de la *peau*.

Cette peau, il s'agira donc d'abord de la diaphaniser, afin de pouvoir lire en sa surface les signes d'une émotivité profonde. Celle-ci se parlera souvent à travers les agitations du sang, ce fluide ardent. Ainsi, chez Louise de Chaulieu " la santé mord de sa flamme vive et pure " les " lignes nerveuses " du corps, thème de l'alacrité vitale, de la chaleur profonde liée presque agressivement à l'élégante nervosité des formes ; mais surtout, notation qui résume en elle ce complexe de jeunesse heureuse et vigoureuse " la vie et le sang courent à flots sous une peau transparente [1] ". Chez Honorine encore, à travers " la délicatesse infinie de la peau suave " on voit " le sang courir et les nerfs palpiter [2] ".

1. *Mémoires de deux jeunes mariées*, I, 144. — 2. *Honorine*, II, 275.

Cette " course " du sang n'a rien, notons-le bien, de bouleversant ni d'anarchique : elle obéit aux indications d'un système perceptible de veines et d'artères dont le regard se plaît à suivre, sous l'épiderme, les ramifications les plus fines. Ainsi la mère de Calyste peut-elle, dans *Béatrix*, admirer la chair merveilleuse de son fils ; " ces belles joues si pures... où le sang jeune et riche rayonne en mille réseaux [3]. " Union de deux thèmes charnels très positifs : celui de l'expansion, celui de la texture. Cette vue est satisfaisante parce qu'elle apporte à l'œil le message d'une vie tout à la fois débordante et contrôlée : les fonctions d'échange et d'alimentation y équilibrent heureusement, grâce au motif du quadrillage réticulaire, celles d'agitation et de simple dépense. C'est en tout cas là un type de vision, de vision désirante, propre à beaucoup de créatures balzaciennes. De Delphine, Rastignac convoite par exemple " le tissu délicat et soyeux de sa peau sous laquelle il avait cru voir couler le sang [4] ". Même qualité de transparence satinée chez Laurence de Saint-Cyr : " Les moindres linéaments de ses veines bleues se voyaient sous la trame fine et serrée de son épiderme [5]. " Et ce qui peut aussi s'apercevoir dans ce réseau de veines, ce sont les diverses phases du régime humoral, les alternances internes de paix et de trouble, les afflux soudains d'affectivité. Ainsi, sous la forme de cette étonnante vaporisation sanglante : " en regardant la comtesse, l'œil servait à toucher cette peau suave où le sang courait en filets bleuâtres. A la moindre émotion ce sang se répandait sous le tissu comme une vapeur en nappes rosées [6].

Cette peau " suave ", cette si fine trame épidermique, il leur arrive quelquefois de s'amincir jusqu'au point d'une translucidité presque douloureuse. Ainsi chez Béatrix, dont nous avons soupçonné déjà à d'autres signes la nature nerveuse : " Sous la blancheur de sa peau, aussi fine que la pellicule satinée d'un œuf, la vie étincelait dans un sang bleuâtre. La délicatesse des traits était inouïe. Le front paraissait être diaphane [7]. " Un degré de plus et cette douceur/minceur de l'épiderme (métaphoriquement décrite par les appels de la soie, du satin, de la coquille d'œuf) se liera à une idée, non plus de volupté, mais de souffrance, comme si l'usure

---

3. *Béatrix*, II, 363. — 4. *Le Père Goriot*, II, 955. — 5. *Une ténébreuse affaire*, VII, 480. — 6. *Honorine*, II, 284. — 7. *Béatrix*, II, 422.

de la peau devait être concrètement imputée au rongement d'une douleur. Ainsi chez Véronique Graslin, archétype de la pécheresse repentante, " les larmes avaient effacé les traces de la petite vérole et usé la peau ". Cette érosion, qui s'est surtout opérée " dans le coin des yeux, à la naissance du nez " a pour résultat de nous mettre au contact presque immédiat de la palpitation vitale : " La curiosité s'attachait invinciblement à cette place où le réseau bleu des petits vaisseaux battait à coups précipités, et se montrait grossi par l'affluence du sang qui se portait là, comme pour nourrir les pleurs [8]. " Merveilleux petit cercle imaginaire : la peau n'est ici que l'espace de transformation du sang en larmes, espace rendu chaque jour plus mince et plus poreux par la poussée du sang, par le creusement des larmes...

On voit que ces effets de transparence ne se limitent pas à la seule intuition d'une *santé*. On les retrouvera dans les chairs secrètement atteintes, dans celles que ronge une fatigue, ou que creuse une vieillesse, qu'évide un effort de spiritualité. Mais au lieu de saisir derrière l'écran, ici de moins en moins opaque, de la peau, la circulation et le battement d'un sang, le regard y pressentira cette fois le rayonnement d'une lumière. Brûlée, presque épuisée en sa substance même, la vitalité y devient une pâle et pure vibration d'autant plus éclairante cependant, en dépit de sa débilité, qu'aucune épaisseur véritable de chair ne s'oppose à sa diffusion. Ainsi chez telle mourante : " Sa pâleur faisait ressembler sa peau à de la porcelaine derrière laquelle on aurait mis une lumière [9]. " Métaphore aimée de Balzac, et bien souvent reprise. Par exemple, dans *le Lys*, chez Madeleine, " enfant malingre dont les yeux étaient pâles, dont la peau était blanche comme une porcelaine éclairée par une lueur [10] "; ou chez la duchesse de Langeais, dont le teint avait pris " le ton chaud d'une coupe de porcelaine sous laquelle est enfermée une faible lumière [11] ". Plus encore que le satin, ou que la coquille d'œuf de tout à l'heure, la porcelaine nous suggère un mixte de fragilité, de diaphanéité, de pureté, voire de frigidité.

Il est curieux en effet de retrouver cette métaphore clef dans un portrait de Séraphitus Séraphîta, avec cette fois le projet parti-

8. *Le Curé de village*, VIII, 640. — 9. *Autre étude de femme*, III, 242. — 10. *Le Lys dans la vallée*, VIII, 801. — 11. *La Duchesse de Langeais*, V, 140.

culier d'y exprimer l'énigme d'une incarnation angélique. Dans
le corps de Séraphîta ne se décèle aucune trace de fatigue, tout
en elle est intégrité, vigueur, et Balzac évoque même à son propos,
en une autre métaphore familière, " les ressorts (d'une) florissante
vie ". Mais cette vie, parce que spirituelle, doit échapper aux rouges
crudités du sang. C'est pourquoi Séraphîta se trouve naturellement
assujettie à toute une thématique de la blancheur froide : neige,
glacier, ski, légèreté aérienne, virginité nordique, etc. Mais comment faire alors pour rendre cette blancheur vivace, rayonnante,
pour suggérer, même, son caractère de toute-puissance ? La solution consiste à évoquer en elle la présence d'un réseau non sanguin
d'irradiation, l'activité d'une sorte de nutritivité lumineuse,
l' " existence d'un fluide phosphorique en des nerfs qui semblaient
reluire sous l'épiderme " (les nerfs remplacent ici le filet habituel
de veines et d'artères), ou bien, et mieux, à y ré-installer notre métaphore familière : cette frigidité dynamique est due, dit Balzac, à " la
constante présence d'une lumière intérieure qui colorait Séraphîta,
à la manière de ces lueurs contenues dans une coupe d'albâtre [12] ".

Albâtre, porcelaine : ces références favorites ne devraient pourtant pas nous amener à croire que la peau soit seulement ici frontière, lieu de passage d'un sang ou d'un regard. La transparence
cutanée n'a pas seulement valeur de transition; elle est aussi un
espace d'inscription, l'endroit où une énergie interne vient se
traduire au-dehors en visibilité, en jour. Albâtre et porcelaine,
ou coquille d'œuf, satin, sont en effet des substances tout autant
éclairantes qu'éclairées. Ou disons, si l'on veut, que la peau, clôture
ultime du rayonnement vital, en constitue aussi la fin, l'aboutissement suprême. C'est pourquoi l'épiderme euphorique marie
souvent en lui les indices des deux grands régimes matériels, feu
et eau, entre lesquels on a vu que se partageait la vitalité profonde.
La peau heureuse est à la fois humide et brûlante, suante et rayonnante, onctueuse et lumineuse, sans que, dans le couple de ces
qualités antagonistes, aucun terme ne prévale jamais sur l'autre,
sans que, surtout, aucun de ces attributs positifs ne vire, par excès,
du côté du négatif. Ainsi la peau d'Esther, " fine comme du papier
de Chine et d'une chaude couleur d'ambre nuancée par des veines

12. *Séraphîta*, X, 470.

rouges, était luisante sans sécheresse, douce sans moiteur [13] ".
Ce qui permet un tel équilibre, c'est le sentiment d'une sorte de
continuité fonctionnelle entre chair et peau : la chair fournissant
à la peau la ressource d'une alimentation profonde, la peau marquant le fleurissement aérien des chairs. Nous touchons ici aux
mystères du *teint*, si important chez les héroïnes balzaciennes,
parce qu'il est le seul chiffre authentique de la qualité existentielle :
en lui s'indique, sur le plan de chaque visage, la nuance secrète
d'une humeur. Ainsi les deux sœurs Granville se séparent selon
l'opposition du blond au brun; " mais toutes deux avaient le
même teint : une peau de ce blanc nacré qui annonce la richesse
et la pureté du sang, jaspée par des couleurs vivement détachées
sur un tissu nourri comme celui du jasmin, comme lui fin, lisse
et tendre au toucher [14] ". La flamme-sang nourrit directement
ici le charme de la femme-fleur.

Cette grâce florale, cette suavité d' " un épiderme satiné "
ressemblant à " du papier de soie appliqué sur la chair [15] ", il faut
bien voir pourtant qu'elles ne tirent pas leur pouvoir sensuel de
la seule intériorité dont elles sont physiquement le terme. La
surface cutanée se tourne aussi vers le dehors, elle s'offre à toutes
les influences de l'espace, " frissonne sous l'hiver, ou s'épanouit
au soleil du regard [16] " : elle recueille en somme, et fixe en elle
tout autant la qualité de l'ambiance que la nuance de l'humeur.
Cette susceptibilité atmosphérique apparaît surtout dans le rapport
de l'épiderme avec les phénomènes de lumière : car la lumière
aime ici à s'arrêter sur les chairs désirables, à les caresser, à les
magnifier, et à s'exalter en elles. C'est un apanage de toutes les
femmes positives : non seulement elles rayonnent d'une clarté
profonde (les points d'issue de celle-ci étant encore, et curieusement, les pores), mais elles ont la capacité d'attirer et de fixer sur
elles l'éclairage des milieux les plus divers où elles se meuvent.
Phares donc, mais aussi condensateurs photiques, réflecteurs. Cette
excitation réciproque des peaux et des clartés ne s'opère d'ailleurs
pas toujours dans les mêmes conditions : les blondes, pense Balzac,
s'illuminent mieux au vrai jour, les brunes, d'un teint moins brillant, s'éclairent davantage à la lueur artificielle des bougies et des

lustres. Mais toutes deux, à la différence des femmes négatives chez qui la lumière se bloque et se fige (c'est le thème néfaste de la *matité*), se constituent naturellement en miroirs et en foyers de luminosité.

Ce qui sollicite alors l'attention amoureuse, c'est de détailler les lieux du corps où s'opère avec le plus d'efficacité ce travail de transfiguration illuminante (ou disons, si l'on veut, cette rencontre d'un rayonnement personnel incarné et d'une irradiation externe impersonnelle). Ce seront par exemple les ongles, en raison de leur caractère étroit et cristallin, de leur bombement satiné, quasi fruité, " espèces d'amandes roses ", dit Balzac, " où s'arrête la lumière [17] ". Ou bien les cheveux, surtout dorés bien sûr, dans les " spirales " desquels " la lumière du ciel semble ruisseler ", avec " l'air qui s'y joue [18] ". Il y aura aussi les épaules, lieu favori d'affichage de l'onctuosité charnelle, où la lumière se traîne aussi suavement que le regard (" la lumière glissait·dessus comme sur une étoffe moirée [19] "). N'oublions pas enfin le front, malgré sa dureté, et parce que sa convexité, son lisse permettent de multiples effets de modulation éclairante; ainsi " le front large et bien taillé " de la baronne du Guénic " recevait avec amour la lumière qui s'y jouait en de luisants satinés [20] ". Cette qualité du *satiné*, heureusement conjointe à celle du lisse, du poli, est sans doute celle que recherche avec le plus d'avidité l'érotisme balzacien parce qu'elle se prête à un double onirisme du toucher et de l'éclairement. La peau soyeuse attire la caresse et fait circuler le jour. D'où, par exemple, le prestige sensuel du *duvet*, mince nappe pileuse, qui recouvre ici les chairs les plus délicates, leur permettant de capter et d'apprivoiser en elles les brios épars. Ainsi se crée, autour des silhouettes bénéfiques, une sorte de flou tout à la fois éclairant et éclairé. Mlle Armande, par exemple, dans *le Cabinet des antiques*, a les " joues couvertes d'un très fin duvet à reflets argentés ", que le narrateur se plaît à regarder " en se mettant de manière que la coupe de sa figure (soit) illuminée par le jour [21] ". Chez Paquita, dans *la Fille aux yeux d'or*, se reproduit le même phénomène, dans une tonalité beaucoup plus voluptueuse : car " cette fille semblable à une chatte qui veut venir frôler vos jambes ", (thème déjà re-

17. *La Fausse Maîtresse*, II, 21. — 18. *Béatrix*, II, 338. — 19. *Une fille d'Ève*, II, 103. — 20. *Béatrix*, II, 339. — 21. *Le Cabinet des antiques*, IV, 341.

connu de pilosité vigoureuse), a aussi, " le long de ses joues un duvet blanc dont la ligne, lumineuse par un beau jour, commence aux oreilles et se perd sur le col [22] ". Cette enveloppe duveteuse, tout en   favorisant une rêverie tactile, met donc en jeu une problématique lumineuse du contour : elle le pose et le gomme, le souligne et le dissout; elle circonscrit sensuellement le corps, mais en le vaporisant dans la distance. Ainsi chez Fœdora, dans *la Peau de chagrin* : " L'imperceptible duvet qui dore sa peau délicate et fine en dessinant mollement les contours avec la grâce que nous admirons dans les lignes lointaines de l'horizon quand elles se perdent dans le soleil. Il semblait que le jour la caressât en s'unissant à elle, ou qu'il s'échappât de sa rayonnante figure une lumière plus vive que la lumière même [23]. " On ne saurait mieux évoquer cette exaltation réciproque des deux jours, l'intime et l'externe : le corps répond ici à la lumière dans la mesure où il obéit à son propre besoin d'illumination.

Mais, ce faisant, il tend à toujours dépasser davantage ses frontières. Au bout de l'exaltation lumineuse de la chair semble bien devoir se produire un effacement des épidermes. Ou du moins voit-on la peau se laisser très aisément franchir par toute une série de rayonnements vitaux. C'est quelquefois une sorte de tremblement émané, de nature quasi magnétique. Ainsi chez Hortense Hulot l'observateur savoure " un mouvement passionné dans la physionomie, une gaieté dans les traits, un entrain de jeunesse, une fraîcheur de vie, une richesse de santé *qui vibraient en dehors d'elle et produisaient des rayons électriques* [24] ". Ailleurs, cette même vibration se marque, sous une forme davantage encore visuelle, par un halo éclairant disposé tout autour du visage. Ce nimbe, dont on a plus haut reconnu le rôle substantiel, est un signe tout à la fois d'intensité passionnelle et d'altruisme : il indique une ardeur ouverte, offerte, une flamme oublieuse d'elle-même. Ainsi chez Eugénie Grandet, lorsque " les graves pensées d'amour par lesquelles son âme était lentement envahie, la dignité de la femme aimée donnèrent à ses traits cette espèce d'éclat que les peintres figurent par l'auréole [25] ". Parfois même ce processus d'émanation ardente et éclairante semble aboutir à une sorte de ventilation

22. *La Fille aux yeux d'or*, V, 279. — 23. *La Peau de chagrin*, IX, 108. — 24. *La Cousine Bette*, VI, 159. — 25. *Eugénie Grandet*, III, 598.

profonde : comme si l'embrasement passionnel réussissait à vaporiser l'épaisseur même de l'être. " D'où vient cette flamme qui rayonne autour d'une femme amoureuse et qui la signale entre toutes ? D'où vient cette légèreté de sylphide qui semble changer les lois de la pesanteur ? Est-ce l'âme qui s'échappe ? Le bonheur a-t-il des vertus physiques [26] ? " Il semble bien en tout cas avoir celle de soulever les corps heureux. Regardez encore Henriette de Mortsauf : créature aérienne tout autant que liquide, elle ne se distingue pas de ses diverses enveloppes volatiles : " Quand elle me quittait pour un moment, dit Félix de Vandenesse, elle semblait laisser à l'air le soin de me parler d'elle; les plis de sa robe quand elle s'en allait s'adressaient à mes yeux comme leur bruit onduleux arrivait joyeusement à mon oreille quand elle revenait [27]. " Entre air et corps il y a ici complicité, presque continuité.

Et ce passage, nous le saisissons mieux encore à travers le relais du vêtement, cette robe qui fait glisser sinueusement la chair en air, tout autant qu'elle charge l'air d'intonations charnelles. C'est là l'une des fonctions imaginaires de l'habit balzacien. Il en a plusieurs autres : celle par exemple de constituer, comme l'a bien dit R. Kempf, une écriture sociale, le texte d'une lecture immédiate; celle encore de faire couler sur le corps, surtout masculin, l'enduit, la matière moulée d'une élégance; celle enfin d'aménager le jeu érotique du caché-montré ou d'un voilement qui déshabille : car " une femme nue serait moins dangereuse que ne l'est une jupe si savamment étalée, qui couvre tout et met tout en lumière à la fois [28] ". Mais la fonction de dissipation reste essentielle : le vêtement féminin obéit souvent ici à un vœu de ventilation, à la fois pudique et sensuelle. Il forme alors un prolongement flou de l'épiderme. D'où le goût, si souvent affirmé par Balzac des dentelles, des tulles, des " voluptueuses mousselines à travers lesquelles " la femme " se dessine vaguement, comme un ange dans son nuage [29] ", bref de tous ces tissus vaporeux et fluides où le corps doit nécessairement s'enfouir pour être découvert, donc rêvé, donc désiré. Ils sont à la fois écran et nuage : voile, mais plus encore frange, espace ultime à travers lequel la chair

26. *Splendeurs et Misères*, V, 669. — 27. *Le Lys dans la vallée*, VIII, 991. — 28. *Les Secrets de la princesse de Cadignan*, VI, 30. — 29. *La Peau de chagrin*, IX, 96.

semblera se diluer en air [30]. Ainsi de Mme de Mortsauf, toute baignée de vent : " Elle fit quelques pas légers, comme pour aérer sa blanche toilette, pour livrer au zéphyr ses ruches de tulle neigeuses, ses manches flottantes, ses rubans frais, sa pèlerine et les boucles fluides de sa coiffure à la Sévigné [31]. " Chez Mme de la Baudraye la chair semble directement se gonfler en bulles de cristal : " Un collier de perles ressemblait sur sa poitrine à des *soufflures* sur de la neige [32]. " Et voici un véritable envol : la duchesse de Langeais dont Balzac évoque " les formes frêles devenues tout aériennes ", court vers l'homme dont elle a fini par devenir amoureuse. Mais *court* n'est pas le mot propre : " En *glissant* avec rapidité vers Armand, elle fit voler les deux bouts de l'écharpe qui pendait à ses côtés [33]. " Le geste du vêtement prolonge et métaphorise en lui la tentation de la chair même — qui est d'arriver à une sorte de lévitation heureuse.

De tels glissements, on en retrouve d'autres exemples dans *le Lys*, marquent le vœu d'une vie soulevée et appelée, on dirait presque aspirée, comme en songe, par le corps de l'être désiré. Dans les *Mémoires de deux jeunes mariées* une intéressante comparaison illustre leur caractère libérant, leur liaison imaginaire avec une légèreté quasi divine : " Quand nous marchons seuls dans les bois, écrit Louise à son amie, nous allons d'un pas égal, par un mouvement uniforme et si doux, si bien le même, que pour des gens qui nous verraient passer, nous paraîtrions un même *être* glissant sur le sable des allées, *à la façon des immortels* d'Homère [34]. " Divins donc, surnaturels ces glissements : c'est que, outre leur allusion au thème voluptueux de l'huilage, ils rejoignent la rêverie

30. Ce thème de l'habit-gaze prend quelquefois une ampleur sur-individuelle : ainsi la vapeur dégagée des fjords norvégiens, dans *Séraphîta*, se lie à la rêverie de liquidité, et s'imagine comme l'enveloppe de quelque vaste nudité : " vous apercevez une voluptueuse pensée dans cette fumeuse étendue liquide, dans ces voiles brodés où la nature se joue comme une fiancée coquette, et dans cette atmosphère où elle parfume pour ses hyménées sa chevelure verdâtre " (*Séraphîta*, cité et commenté dans Germain, *l'Enfant maudit*, p. 64). F. Germain remarque ce mot un peu ultérieur de *Séraphîta* : " Ceci est la poésie de la femme. " La poétique féminine, c'est donc l'émanation (le parfum), le voile atmosphérique, la dissipation nébuleuse et capillaire. Un peu plus loin encore, dans *Séraphîta*, l'enveloppe vaporeuse appelle directement et sur le mode de l'interrogation dénégatrice, l'image du corps nu : " vous voudriez voir la forme d'une naïade dans cette gaze de vapeurs ? "
31. *Le Lys dans la vallée*, VIII, 916. — 32. *La Muse du département*, IV, 206. — 33. *La Duchesse de Langeais*, V, 174. — 34. *Mémoires de deux jeunes mariées*, I, 303.

plus générale du survol, seule activité qui permette, voyez par exemple les discours du vieil antiquaire dans *la Peau de chagrin*, d'échapper à l'usure vitale. L'air pourra donc envelopper de sa présence bénéfique les scènes les plus violemment amoureuses. Ainsi lorsque Calyste, exaspéré par le refus de Béatrix, a précipité celle-ci par-dessus la falaise le long de laquelle ils se promenaient tous deux, puis l'a retrouvée, miraculeusement protégée, en un repli suspendu de la muraille, il est envahi par une étrange joie : " Quand il tint Béatrix, elle était sans connaissance ; mais il la pouvait croire tout à lui dans le lit aérien où ils allaient rester longtemps seuls, et son premier mouvement fut un mouvement de plaisir [35]. " Ce *lit aérien* offre une correspondance sensuelle au " *sépulcre aérien* ", ce studieux grenier ouvert sur les étoiles, où Raphaël, " pendant près de trois ans, travaillant nuit et jour sans relâche " découvre " les mystères de l'esprit ". Dans les deux cas même impression de solitude heureuse, d'autonomie, de suspension, d'accord à l'infini. Dans le registre de l'idée comme dans celui du corps l'ouverture aérienne a valeur évidente de dégagement et de libération.

Mais ces noces de l'air et de la chair n'iront pas sans faire quelquefois problème. Un corps si librement ouvert au monde, si désireux d'y faire rayonner sa substance, pourra-t-il, aux limites de sa vibration, y être toujours pensé comme *un* corps ? Dissipé en espace, n'y sera-t-il pas aussi volatilisé, perdu ? La réussite de son irradiation ne compromettra-t-elle pas la simple définition de son existence ? Ne risque-t-il pas dès lors d'y avoir contradiction entre la notion d'expansion énergétique et celle d'unité personnelle ? Et donc lutte, ou du moins tension, entre les deux grandes exigences balzaciennes : la force, la forme.

Qu'un tel débat se situe au centre même de la problématique balzacienne, il n'est, pour s'en convaincre, qu'à relire *le Chef-d'œuvre inconnu*, cette évocation d'une œuvre tout à la fois nécessaire et impossible, que Balzac situe, comme pour en écarter de lui la tentation, au cœur de son œuvre effectivement réalisée. Car Frenhoffer est bien le porte-parole le plus convaincant de sa propre ambition énergétique : mais un exemple aussi du désastre auquel

35. *Béatrix*, II, 491.

cette ambition peut aboutir quand elle n'est pas contrebalancée par un besoin inverse d'architecture et structuration.

Il pourrait en effet souscrire à l'admirable mot de Rodin, cité par Bachelard [36], selon lequel " toute chose n'est que la limite de la flamme à laquelle elle doit son existence ". Pour Frenhoffer aussi la limite existe en fonction directe du foyer. Peindre ce serait, pense-t-il, " ne pas dessiner un seul trait ", mais " attaquer une figure par le milieu, en s'attaquant d'abord aux saillies les plus éclairées, pour passer ensuite aux positions les plus sombres [37] ". On irait donc du lumineux à l'obscur, et du focal à l'excentrique : on tâcherait d'épouser, par le pinceau ou le crayon, le mouvement pléthorique de fleurissement et de dissipation qui amène la chair à se développer de son cœur vivant vers sa périphérie visible. Car ce qu'il faut saisir, ce n'est pas la norme, mais l'excès, pas la vie, mais " son trop-plein qui déborde, ce je ne sais quoi qui est l'âme peut-être, et qui flotte nuageusement sur l'enveloppe, enfin cette fleur de vie que Titien et Raphaël ont surprise [38] ". Mais se pose alors le problème classique du *dessin*. Qu'est-ce, en une telle perspective, que la *ligne*, d'ordinaire cerne limitatif, contour qui définit la forme en la détachant sur d'autres formes, ou sur la neutralité d'un fond ? Rien d'autre, répond de façon provocante Frenhoffer, qu'un contresens, ou qu'une illusion de la sensibilité : " Le corps humain ne finit pas par des lignes... La nature comporte une suite de rondeurs qui s'enveloppent les unes dans les autres. Rigoureusement parlant, le dessin n'existe pas [39] ! " On notera comment l'esthétique balzacienne récupère ici le thème existentiel du sinueux. Mais plus important encore le procès intenté au contour : il prétend clore le corps sur lui-même, alors que celui-ci n'existe en réalité que comme un libre foyer d'émanation ; il veut le détacher sur le vide de l'espace, alors qu'il n'y a pas de vide, que " notre globe est plein ", que " tout s'y tient [40] ". Ce que nous nommons ligne se constitue, dans le tissu de cette " tenue " unanime, à partir de la rencontre de deux forces : zone frontière, ou plutôt espace de transition entre deux expansions voisines, ou entre un être et l'énergie diffuse, anonyme, dont il est de toutes parts baigné et pénétré.

36. *Psychanalyse du feu*, I, 114. — 37. *Le Chef-d'œuvre inconnu*, IX, 401. — 38. *Ibid.*, 395. — 39. *Ibid.*, 401. — 40. *Z. Marcas*, VII, 736.

Abolie la ligne, le corps pictural pourra se laisser glisser enfin dans le plein de l'ambiance, et donc s'animer, s'affirmer comme corps vivant. Les signes de cette vivification relèvent d'une thématique bien connue : " hier vers le soir, confie Frenhoffer à ses amis, j'ai cru en avoir fini. Ses yeux me semblaient humides, sa chair était agitée. Les tresses de ses cheveux remuaient. Elle respirait [41] !" Ce souffle, cette agitation, cette liquidité nous seront suggérés par un art du dégradé lumineux et de la nuance : " C'est en modelant qu'on dessine, c'est-à-dire qu'on détache les choses du milieu où elles sont, la distribution du jour donne seule l'apparence au corps !" " Ainsi, continue Frenhoffer, n'ai-je pas arrêté les linéaments, j'ai répandu sur les contours un nuage de demi-teintes blondes et chaudes qui fait que l'on ne saurait précisément poser le doigt sur la place où les contours se rencontrent avec les fonds [42] ". La rêverie esthétique retrouve ici encore les thèmes essentiels du flou vital, du nuage-âme.

Mais on voit bien tout de suite le danger : c'est que, les formes se dissolvant trop aisément les unes dans les autres, rien ne permette plus bientôt de distinguer leurs divers éléments constituants. Le refus d'un principe supérieur de circonscription risque d'amener objets et corps à se noyer dans la continuité voluptueuse de l'espace : mais cette continuité, devenue conformité, cesse très vite alors de procurer aucun plaisir... C'est ce qui arrive à Frenhoffer : loin que son nu soit le chef-d'œuvre unique qu'il croit avoir réalisé, ce corps imbibé d'espace, " trempé de lumière [43]" et miraculeusement vivant, il se résout en réalité en " une multitude de lignes bizarres qui forment une muraille de peinture [44]" . Muraille : c'est-à-dire le contraire de l'ouvert, l'obstacle même. Terrible issue d'une œuvre qui recherchait éperdument la porosité, la communion spatiale, et n'aboutit qu'à la clôture la plus irrémédiable. Un détail pourtant, exquisement réussi, témoigne de ce que l'œuvre aurait pu être si elle n'était pas allée aussi loin dans sa poursuite du vital : " Le bout d'un pied nu qui sortait de ce chaos de couleurs, de tons, de nuances indécises, espèce de brouillard sans forme [45]. " Virage thématique de l'ouvert à l'informe, du nuage au brouillard.

41. *Le Chef-d'œuvre inconnu*, IX, 400. — 42. *Ibid.*, 401. — 43. *Ibid.*, 397. — 44. *Ibid.*, 412. — 45. *Ibid.*

L'échec de Frenhoffer semble donc bien tenir à une indécision, une faiblesse du sens de la *netteté* formelle. La recherche de l'émanation originelle, le souci de la substance-mère, de la cause vitale et générique, l'enfoncement dans ce que Balzac nomme " le royaume tout spirituel des abstractions " (bien que cette " spiritualité " soit encore pour lui très sensuelle), l'écartent aussi du simple dessin immédiat de notre monde. D'où, à partir d'un instinct trop vif de l'homogénéité fondamentale, une carence de ce sentiment que Balzac possède, lui, si fortement et qu'il nomme sentiment des *contrastes*. Car l'intuition architectonique, la vision des articulations et des ensembles, équilibre toujours chez lui l'intuition énergétique, la saisie primitive des forces. Ses personnages naissent à la fois vibrants et nets, nuancés et solides : comme ces êtres, auxquels rêve Frenhoffer, sans pouvoir réussir à les créer, chez qui c'est " le vif de la ligne qui paraît terminer le corps [46] ". " Vif de la ligne ", ou, comme le dit ailleurs Balzac, équilibre d'une " physionomie calme, colorée, *bordée de lueur* [47] " : celle d'Eugénie Grandet, dont la silhouette évoque, par une métaphore multiplement caractéristique, les " lignes d'horizon si doucement tranchées dans le lointain des lacs tranquilles ".

Mais cette " bordure ", cette délimitation tendre et ardente de la chair, elles ne sauraient bien évidemment apparaître à partir de la problématique d'un corps seul. Toutes les analyses jusqu'ici menées n'ont pas tenu compte d'un fait essentiel, c'est que le rayonnement personnel, pour prendre sa source au cœur enflammé de la personne, se dirige toujours vers un autre être, qui lui sert tout à la fois de but et de limite. Donc, pour utiliser le langage de Louis Lambert, le " mouvement " existe par la " résistance " à laquelle il se heurte forcément. " Sans la résistance, le mouvement aurait été sans résultat, son action eût été infinie [48] ", c'est-à-dire nulle. La force se définit ainsi en un rapport de forces ; l'être personnel se dessine et s'arrête en se conjoignant à d'autres êtres. De cette conjonction, d'abord inscrite en une perspective duelle, il importe donc de reconnaître les figures favorites. Que se passe-t-il, sur le plan de la rêverie balzacienne, quand deux forces entrent en contact ? Quelle est, en d'autres termes, ici, la phénoménologie de la *rencontre* ?

46. *Ibid.*, 411. — 47. *Eugénie Grandet*, III, 528. — 48. *Louis Lambert*, X, 453.

VI

LA RENCONTRE

De la rencontre nous intéressera non pas la motivation psychologique, ni le contenu affectif, qui peuvent être fort variables, mais la forme, qui obéit à quelques schémas imaginaires permanents. Le plus important est celui qui pose, entre ses deux acteurs, la nécessité d'un déséquilibre énergétique. Tout contact humain révèle aussitôt ici un fort et un faible, un pôle actif et un pôle réactif, à la limite un agresseur et un agressé, un bourreau et une victime. La rencontre se vivra donc de manière fort différente selon qu'on l'éprouvera à partir de l'un ou l'autre de ces deux rôles opposés. Mais les figures de l'agression, agie ou subie, correspondent, çà et là, aux divers thèmes charnels dont on a plus haut tenté le classement.

A l'idée de densité, de dureté vitale répondra par exemple l'image d'un assaut à la fois aigu, tendu, rigide, suivi d'un enfoncement dans la substance transpercée de l'autre. C'est le motif du regard-épée. Ainsi Charles Mignon, " reculant de trois pas ", pour se donner le champ d'attaque nécessaire, arrête sur La Brière " un regard qui pénètr(e) dans les yeux du jeune homme comme un poignard dans sa gaine [1] ". Intéressante, l'image de la *gaine*, car elle évoque un rapport d'enveloppement étroit entre l'arme agressive et la chair au cœur de laquelle elle se glisse. Il est d'ailleurs curieux de noter que la même relation peut exister aussi à l'autre pôle du contact, dans la physiologie rêvée de l'agresseur : ses organes s'imaginant " comme la gaine de ces épées lumineuses appelées la vue et l'ouïe [2] ". Cette incision ardente a bien sûr valeur de subversion : à travers la lame du regard une énergie se transfuse

1. *Modeste Mignon*, I, 485. — 2. *Ursule Mirouët*, III, 322.

de l'un à l'autre partenaire du rapport; ainsi Vautrin arrêtant sur Lucien " un de ces regards fixes et pénétrants qui font entrer la volonté des gens forts dans l'âme des gens faibles [3] ". Une fois introduite dans l'âme ainsi violée, la volonté violeuse s'y répand en tous sens; au moment de pénétration rigide succède une phase d'épanouissement jubilatoire. La pointe de l'épée devient le foyer d'une irradiation triomphale. Balzac évoque, dans *Le Lys*, " ces regards qui jouissent en rayonnant jusqu'au fond des formes pénétrées [4] ".

Un autre type d'attaque correspond au motif humoral de l'*explosion*. Comprimée sur elle-même, on sait que l'énergie peut s'y délivrer de manière volcanique, par une suite de déflagrations, qui sont aussi des projections agressives de puissance. Thème d'un assaut discontinu, qui peut venir relever celui de l'agression continue (acuité tenue du regard-lame), qui parfois même se combine à lui en un curieux mixte imaginaire : ainsi lorsque, dans *le Médecin de campagne*, Ginestas évoque la violence tout à la fois tranchante et éclatante d'une charge de cavalerie : " Quand Napoléon, impatient de ne pas voir avancer sa bataille vers la conclusion de la victoire, disait à Murat : Sire, coupe-moi ça en deux ! nous partions d'abord au trot, puis au galop : *une, deux* ! l'armée ennemie était *fendue comme une pomme avec un couteau*. Une charge de cavalerie, mon vieux, mais c'est *une colonne de boulets de canon* [5] ! " Double efficacité de la pénétration rapide, incisive (en *lame*), et du choc explosif. Le motif central reste ici celui du *jet* ; l'énergie émise s'y dispose en petits paquets de force successivement projetés vers l'autre. Ainsi lorsque Vautrin regarde celle qui l'a dénoncé : " Son regard magnétique tomba comme un rayon de soleil sur Mlle Michonneau, à laquelle ce jet de volonté cassa les jarrets. La vieille fille se laissa couler sur une chaise [6]... " La même image peut servir à traduire les activités les plus pures de l'esprit : " La rapidité des jets presque lumineux d'une âme comprimée sous la masse de ses pensées [7]. " Ces jets sont essentiellement oculaires; ils peuvent dire tantôt l'amour, ainsi chez la Marie d'*Une fille d'Ève* " ce regard violent et fixe par lequel la volonté *jaillit* de l'œil, comme du soleil jaillissent les ondes lumineuses, et qui

3. *Splendeurs et Misères* V, 725. — 4. *Le Lys dans la vallée*, VIII, 859. — 5. *Le Médecin de campagne*, VIII, 469. — 6. *Le Père Goriot*, II, 1012. — 7. *Louis Lambert*, X, 408.

pénètre, selon les magnétiseurs, la personne sur laquelle il est dirigé ”, tantôt l'hostilité, ainsi chez la vieille Sauviat dont les yeux “ allumés par la haine, tombaient sur son ennemi comme deux jets de plomb fondu [8] ”. Cette dernière image nous fait bien apercevoir la matérialité, la lourdeur de ces projections : c'est une ardeur toute substantielle qui s'y détache violemment d'un émetteur, pour frapper et brûler en profondeur une identité réceptrice. Ainsi de Napoléon véritable cracheur verbal de flamme : “ je ne sais pas comment il s'y prenait, dit, dans *le Médecin de campagne*, le vieux grognard Goguelet, mais quand il nous parlait sa parole nous envoyait comme du feu dans l'estomac [9]. ”

Au thème de la chair fluide ou vaporeuse feront écho, bien sûr, des formes moins brutales de contact. L'assaut vital prendra en effet alors l'aspect, plus insidieux, mais non moins redoutable, d'une sorte de ruissellement envahissant. Fondu en une eau électrique le moi agressif s'écoule vers les autres, les baigne, les parcourt, les submerge, les subjugue. Ainsi lorsqu'un mystérieux visiteur pénètre à l'improviste dans le salon des d'Aiglemont : “ L'indéfinissable empire dont l'étranger était, à son insu peutêtre, le principe et l'effet, se répandit autour de lui avec la progressive rapidité d'une inondation. Un torrent de pensées découla de son front [10] ”, torrent qui provoque la noyade, la désorganisation de toutes les autres volontés présentes, et plonge les spectateurs de cette scène dans “ une torpeur inexplicable ”, “ une invincible mollesse ”. Ailleurs un regard “ inonde intérieurement de lumière ”, une voix quasi palpable étend autour d'un être désiré “ une atmosphère qui (l')enveloppe de lumière et de parfums [11] ”. L'amour, c'est alors “ un regard de feu qui (vous) enveloppe [12] ”. Ce motif réitéré de l'*enveloppement*, de la séduction par investissement frôleur et par caresse, s'unit, dans ce type de rêverie, au thème de l'imprégnation, de la lente occupation d'un être par la volonté saturante d'un autre être. La substance du moi émetteur, s'y instille peu à peu dans l'espace de l'intimité réceptrice. La discrétion d'une telle offensive n'en compromet en rien l'efficacité : ce type de pénétration osmotique atteint même souvent à des

8. *Le Curé de village*, VIII, 761. — 9. *Le Médecin de campagne*, VIII, 462. — 10. *La Femme de trente ans*, II, 802. — 11. *Le Lys dans la vallée*, VIII, 824. — 12. *Mémoires de deux jeunes mariées*, I, 168.

résultats plus spectaculaires que les incisions ou les éclatements ardents.

Car il faut se demander aussi comment l'autrui attaqué réagit à ces assauts. Le plus souvent, après une période d'inconscience, c'est par une sorte de secousse, qui marque tout à la fois le choc émotif, l'atteinte d'un centre vital de sensibilité et le début d'un engourdissement qui paralyse toute résistance (thème favori de la *torpille*). " Le regard fulgurant " de Louis Lambert, ses yeux qui " dardent la pensée " causent ainsi une " commotion [13] " à ceux sur lesquels ils se posent. Tel mot de la duchesse de Langeais provoque chez Montriveau " des secousses électriques [14] ". Cette mythologie du galvanisme jouera même dans le cas d'une attaque plus discrète; la simple contiguïté charnelle peut produire un effet profond et soudain d'aimantation. Ainsi dans la très belle scène de *la Peau de chagrin* où Raphaël et Pauline se retrouvent, sans s'être reconnus, dans l'ombre d'une loge à l'Opéra. Accolés dos à dos, ce qui n'est point hasard si l'on se souvient du privilège amoureux de cette approche, et de la valeur sensible des épaules, ils s'éveillent l'un à l'autre du seul fait de la contagion de leurs chaleurs. Raphaël, surtout, subit aveuglément l'effet d'une expansion fluide dont tous les attributs (douceur, mollesse, liquidité, vibration rythmique, vaporisation vestimentaire, tiédeur, etc.) ont déjà été reconnus comme autant de vecteurs érotiques : " bientôt il sentit le doux contact des ruches de blonde qui garnissaient le tour de la robe, la robe elle-même fit entendre le murmure efféminé de ses plis, frissonnement plein de molles sorcelleries; enfin le mouvement imperceptible imprimé par la respiration à la poitrine, au dos, aux vêtements de cette jolie femme, toute sa vie suave se communiqua soudain à Raphaël comme une étincelle électrique; le tulle et la dentelle transmirent fidèlement à son épaule chatouillée la délicieuse chaleur de ce dos blanc et nu [15]. " Cette électrification tactile d'un corps par un autre corps dont ce texte nous décrit si bien, et dans des conditions de pureté presque expérimentale, les phases successives, aboutit finalement à un état de défaite sensuelle. Après le moment de la secousse, vient celui de la liquéfaction. Ainsi la seule présence physique de Lousteau " produisait

13. *Louis Lambert*, X, 386, 376. — 14. *La Duchesse de Langeais*, V, 179. — 15. *La Peau de chagrin*, IX, 180.

sur Dinah cette vive commotion, explicable par le magnétisme, qui met en désarroi les forces de l'âme et du corps, qui détruit tout principe de résistance chez les femmes ". Le magnétisme apporte une rationalisation seconde à un fait ici très primitif : celui du contact amollissant, ou si l'on préfère, de la submersion, de la noyade sensuelle : " Lorsqu'elle lui donnait le bras en marchant à son pas, dans la rue ou le boulevard, elle était si bien fondue en lui qu'elle perdait la conscience de son moi [16]. "

Mais il arrive aussi que, loin de se laisser sensuellement glisser dans l'inconscience, le moi se trouve au contraire brusquement excité, appelé en quelque sorte à être, par le trauma, le plus souvent amoureux, qu'il a subi. Rien de plus admirable chez Balzac que cet éveil profond d'une sensibilité par le contact d'une autre sensibilité qui la violente. Certains êtres ne naissent que sous le désir. Ils ont besoin, pour commencer à vivre, de l'aimantation que peut seule installer en eux une ardeur autre. Leur propre feu ne réussit à s'embraser qu'à la chaleur d'une flamme étrangère. Mais ce qui se produit alors dans l'être provoqué, c'est une métamorphose, une modification totale des conditions internes de la vie : " Ce regard cherché lui changea le sang, car son sang *frémit* et *bouillonna* comme si sa chaleur eût doublé. " De cette surchauffe frémissante point de meilleur exemple sans doute qu'Henriette de Mortsauf, après que Félix de Vandenesse se fut roulé sur la nudité de ses épaules. Jusque-là endormie, cette chair se met soudain à vivre : " Vous souvenez-vous encore aujourd'hui de vos baisers ? Ils ont dominé ma vie, ils ont sillonné mon âme; l'ardeur de votre sang a réveillé l'ardeur du mien [17]. " Le mot *sillonné* suggère bien le geste d'un enfoncement, puis d'un parcours, vainqueur et possessif, dans la profondeur de l'espace pénétré. Mais plus important encore le fait de l'inflammation : on sait que celle-ci tente de se refouler ou de se sublimer en amour idéal, n'y parvient pas, et que l'humide Henriette, peu à peu desséchée, meurt finalement sous la morsure d'un feu sans issue.

D'autres héroïnes, atteintes de la même manière, acceptent pourtant de laisser refluer hors d'elles l'aveu de leur embrasement. Elles renvoient alors vers l'homme qui les a émues un message

16. *La Muse du département*, IV, 189. — 17. *Le Lys dans la vallée*, IX, 1010.

énergétique du même ordre que celui qu'elles ont reçu de lui. Cet aller-retour se passe hors de tout contrôle conscient, en une sorte de dialogue immédiat des corps, que doublent aussitôt les " âmes ", ces corps légers. Il faut citer ici l'étonnant passage d'*Albert Savarus*, déjà décisivement commenté par Georges Poulet [18]. Balzac y décrit la rencontre inopinée de deux amants : " Rodolphe, appuyé contre le chambranle de la porte, regarda la princesse en dardant sur elle ce regard fixe, persistant, attractif, et chargé de toute la volonté humaine concentrée dans ce sentiment appelé *désir*, mais qui prend alors le caractère d'un violent commandement. La flamme de ce regard atteignit-elle Francesca ? Francesca s'attendait-elle de moment en moment à voir Rodolphe ? Au bout de quelques minutes, elle coula un regard vers la porte comme attirée par ce courant d'amour, et ses yeux, sans hésiter, se plongèrent dans les yeux de Rodolphe. Un léger frémissement agita ce magnifique visage et ce beau corps : la secousse de l'âme réagissait ! Francesca rougit. Rodolphe eut comme toute une vie dans cet échange, si rapide qu'il n'est comparable qu'à un éclair [19]. "

La beauté d'un tel passage tient à la franchise imaginaire des divers mouvements qui s'y dessinent. L'échange, surtout, hors de toute traduction psychologique, y apparaît dans sa pureté physique, c'est-à-dire ici poétique. Concentration, insistance, ardeur impérieuse et projection, appel magnétique, la plupart des grands thèmes de la virilité érotique se réunissent ici pour faire de Rodolphe une sorte d'amant balzacien type. Puis c'est le contact avec Francesca, auquel Balzac donne une double explication hypothétique : la première dans le sens de sa vérité imaginaire ; la seconde destinée peut-être à corriger l'audace, ou le caractère insensé de la première par l'appel à un vraisemblable d'ordre circonstanciel ou psychologique. L'essentiel reste la conséquence du contact : ce regard fasciné, coulé, répondant à la rêverie d'une continuité liquide et entraînante, puis soudain enfoncé dans l'espace de l'autre regard, celui d'où est issu le flot originel. Action et réaction se lient ainsi en une suite irrésistible. La femme y est bien, comme le dit ailleurs Balzac, " à la fois la cause et l'effet de la passion ". Tout peut s'achever alors en une union, caractéristiquement signalée par une secousse, et par un

18. *La Distance intérieure*, p. 154. — 19. *Albert Savarus*, I, 799.

afflux de sang. Identification de deux consciences désirantes qui produit un rétrécissement foudroyant des espaces, — l'intervalle séparant les deux amants, — et une triomphante contraction, presque une annulation du temps.

VII

LE CHAMP ÉNERGÉTIQUE

Ces quelques analyses suffisent à montrer que la force balzacienne ne saurait être saisie, ni interprétée sur le plan de la seule
qualité. Elle se perçoit toujours en une suite d'actions et de réactions,
de chocs et de contrechocs. La combinaison dynamique à laquelle
elle s'intègre sert à la définir de manière tout aussi puissante que
le mode humoral, ou que l'économie de son jaillissement. Mais
cette entrée en relation n'est pas seulement duelle; elle s'étend à
l'ensemble des forces agissantes dans l'espace d'un roman (et peut-
être, à la limite, dans l'espace de l'œuvre balzacienne tout entière).
Point de force en effet hors d'un champ de forces, qu'elle contribue
certes à former, mais sur lequel aussi elle se pose et s'enlève. Les
énergies particulières s'y lient les unes aux autres en un réseau
global, qui est en même temps mise en relief, disjonction, Balzac
dit le plus souvent *contraste*. Chaque vecteur énergétique se définit
ainsi par la place qu'il occupe dans une constellation de forces.
Ce sont ces constellations qu'il faudrait maintenant étudier en
elles-mêmes : quelles en sont, répétées de roman en roman, les
structures favorites, les figures familières ? Comment se définissent,
sur le plan de l'architectonique dramatique, les grands axes de la
construction balzacienne ? Correspondent-ils aux lignes de clivage
qui nous ont paru commander ici la thématique de la chair ?

Or il est dans le système dramatique balzacien une figure qui
semble bien avoir puissance générique. C'est, il fallait nous y
attendre, celle même de *l'opposition* : à la fois loi abstraite et
motif concret, structure et thème de toute l'architectonique actantielle. Un axe signifiant semble dominer en effet ici les autres :
moins celui du désir que celui de la lutte, ou disons si l'on veut
de l'accolement guerrier, du rapport agonique. Ce roman non

écrit que Balzac voulait intituler *la Bataille*, il nous faut sans doute le tenir pour le modèle implicite, ou la matrice de tous ses romans réalisés. De ce combat archétypal les formes, répétons-le, importent plus à l'imagination balzacienne que les contenus, ou que la fin. L'enjeu de la bataille, héritage, mariage, fortune mondaine ou politique, élection, etc., ou sa motivation psychologique, amour, vengeance, ambition, désir, jalousie, haine, etc., comptent bien moins pour elle que la disposition des forces auxquelles la lutte donne lieu, et que le développement tactique de ces forces. Or l'une de ces dispositions favorites, celle peut-être qui excite le plus vivement la créativité balzacienne, consiste à opposer un personnage unique, souvent soutenu il est vrai, nous le verrons, par un groupe d'adjuvants, à une multiplicité hostile. Une opposition primaire, et quasi grammaticale, celle du singulier et du pluriel, varie ainsi le face à face de nos deux acteurs originels [1]. Notons d'ailleurs que cette opposition correspond peut-être aussi à celle qui, dans l'ordre thématique, sépare le focal, le concentré, l'unique, du disséminé, du périphérique, du multiple. Il faut remarquer pourtant que la figure simple du *duel*, celle d'un affrontement entre deux sujets singuliers, existe chez Balzac : par exemple, dans *la Rabouilleuse*, la lutte entre Philippe et Max, symbolisée par la bataille au sabre qui clôt leur affrontement. Mais même en ce cas un élément de nombre social vient déséquilibrer leur rivalité : Max ayant d'abord pour lui, contre Philippe solitaire (et contre Joseph, doublet antérieur de Philippe) le soutien de sa bande de mauvais garçons, Philippe retournant ensuite contre Max isolé l'appui de l'opinion publique d'Issoudun. Cela lui donne, comme tout passage au pluriel, l'avantage d'un accroissement décisif. Cet agrandissement du moi se marque par la " garde haute " qu'il impose à Max dès le début de leur combat, et qui indique à celui-ci l'inéluctabilité de sa défaite.

Cette inégalité, d'ordre quantitatif, entre les deux grands rôles ennemis se complique par l'intervention d'un nouvel axe dramatique, dont nous avons plus haut reconnu l'importance : celui de

1. Ce pluriel se subsume quelquefois spatialement sous la notion de *sphère*, sorte d'unité collective (de type temporel, psychologique, géographique, ou social) dont Nykrog a montré l'importance dans la structuration dramatique du roman balzacien (*La Pensée de Balzac*, Copenhague, 1965).

l'actif et du passif. Les adversaires, ou disons si l'on veut les partenaires, les deux pôles accouplés du rapport agonique, n'y ont jamais en effet le même degré d'initiative. Les uns attaquent, les autres subissent ; les uns agissent, les autres réagissent, ou le tentent plus ou moins adroitement. Dans beaucoup de romans une collectivité humaine active agresse ainsi un personnage solitaire qui se trouve réduit à une résistance passive, bientôt à une défense sans espoir, jusqu'à l'écrasement, ou au salut que vient parfois lui apporter *in extremis* un secours inattendu. C'est le destin, par exemple, de Pons, de l'abbé Birotteau, de Pierrette, de M. d'Espard (dans *l'Interdiction*), de David Séchard (dans *Illusions perdues*) et même, par certains épisodes de sa vie, de Lucien de Rubempré. Dans *Une ténébreuse affaire* Melle de Saint-Cygne voit, dit Balzac, " la société tout entière armée contre elle et ses cousins [2] ". Convergence hostile — et ici oniriquement intériorisée — de tous vers l'un. Cette situation s'imagine selon des fantasmes particulièrement tragiques d'empiègement, d'enserrement (ainsi Eugénie Grandet, " traquée, serrée par (les) preuves d'amitié dont elle était la dupe [3] "), voire, à la limite, d'enterrement. L'histoire du colonel Chabert a peut-être ici valeur exemplaire, car elle développe successivement, sur les deux plans d'une seule métaphore, le littéral, puis le figuré, le même complexe d'ensevelissement. " J'ai été enterré sous des morts, peut-il en effet déclarer, mais maintenant je suis enterré sous des vivants, sous des actes, sous des faits, sous la société tout entière qui veut me faire rentrer sous terre [4]. "

L'enterrement est ici tout à la fois accablement, forclusion, attaque obsidionale. L'enterré est une figure limite du coincé, voire de l'annulé. A des degrés moins avancés de réalisation, cette figure sera vécue comme piège tissé, présence d'une menace circulaire, convergence d'un regard multiple et aux aguets. Ainsi la bonne de Fraisier, dans *le Cousin Pons*, instrument de la conspiration qui enserre Pons et Schmucke, promet de " tisser une toile en fil de fer autour des deux musiciens ", des deux victimes, et de " veiller sur eux comme l'araignée veille sur la mouche prise [5] ". Ces mêmes regards, dont on connaît le poids énergétique, peuvent à certains moments, assumer une fonction plus directe encore

---

2. *Une ténébreuse affaire*, VIII, 592. — 3. *Eugénie Grandet*, III, 505. — 4. *Le Colonel Chabert*, II, 1103. — 5. *Le Cousin Pons*, VI, 757.

d'attaque. Voici Pons agonisant, et endormi, brusquement réveillé par la simple pression oculaire de ses ennemis assemblés : " Tout à coup, sous le jet de ces trois rayons diaboliques, le malade ouvrit les yeux et jeta des cris perçants [6]. " Réaction de pure angoisse : c'est que nous touchons ici au plus vif d'un onirisme. Ce thème de l'oppression d'un patient un (et désarmé) par un agresseur multiple (et diversement redoutable) intéresse de toute évidence ici la profondeur d'une imagination. La preuve en est sa permanence, derrière la variété circonstantielle de ses habillements : car les raisons apparentes de la persécution peuvent changer, se donner çà et là comme intérêt, jalousie, haine de classe, ou même simple désir de persécution, l'essentiel reste la régularité de la " forme persécutante ", l'un des schémas les plus cruels, et les plus efficaces aussi, de toute la dramaturgie balzacienne.

Mais il arrive que ce schéma inverse sa valeur : cessant d'être vécu comme maléfique, sa charge affective sera dès lors ressentie en une perspective d'euphorie. L'action du groupe sur la victime solitaire peut s'exercer en effet non plus contre lui, mais pour lui, dans son intérêt, en sa faveur. Au lieu d'empiètement ou d'agression, elle est alors mue par un projet d'aide, ou même de réparation. L'opposition euphorie / dysphorie développe ainsi notre structure selon deux régimes bien distincts. Car il y a aussi chez Balzac des collectivités bénéfiques, des groupes qui n'appliquent leur force qu'en soutien d'un personnage solitaire. C'est le cas des petits cercles parentaux ou amicaux qui se forment autour et en défense des persécutés (ainsi dans *Ursule Mirouët*, dans *le Curé de Tours*); celui, plus exemplaire encore, du cénacle génial d'*Illusions perdues* qui apporte son appui à Lucien lors de sa première arrivée à Paris, avant de se retourner contre lui (retournement dû d'ailleurs à un détachement de Lucien, ou plutôt à son attachement à un autre groupe momentanément bienfaiteur et ennemi du premier : celui des journalistes) ; c'est encore le cas des Treize, bien qu'ici l'intention criminelle, la position d'agression vis-à-vis de la société ne se séparent pas du désir d'aider, par tous les moyens, légaux et illégaux, chaque membre de la bande à réaliser l'ampleur de son désir. Enfin, presque archétypal, c'est le cas de l'association de

6. *Ibid.*, 720.

charité décrite dans *l'Envers de l'Histoire contemporaine*, qui se propose de réparer l'injustice sociale en aidant, une à une, ses victimes à retrouver un état meilleur. Nul doute que Balzac n'éprouve un attrait très personnel, certains épisodes de sa vie le montrent bien, pour cette réalité de la bande bienfaisante. Pour l'individu solitaire et impuissant elle représente en effet le rêve d'un soudain, d'un miraculeux accroissement de ses pouvoirs.

Mais notre figure nucléaire, celle de l'accolement antagonique d'un singulier et d'un pluriel, peut se modifier d'une autre façon encore si l'on renverse la situation respective de ses termes sur l'axe de l'actif et du passif. C'est alors, au lieu d'en être assailli, l'individu qui prédomine, qui attaque le groupe, celui-ci évoqué inversement en termes d'inertie ou de simple résistance. Deux cas peuvent alors se présenter : victorieuse, cette résistance du groupe prend la forme du rejet, de l'exclusion de l'agresseur solitaire (ainsi Lucien chassé du " monde " parisien); vaincue, elle admet l'intégration de l'assaillant au sein de la sphère, son éducation, puis sa digestion, enfin l'établissement d'un nouvel équilibre de forces et la fin de l'état de dualisme belliqueux [7]. L'assaillant, heureux ou malheureux, s'oppose de toutes façons à la victime : dans la dyade des *Parents pauvres*, par exemple, l'agressivité de Bette équilibre, par rapport au groupe familial auquel ils appartiennent de la même manière tous les deux, la passivité de Pons. Ce type d'irruption solitaire est surtout, on le sait, le fait des jeunes ambitieux, du type Rubempré ou Rastignac, ou celui des grands révoltés, dont Vautrin reste le modèle. La ressemblance de ces deux catégories de personnages, qui justifie déjà sur le seul plan formel, on le remarquera, leur complicité possible, tient à leur isolement relatif, au rapport *un-contre-tous* qui les lie à la masse anonyme sociale. Une masse contre laquelle ils ont pris du dehors l'initiative, et qu'ils sentent, ou qu'ils croient toujours prête à succomber à leur action (c'est-à-dire à les admettre, à les admirer, à leur obéir). N'est-ce pas d'ailleurs, comme le dit Vautrin, " une belle partie à jouer que d'*être seul contre tous les hommes* et d'avoir la chance ? [8] ". Entre le jeune ambitieux et le grand révolté la seule différence tiendra sans doute alors à la manière de mener cette partie, aux règles qui sont

7. Au prix quelquefois d'un bouleversement définitif du champ de la sphère perturbée (cf. Nykrog, *op. cit.*, p. 196). — 8. *Le Père Goriot*, II, 932.

pour cela par eux acceptées ou refusées (ainsi : arriver par les femmes, ou par l'assassinat), c'est-à-dire finalement au caractère plus ou moins *légaliste* du rapport qui unit l'agresseur à la collectivité victime. Comprenons ici cette légalité comme l'expression codifiée d'une distance, comme le chiffre d'un écart plus ou moins grand, d'un désaccord plus ou moins assumé entre l'insurgé et son adversaire collectif. Par rapport à la société parisienne la base de départ de Rastignac est par exemple beaucoup moins exotique (et cela moralement même) que celle de Vautrin : on sait que par le jeu des introductions (lettres) et des relations familiales, il y est en quelque manière admis, avant même d'avoir commencé contre elle son attaque...

Remarquons encore que la même combinaison de forces, celle d'un singulier suprêmement actif s'imposant à un groupe de proies ou de victimes, commande aussi l'intrigue de tous les romans où un individu monomaniaque, et donc superlativement *un*, focalement simplifié, entièrement concentré et résumé autour d'une passion rayonnante (ainsi le baron Hulot, ou le père Grandet) provoque la ruine ou le malheur de son entourage familial : il en est en effet d'une manière objective l'agresseur, même s'il continue à éprouver pour lui des sentiments de tendresse. Et la famille, très logiquement, n'hésite pas quelquefois à se défendre, à traiter le maniaque, c'est souvent (sans doute non par hasard) le père, en ennemi : la fille de Claës tente ainsi d'ôter à son père l'usage de sa fortune, c'est-à-dire de le paralyser, de l'annihiler comme attaquant, ce qu'il est bien évidemment vis-à-vis de ses enfants, même si le caractère désintéressé de sa manie le distingue de personnages avides comme Hulot ou Grandet et le situe donc à leur opposé sur un autre axe que nous évoquerons bientôt, celui de la bassesse et de la sublimité. Notons enfin que la forme d'un tel rapport régit sans doute en profondeur toute la mythologie politique de Balzac. On l'a vue marquée par le désir (le plus souvent nostalgique d'ailleurs), d'une autorité centrale, fixe, prédominante, durable, et donc de préférence héréditaire, qui soit capable d'imposer sa loi à toutes les variations individuelles et périphériques d'un pays. L'opposition y joue entre le caractère resserré et focal, donc personnel, de la puissance, et tous les dangers redoutés de la démocratie : dissémination, anonymat, dilution de la volonté centrale dans les

incertitudes du nombre, ou dans les marges, géographiques, idéolo-
giques, sociales, d'un groupe toujours prêt à se défaire. Ce sont là
les idées, ou plutôt les schèmes imaginaires qui sous-tendent la
curieuse réforme administrative esquissée dans *les Employés*, et
qui gouvernent aussi la création des deux grands héros balzaciens
de l'action centrale et solitaire : le curé de village et le médecin de
campagne. L'abbé Bonnet et le docteur Benassis tirent en effet
leur caractère bénéfique de la puissance avec laquelle ils s'imposent
à une collectivité primitive et subjuguée. Leur volonté, parce que
focale, solitaire, s'y mue immédiatement en loi.

Mais l'intervention d'un nouvel axe catégoriel va permettre à
Balzac de varier selon des perspectives différentes ce premier jeu
d'oppositions actives : il s'agit de l'axe de la manifestation, où entrent en conflit signifiant *caché* et *montré*. On a vu à quel point la
notion de *secret* domine la mythologie balzacienne de la chair. Elle
commande tout aussi fortement l'architectonique des forces actan-
tielles, sur lesquelles elle répartit avec logique les prestiges divers
du mystère, de l'inconnu souhaité ou redouté, de la surprise, de
la menace. Par elle peuvent se trouver affectés tous les personnages
actifs et agressifs, qu'ils soient individuels ou collectifs. Si par
exemple la collectivité hostile se cache de sa victime, ainsi dans
Ursule Mirouët, dans *Ferragus*, dans *la Duchesse de Langeais*, dans
Une ténébreuse affaire, on verra se former la figure maîtresse de la
conspiration. Mais le secret peut tout aussi bien abriter les activités
du groupe bienfaisant, ainsi dans l'histoire de *l'Initié*. Quant à
l'individu assaillant, dans le cas où il accepte de déclarer son jeu,
c'est le dandy, ou le jeune ambitieux classique, le " corsaire en
gants jaunes ". Mais s'il se cache, et alors il s'avance masqué (tel
Vautrin au bal de l'Opéra, ou le même Vautrin mettant perruque,
remodelant de force, chirurgicalement, son corps et son visage),
c'est le grand criminel de l'ombre, qui ne peut être reconnu et
vaincu que par une activité tout aussi ténébreuse que la sienne,
celle de la police. Seul le secret peut en effet traverser le secret, le
caché lire le caché : ce qui justifie peut-être la métamorphose finale
de Vautrin, en nous faisant comprendre que structuralement, du
moins sur cet axe de la manifestation, bandit et policier s'équivalent, à la limite se rejoignent, s'identifient, glissent l'un dans
l'autre. L'individu bienfaisant peut enfin se cacher, lui aussi, de

ses " victimes " : et si l'identité de celles-ci lui demeure symétriquement dissimulée, on aboutit à la curieuse situation évoquée dans l'*Initié*.

Lié ainsi tantôt au méfait tantôt au bienfait, il peut arriver aussi que le secret les réunisse étrangement l'un à l'autre, leur serve de médiation. Rien d'occulte, par exemple, dans l'activité bienfaisante de Benassis (*le Médecin de campagne*) ni dans celle de Véronique Graslin (*le Curé de village*) : tous deux affichent sans ambages leur volonté de charité. Mais celle-ci n'est en réalité que la suite préméditée d'une faute, tenue secrète, dont le remords a provoqué en eux un vœu d'expiation. Le caché n'affecte plus, en ce qui les concerne, le contenu de la conduite, mais son origine, son ressort et donc finalement son sens. Mais l'une des règles de la grammaire situationnelle de Balzac, c'est que le secret doit être toujours finalement levé, et cela pour ceux, devant ceux-mêmes, ceux du groupe ennemi, qu'il avait jusque-là abusés. Bien des années après la mort des principaux protagonistes de l'histoire, de Marsay raconte ainsi le véritable mécanisme de la *Ténébreuse affaire*; Bibi Lupin fait sauter la perruque de Vautrin dans la salle à manger de la pension Vauquer; Benassis écrit sa lettre " posthume "; Véronique Graslin, surtout, à l'article de la mort, fait la confession publique de son amour criminel.

Mais si le secret est toujours finalement levé, il ne cesse jamais, tout au long du développement de l'action, d'être ausculté, interrogé, guetté. Car l'agresseur se cache, pour mieux tisser son piège; et la victime, qui se sent menacée, se cache aussi, se recroqueville, se terre, pour tenter d'échapper au piège deviné. De là le rôle névralgique de l'*espion*, transgresseur du secret, qu'il soit individuel ou collectif, occasionnel ou professionnel, et de cet espion institutionnalisé : la police. Le *pouvoir* apparaît même quelquefois ici comme une super-police, une sorte d'œil suprême auquel rien n'échapperait : puissance peut-être de savoir, plutôt que de faire, ou de jouir. Et l'au-delà lui-même (ainsi dans *Ursule Mirouët*) s'imagine essentiellement comme le lieu *d'où l'on peut tout voir*. Ainsi se justifie l'universalité de la curiosité (donc du rapportage, du bavardage). Ainsi s'explique aussi l'importance de certains motifs topologiques : par exemple les *fenêtres*... Il existe chez Balzac un évident complexe des portes et des fenêtres. Mais alors que les portes, si oniriquement importantes pour tant de héros balzaciens admis ou éconduits relèvent du schème de l'*introduction* (inclusion d'un individu dans le groupe hostile auquel il s'attaque) ou de celui de l'*expulsion* (son inverse), les fenêtres se rapportent essentiellement à une thématique du regard (rapt d'un événement externe par l'œil d'un guetteur dissimulé derrière le carreau, ou, inversement, surprise, par-delà la croisée, d'une intimité entr'aperçue). C'est à travers leurs deux fenêtres qu'Ursule Mirouët, on s'en souvient, jouit de Félicien à sa toilette; Rosalie de Watteville y guette Albert Savarus; Mme Mollet, dans *le Député d'Arcis* y aperçoit de Marsay ou plutôt un morceau mal identifié de de Marsay, sur la nature duquel le doute planera, comiquement, jusqu'à la fin de l'histoire. Songeons aussi, dans un registre cette fois auditif, à toutes les conversations surprises à travers murs ou cloisons (ainsi se découvre le secret de Ferragus); dans la plus caractéristique d'entre elles (*la Maison Nucingen*) l'écouteur indiscret n'est autre que le narrateur lui-même, et le schéma favori de l'espionnage se mue en un simple procédé d'exposition. Le secret et le viol du secret, par un regard ou une écoute qui le saisissent, puis par un langage qui le déploie, s'avouent bien alors comme un thème commun à la dramaturgie et à la rhétorique balzaciennes. L'indiscrétion suprême, n'est-ce-pas finalement le fait même de raconter, d'écrire ? Dans une perspective de caché/dévoilé, toute narration peut presque apparaître ainsi comme la trahison expressive du narré, comme sa mise au jour.

Encore faudrait-il préciser, car cela déterminera de nouvelles distinctions, où se place exactement la volonté d'occultation, et vers qui, contre qui elle s'exerce. Si le secret se partage entre l'agent et le patient, tout en voulant se dissimuler aux autres acteurs du champ relationnel, nous obtiendrons la situation initiale du *Père Goriot* : " Mystère d'une situation épouvantable, aussi soigneusement cachée par ceux qui l'avaient créée que par celui qui la subissait. " Si la vérité reste cachée à la victime, tout en étant connue de l'agresseur et du lecteur, nous retrouverons la figure classique de la conspiration ténébreuse (ainsi dans *Ursule Mirouët*). Resterait le cas, relevant des techniques du mélodrame, où le lecteur lui-même est maintenu dans l'ignorance ou dans la méconnaissance d'un fait qui éclate finalement alors pour le surprendre. Plus fréquente pourtant, peut-être, malgré son apparente invraisemblance, la disposition inverse, celle où le personnage porteur d'un secret ignore la présence en lui d'une vérité que le lecteur est capable, lui, d'y apercevoir, ou du moins d'y pressentir. Chez certains êtres inquiétants le secret n'est plus en effet un brouillage du présent, ni un voilement du passé, mais la préformation d'un avenir qui se dit en eux sans qu'ils le sachent. Il n'est plus de l'ordre de la cause, ni de l'intention, mais de celui, au sens le plus objectif du terme, de la fin. Minoret-Levrault, dans *Ursule Mirouët*, Michu dans *Une ténébreuse affaire*, annoncent ainsi en eux de par leur seule apparence physique l'événement de quelque tragédie future. Ils deviennent lisibles pour nous non plus à travers un espionnage, une surprise, ou un aveu, mais seulement dans les mécanismes, si puissants chez Balzac, d'une anticipation imaginante, d'une prophétie.

Autre axe qui permettra de compliquer davantage encore la distribution romanesque des acteurs : celui qui opposera, au niveau cette fois de l'enjeu désiré, et peut-être de son origine, de ce que certaine linguistique nomme aujourd'hui son *destinateur*, les deux catégories axiologiques du pur et de l'impur. Balzac aime ainsi à mettre en état de collision deux groupes d'êtres, les désintéressés d'abord, créatures à vocation visiblement sublime, qui ne s'attachent qu'à l'ordre des principes, ou au flamboiement extatique des passions, et s'avèrent donc incapables de prévoir, de calculer l'enchaînement second d'une série de causes et de conséquences (héros de l'invention, de l'art, du dévouement, de la recherche métaphysique, de l'amour : Louis Lambert, David Séchard, Daniel d'Arthez, Gambara, Eugénie Grandet, Esther Gobseck, etc.); et en face d'eux les cauteleux, les mondains, les habiles, ne songeant qu'à leur intérêt égoïste et proche, mais sachant faire jouer à leur profit le mécanisme de causes et d'effets constitutif de toute réalité sociale (essentiellement le double système de la loi et de l'argent, champ clos, grille, espace codé de toutes les luttes balzaciennes). Pour les uns, le Destinateur de leur bonheur ne peut être que *Dieu*, en son sens balzacien d'essence, ou de cause première, de moi spirituel; pour les autres ce sera ce monde des causes secondes : la *société*. D'un côté se réalisent alors la joie bouleversante de l'instant, " l'irréflexion, l'imprudence, la dissipation, le rire et les pleurs [9] ",

9. *Illusions perdues*, IV, 820.

tous les traits d'un amour-fou, — ou bien, et inversement, mais en réalité symétriquement, le bonheur d'une possession éternelle, la domination d'une connaissance tout à la fois survolante et principielle : celle qu'évoque par exemple l'Antiquaire de *la Peau de chagrin*. Mais dans l'entre-deux, à mi-chemin entre les deux puretés symétriques de l'immédiat et de l'absolu, de la passion et de la sagesse, règne, comme le dit Balzac, " la puissance du calcul au milieu des complications de la vie [10] " : cheminements en une durée horizontale, impure, fatalement mécanisée, fonctionnant avec des " rouages ", des " ressorts ", des " câbles ", etc. : soumise à la loi d'échange et de médiation [11]. Notons bien d'ailleurs que la plupart des héros balzaciens participent plus ou moins simultanément des deux registres : Balthazar Claës, David Séchard cherchent ainsi la connaissance, mais aussi l'enrichissement. Esther Gobseck, de son côté, appartient au groupe des sublimes, des " sauvés ", dans la mesure où elle se destine passionnément à Lucien; mais elle se perd dans la mesure où, et cela pour sauver Lucien..., elle se laisse destiner par Vautrin à la consommation de Nucingen. D'où une scission dans le pôle du Destinateur (Esther/Vautrin), correspondant d'ailleurs à une scission parallèle dans celui du destinataire (Lucien/Nucingen) : scission qui, après un essai de coexistence des deux systèmes, finit par provoquer l'éclatement, la mort volontaire du personnage. Mais dans la plupart des cas posés par le romanesque balzacien cette dichotomie, au lieu de s'exercer seulement à l'intérieur d'un personnage clef, affecte la

---

10. *Ibid.*, 809.

11. Cette opposition recouvre partiellement l'antinomie du *courbe* et du *droit*, exposée par exemple dans *Séraphîta* : " La courbe est la loi des mondes matériels,... la droite est celle des mondes spirituels. " La ligne droite (et plus spécialement la verticale) renvoie donc à un thème d'absolu (d'art), tandis que la ligne courbe est, par exemple, " le chemin le plus court en politique " (*Une fille d'Ève*). Ce courbe social, fruit de la médiation et du compromis, doit donc être séparé du courbe charnel, du *sinueux*, chargé d'indiquer, on l'a vu, l'authenticité d'une profondeur vivante. Et pourtant tous deux relèvent d'un même thème génétique qui est celui de l'appartenance à la *matière*, à l'*origine* (opposées à l'idéalité, à la fin) : " l'attachement pour les créations de la courbe ne serait-il pas chez certains hommes l'indice d'une pureté de leur nature, *encore mariée aux substances matérielles qui nous engendrent*; et l'amour des grands esprits pour la ligne droite n'accuserait-il pas en eux un pressentiment du ciel ? " La rectitude a donc valeur d'élévation, d'aspiration par le haut; le courbe nous renvoie en revanche, du moins dans le registre sensuel ou artistique, au thème d'un soutien originel et sous-jacent. Sur tout ceci, voir Nykrog, *op. cit.*, p. 136-139.

répartition externe des acteurs. Les impurs deviennent généralement alors des agresseurs, et les purs des victimes : inéluctablement
promis à l'écrasement si ne venait quelquefois les soutenir en sous-
main un allié tout à la fois pur et " raisonnable ". Un bon exemple
de ce type mixte, en même temps médiat et immédiat, mondain et
spirituel, serait Ève Séchard, la femme de David (*Illusions perdues*),
ou le juge Bongrand auprès d'Ursule Mirouët.

Il arrive enfin que ces contrastes, générateurs d'antagonismes
dramatiques, naissent dans le roman au simple niveau des *humeurs*
qui qualifient existentiellement les personnages. Les vraies incom-
patibilités, celles qu'utilise la structure même de l'action, tiennent
moins en effet ici à la position idéologique, ou politique, qu'à la
définition quasi physiologique de chacun. Balzac le dit lui-même,
" c'est du choc des caractères et non de la lutte des idées que naissent les antipathies [12] "; et il faut entendre ce *caractère* en termes de
spécificité charnelle. Ce sont les corps qui sont chargés ici d'aimer
ou de haïr, bien plus que les intelligences ou que les âmes (âmes
qui ne sont d'ailleurs pour Balzac que des prolongements fluides
de la chair). S'il arrive donc que les adversaires, les pôles de notre
combat primordial, soient d'une qualité existentielle analogue,
ils s'attirent presque électriquement, en raison de cette similitude
même : ainsi Philippe et Max, dans *la Rabouilleuse*, les deux grands
bretteurs napoléoniens de *la Comédie humaine*, " gaillards " qui
roulent " l'un vers l'autre comme deux orages [13] ". Mais le plus
souvent c'est la disjonction humorale qui provoque, ou qui aide,
la conjonction dramatique. L'antagonisme des personnes semble
alors se renforcer, et presque se nourrir d'un violent conflit des
chairs. Ainsi de l'abbé Troubert et de l'abbé Birotteau (dans *le
Curé de Tours*) relevant humoralement l'un du principe de restriction,
de maigreur, de sécheresse rongeante (thème de l'égoïsme, de la
non-générosité), l'autre d'une expressivité un peu béate (thème
de positivité, mais aussi de stupidité) : " Il était impossible de
rencontrer deux figures qui offrissent autant de contrastes qu'en
présentaient celles de ces deux abbés. Troubert, *grand* et *sec*, avait
un teint *jaune* et *bilieux*, tandis que le vicaire était ce qu'on appelle
familièrement *grassouillet* [14]. " La même dichotomie peut diviser

12. *Ursule Mirouët*, III, 287. — 13. *La Rabouilleuse*, III, 1078. — 14. *Le Curé de
Tours*, III, 803. —

aussi un couple d'alliés, peut-être provisoires... C'est le cas, dans
le Cousin Pons de l'association Fraisier-Cibot, lui sec et infiniment
prudent, elle grasse, expansive, débordante aussi bien de chair que
de langage. Quelquefois une métaphore, matérielle ou animale,
vient aider à mieux souligner une opposition de rôles. Quand, dans
Ursule Mirouët, Goupil et Zélie, pourtant jusqu'ici associés, sont
amenés à s'affronter, la viscosité dangereuse de l'un se heurte à
l'égoïste dureté de l'autre, et ce qui commence comme un duel
de regards s'achève comme une guerre de substances : " mais je
paierai, dit Goupil en lançant à Zélie un regard fascinateur qui
rencontra le regard impérieux de la maîtresse de poste. *Ce fut comme
du venin sur de l'acier* [15]. " Même type d'antithèse humorale dans le
rapport Corentin/Michu (*Une ténébreuse affaire*) : le premier y affirme
son essence tout à la fois glaciale et sinueuse (thème nauséeux de
l'insensibilité, du subreptice, de la manœuvre : résumé quelque
part dans cet être chimérique, la *vipère gelée*) face à la qualité ardente
et immédiatement explosée de l'autre : " Ce fut exactement comme
si un boa flasque et froid eût défié un de ces roux et fauves jaguars
du Brésil [16]. " C'est de façon un peu semblable que les deux grands
adversaires amoureux du *Lys dans la vallée*, Henriette de Mortsauf
et lady Dudley, sont explicitement renvoyées par Balzac aux deux
régimes matériels d'imagination dont elles forment les vivants
symboles : mais ce simple rapprochement affiche aussitôt alors
le caractère décisif de leur incompatibilité : " Être à la fois Mme de
Mortsauf et lady Dudley, mais, mon ami, n'est-ce pas vouloir
réunir l'eau et le feu [17] ? "

Une fois dessinés ainsi les principaux axes de notre architecture
actantielle, il faudrait suivre le jeu de toutes leurs combinaisons
possibles ; il conviendrait aussi de reconnaître les virtualités qu'elles
offrent à la diachronie, à la simple évolution du récit romanesque.
Car la plupart des structures agoniques ici décrites peuvent (doivent ?) successivement s'inverser : l'agresseur peut, par exemple,
dans la continuité d'une même narration, devenir agressé, et le

15. *Ursule Mirouët*, III, 401. — 16. *Une ténébreuse affaire*, VII, 540. — 17. *Le Lys
dans la vallée*, VIII, 1031.

bourreau victime. C'est le cas de Lucien de Rubempré dans *Un grand homme de province à Paris*. La victime peut alternativement résister et succomber, le groupe hostile s'ouvrir et se fermer; de la même façon le *un* vire au *plusieurs* et le *plusieurs* à l'*un*, ainsi, nous l'avons vu, dans *la Rabouilleuse*; le caché s'avoue et l'avoué se cache : dans *le Père Goriot* par exemple Vautrin se démasque à mesure que Rastignac se masque; pur et impur peuvent aussi, à l'intérieur d'un même personnage, faire alterner pathétiquement leur insistance. Seule la répartition humorale reste fixe. Bref il faudrait se demander si le roman balzacien qui combine, dans sa construction, tout un système de relations agoniques s'exerçant à divers niveaux, et donc s'entrecroisant, se compliquant, se favorisant, ou au contraire se neutralisant les unes les autres, ne progresse pas en un jeu de révolutions structurales compensées. Contentons-nous ici d'en revenir aux deux pôles, l'unitaire et le multiple, qui constituent les deux termes de notre relation sérinale. A l'intérieur de chacun d'eux peut s'opérer en effet un travail de division et de génération très semblable à celui que l'on a vu déjà présider à leur mise en rapport originelle, à leur première liaison.

Considérons par exemple le cas de l'acteur multiple. Il lui arrive d'abdiquer sa nature plurielle et de contracter toute son énergie en un seul personnage qui la reprend en lui, l'assume, et l'utilise. Les Treize se proposent par exemple de " fondre en un seul jet " leurs " différentes forces [18] ", un jet mis par tous tour à tour au service de chacun. Dans *l'Envers de l'histoire contemporaine*, Godefroid, choisi comme émissaire de la bande secrète bienfaisante, sent se ramasser voluptueusement en lui la vertu de ce pouvoir multiple : " Ce n'était plus un homme, mais bien un être décuplé, se sachant le représentant de cinq personnes dont les forces réunies appuyaient ses actions, et qui marchaient avec lui... " Accroissement de l'un qui tient d'ailleurs, de manière toute dialectique, au sacrifice par lequel il a accepté de disparaître dans l'anonymat du groupe : " N'est-ce pas singulier cependant, se dit-il, que ce soit en voulant m'annuler que j'aie trouvé ce pouvoir tant désiré depuis si longtemps [19]. "

18. *Histoire des treize*, V, 15. — 19. *L'Envers de l'histoire contemporaine*, VII, 342.

Mais si *tous* se rassemblent quelquefois en *un*, un *un* qui est avec le *tous* en rapport à la fois d'émanation et de symbole, — qui lui sert de signe et d'instrument, — l'effort de structuration romanesque se porte plus souvent encore sur le nombre maintenu, à l'intérieur duquel il tente de provoquer des divisions nouvelles, donc de dessiner un paysage plus fin, de tracer de nouvelles lignes de lecture. Cette démarche utilise en même temps conjonction et disjonction. Un trait commun réunira fermement les uns aux autres les divers membres du groupe : ainsi dans le cénacle d'*Illusions perdues*, c'est le principe du génie, ou du moins du désintéressement, de la sublimité; dans la conspiration d'*Ursule Mirouët* c'est le lien familial, renforcé de voisinage géographique ; dans *les Paysans* c'est l'appartenance à une classe sociale. Mais à l'intérieur de cette unité fondamentale se multiplient différences et contrastes : ainsi, dans le cénacle, les divers membres s'individualisent à la fois selon l'humeur (bouillonnement de Michel Chrestien, sérénité d'Arthez, verve comique de l'un, gravité de l'autre) et selon la vocation (peinture, littérature, politique, etc.) ou même le métier. Dans le groupe persécuteur d'*Ursule Mirouët*, la disjonction s'opère selon divers plans entrecroisés : celui de la situation sociale (qui sépare nettement, et relie selon la grille d'une fonctionnalité toute politique des personnages comme le maire, le clerc de notaire, ou le maître de poste); puis celui de l'humeur (pléthore sanguine de Minoret-Levrault, méchanceté bilieuse de Goupil, maigreur égoïste de Zélie); celui du caractère plus ou moins clandestin de l'agression (Minoret-Levrault se situant plus loin dans le caché que le reste de ses complices); celui enfin du degré de perfidie mis dans l'attaque (certains membres de la collectivité jalouse allant plus loin que d'autres dans le souci de soi et dans la vilenie). Ce sont ces clivages si divers qui rendent le roman complexe, qui en entretiennent et renouvellent les tensions, qui donnent donc à la narration ses chances. Car celle-ci ne se résume pas au monotone compte rendu de l'affrontement originel, ou, comme le dit Balzac, de la " lutte entre deux sentiments, celui qui poussait Minoret à chasser Ursule de Nemours, et celui qui donnait à Ursule la force de supporter la persécution [20] ". Entre ces deux forces également

20. *Ursule Mirouët*, III, 425.

têtues, et paralysées l'une par l'autre, on voit mal laquelle pourrait l'emporter si n'intervenait, de l'un des deux côtés, ici dans le groupe agresseur, une fission secondaire, passage à la limite, et même à la rupture de l'une des disjonctions plus haut décrites. Une antipathie, tout à la fois sociale et humorale, amène en effet Goupil à se désolidariser finalement du complot et à vendre la mèche. Ce conflit second suffit à déséquilibrer le champ de forces, qui paraissait à un certain moment bloqué, et à relancer le roman jusqu'à sa fin.

Aucun monolithisme donc dans le rôle de l'acteur multiple, et pas davantage non plus, bien que cela apparaisse au premier abord plus surprenant, dans celui de l'acteur solitaire (agent ou patient). Car celui-ci a toujours tendance, c'est là l'un des procédés les plus constants de l'invention balzacienne, à se dédoubler, à se scinder en deux acteurs nouveaux, tout à la fois semblables et contraires. L'identité dramatique se manifeste alors comme *couple*.

Une telle dichotomie s'opérera selon des critères sémantiques très divers, ceux-mêmes que l'on a répertoriés plus haut, et qui président déjà à l'opposition globale de l'un et du multiple. Celui par exemple de l'humeur : dans *Une ténébreuse affaire*, un amoureux se sépare en deux frères : " Le cadet charmant par sa *gaieté* autant que l'aîné par sa *mélancolie* " ; ou bien, dans le cas d'une autre paire fraternelle, intervient une autre opposition mythologique, celle du dedans et du dehors, de l'introjectif et du projectif : " L'un était toute âme, l'autre était toute action [21]. " Dans le même roman, triomphe décidément de la division binaire, le rôle du policier se disjoint en deux figures apparemment contraires : l'une glacée, muette, insensible, visqueuse, rancunière, nordique : Corentin; l'autre sanguine, bavarde, érotique, méridionale : Peyrade. Notons d'ailleurs qu'une hiérarchie secrète, correspondant au rapport du plus au moins inquiétant, continue de soumettre la seconde à la première. Quant au rôle de la victime, il peut se partager aussi en deux versants relativement antinomiques : ainsi du rapport qui marie à la fois et sépare caractériellement Pons et Schmucke. Leur similitude se fabrique en effet à partir d'une série de traits communs, soigneusement notés par Balzac (passion des fleurs, enfantillage sentimental, sensibilité catholique, prédisposition aux

21. *Une ténébreuse affaire*, VII, 546, 547.

recherches désintéressées, goût de la musique); mais à l'intérieur de ces ressemblances interviennent plusieurs éléments très nets de disjonction : l'opposition du distrait et de l'attentif, de l'Allemand et du Français, du rêveur et du collectionneur. Si bien que Schmucke double Pons, il le répète, il suffit pour s'en persuader de considérer le parallélisme successif de leurs deux destins, mais en même temps il le varie, il l'avive du seul fait de sa différence et de son voisinage. A eux deux ils définissent un seul rôle, tout en continuant à former deux êtres. On voit que le principe de contraste, donc de combat possible [22], réussit à s'introduire, sans doute pour l'exciter, pour le faire mieux être par la tension de cette lutte même, jusqu'au cœur actif de l'identité.

Mais l'unité du rôle peut se fractionner encore selon d'autres lignes de clivage : celle ainsi qui le divise, non plus selon deux *qualités* antinomiques, mais entre deux *fonctions* antagonistes, dont l'une d'ailleurs tend à dominer et contrôler l'autre. Une moitié par exemple de l'individu envisage un acte (et le refuse), tandis que l'autre le commet (et en profite) : cette opposition du virtuel et de l'actuel (du penser et du faire), le plus souvent active à l'intérieur d'un seul personnage (où elle engendre alors le mécanisme de l'hésitation, du doute, de la mauvaise conscience), s'objective en deux acteurs différents dans le cas limite de *l'Auberge rouge*, sorte de cauchemar réalisé. Mais Vautrin, dans *le Père Goriot*, accomplit aussi le crime que Rastignac avait envisagé sans le vouloir : scission actionnelle, ici, entre l'ordre de la cause et celui de l'effet, l'un agissant, l'autre recueillant (ou pouvant recueillir) le résultat de l'action du premier.

22. Ce combat possible peut devenir combat réel, et le dédoublement de l'unité actante se muer alors en élément moteur de la fiction. Ainsi, dans *Modeste Mignon*, après que La Brière, aimé dans le rôle supposé et sous le nom de Canalis, a dû montrer son vrai visage, cette fonction de prétendant se scinde en deux personnages rivaux, rivalité qui commande toute la suite du récit. " Tout est pour le mieux, mon vieux Dumay... *Nous allons avoir deux personnages pour un rôle* " (*Modeste Mignon*, I, 487), s'écrie joyeusement le père de Modeste. A ces deux personnages Balzac en oppose d'ailleurs, par un autre redoublement, un troisième, le duc d'Hérouville, et même si l'on veut un quatrième en faisant entrer le bossu Butscha dans la liste des prétendants. Mais, actantiellement, Butscha sert surtout à aider La Brière, et le duc à neutraliser, sur le plan du monde, Canalis. Le duo La Brière/Canalis disjoint par toute une série d'oppositions caractéristiques (écrivain/secrétaire, maître/employé, brillant/solidité, ambition/sincérité, malhonnêteté,/honnêteté, littérature/réalité) assure donc bien à lui seul le rôle réel de l'amant, (en lutte contre la jeune fille).

Ou bien c'est la séparation, moralement beaucoup moins ruineuse, de l'*acte* et du *regard* : cette thématique du *faire* et du *voir faire* commande par exemple toute l'histoire narrée dans *les Mémoires de deux jeunes mariées*. Renée de l'Estorade et Louise de Chaulieu y sont au départ deux personnages parallèles : l'une brune, l'autre blonde, l'une raisonnable, l'autre romanesque, l'une provinciale, l'autre parisienne, elles se partagent *a priori* les diverses zones possibles de l'expérience amoureuse. Mais ce partage s'articule aussi comme une relation du plus actif au moins actif, donc de la passion immédiatement vécue au simple spectacle distant de celle-ci. Renée, calmement mariée, contemple la vie, participe de loin aux folles aventures de Louise : " Tu seras, ma chère Louise, la partie romanesque de mon existence. " Ainsi occupée par la pseudo-présence de Renée, Louise devient double : " Tu seras deux à écouter, à danser, à sentir le bout de tes doigts pressé... " Identification qui peut aller jusqu'aux ambiguïtés les plus troublantes : " Pauvre homme qui croit épouser une seule femme, s'aperçoit-il qu'elles sont *deux* [23] ?... Mais cette dualité n'enveloppe pas une égalité, ni une symétrie. Renée ne s'engage dans les aventures de Louise que par un rapport tout extérieur de sympathie, et de curiosité : l'une fait, l'autre regarde faire, l'une raconte, l'autre écoute et donne des conseils. Car leur doublet romanesque fonctionne aussi selon l'opposition de l'instinctif et du réflexif, de l'individuel et du social, et donc, moralement, du bon et du mauvais amour... Aux impulsions, à l'aveuglement de l'une répondent donc, pour les juger, la philosophie et la lucidité de l'autre. Si bien que Balzac utilise en définitive ici la dichotomie actionnelle comme un instrument romanesque de pédagogie [24].

---

23. *Mémoires de deux jeunes mariées*, I, 154.

24. Un autre type de dédoublement, un peu semblable à celui-ci, serait celui sur lequel Nykrog fonde une grande partie de ses analyses (*La Pensée de Balzac dans la comédie humaine*) et qui s'opère entre les deux rôles antagonistes et complémentaires du " savant " et du " fou ". " Je serai toujours, dit Balzac, entre la toise du savant et le vertige du fou. " Et Nykrog de commenter : " d'un côté il y a l'attitude non engagée de l'observateur qui reste étranger à l'événement et qui le considère froidement de l'extérieur, personnifiée dans le savant, de l'autre l'attitude de celui qui est engagé dans l'événement, touché directement par le fait, et qui le vit de l'intérieur comme une expérience personnelle, personnifiée dans le fou. Le premier procède par constatations objectives, l'autre par intuition engagée " (p. 25). Cette dichotomie commande toute une série d'oppositions ultérieures, situées à d'autres niveaux : matérialisme/spiritua-

Qu'entre le personnage engagé et celui qui le regarde agir la solidarité soit posée comme plus réelle, plus concrète, et la relation de spectacle, à la fois participation, distanciation et jugement, se muera en un autre rapport, plus profondément balzacien encore, celui de procuration. Une moitié du rôle y semble vivre non plus *avec* mais *à la place de* l'autre. Des deux parties entre lesquelles continue à se diviser l'identité active l'une s'affiche à l'extérieur, se livre à tous les jeux visibles de l'ambition, de l'art, de la séduction ou de la réussite, tandis que l'autre reste en retrait, presque au secret (re-voici en œuvre l'axe générateur du montré et du caché), soutenant la première par l'afflux nutritif de sa puissance, et se prolongeant d'une certaine façon en elle. Entre Bette par exemple et Wenceslas (*La Cousine Bette*), ou mieux encore entre Vautrin et ses jeunes protégés la connexion est celle de la cause et de l'effet, de la volonté et de ses conséquences, de la profondeur et de la périphérie, de l'âme enfin (mobilisante) et du corps (mobilisé) : disons presque du déterminant et du déterminé. En chacun de ces couples l'identité, ambitieuse, conquérante, se partage selon les schémas les plus courants de la rêverie énergétique : à une réserve virile de puissance, une puissance ténébreuse, concentrée, focale, et toujours dangereuse, répond, aux zones superficielles du corps ou de la société, le fleurissement sensuel, charmant, sinueux, un peu féminin de ce pouvoir. Et de même que, dans le registre de la chair, la profondeur de l'être devait passer tout entière en sa surface, en continuant à se conserver pourtant comme profondeur et virtualité inentamées, de même Vautrin voudra déléguer son pouvoir à Rastignac ou Rubempré pour qu'ils le manifestent au grand jour, tout en demeurant lui-même dans la nuit afin de s'y refabriquer sans cesse. Car ce monde fondé sur l'ivresse de la manifestation lumineuse, sur le prestige énergétique

---

lisme, vision/observation, amour/calcul etc. Elle pèse aussi certainement très lourd dans la formulation du relativisme dualiste de Balzac (" tout est vrai et tout est faux "; " tout est double, même la vertu ", etc.). Elle peut servir enfin de procédé de narration, ainsi dans *Louis Lambert* : l'un des côtés du personnage (le savant, le raisonnable) y assume la responsabilité du récit, en est l'énonciateur, l'autre en devient le héros, perdu dans le vertige d'une expérience quasi incommunicable. C'est du fond de cette ombre que nous parviennent les *Pensées* de Louis Lambert, résumé fantastiquement schématisé, énigmatique (et voulu tel, rendu tel par leur rattachement à ce second rôle) de la " philosophie " balzacienne.

de l'éclat, continue à s'appuyer, comme tout grand univers romantique, sur le mythe d'une productivité, ou du moins d'une ressource infinie de l'ombre.

Plus que de deux personnages séparés il vaudrait donc mieux sans doute parler à leur propos de deux instances énergétiques du même personnage, des deux niveaux d'exercice entre lesquels toute psychologie de l'affrontement se trouve nécessairement amenée à fonctionner. Entre ces deux niveaux il y a à la fois opposition et continuité (refoulement et sublimation ?), ce qui explique la complexité des rapports possibles entre les deux membres de ce couple. Le terme délégué (superficiel) alternera la docilité et la révolte, les vertiges de la fascination et les sursauts de l'émancipation. Quant au terme délégant il vivra l'ambiguïté de son rapport au délégué sous la forme d'un attrait sexuel interdit (Bette, Vautrin), ou même sous celui, plus franc encore, d'une continuité charnelle. Car le thème de la *paternité* relève aussi de cette figure, et le rapport existant par exemple entre Goriot et ses deux filles n'est pas si différent après tout de celui que Vautrin voudrait établir entre lui et Rastignac. Goriot rêve lui aussi ses filles comme son prolongement distant et réussi, comme son épanouissement physique, son fleurissement social. Elles sont à la fois ses mandataires et sa *suite*. Il tient en effet à elles de la façon la plus naïvement humorale : " Quand vous serez père, peut-il dire par exemple à Rastignac, quand vous direz, en voyant gazouiller vos enfants : c'est sorti de moi ! Que vous sentirez ces petites créatures tenir *à chaque goutte de votre sang*, dont elles ont été la *fine fleur*, car c'est ça ! vous vous croirez attaché à leur peau, vous croirez être agité vous-même par leur marche [25]. " Sang qui prolonge et achève un sang, peau détachée, lointaine et plus parfaite : ces images nourrissent un fantasme de paternité qui se définit par une relation d'émanation, de contiguïté, puis de délégation, et finalement, à la limite logique, d'annulation, de sacrifice du terme délégant.

Voilà qui conjoint Vautrin et Goriot, ces deux figures de la paternité, l'une réalisée, l'autre seulement souhaitée, en un nouveau doublet inattendu. La genèse de ces deux personnages confirme d'ailleurs peut-être leur rencontre : la critique balzacienne (Pierre

25. *Le Père Goriot*, II, 957.

Citron, dans son livre sur le mythe de Paris [26]), a cru pouvoir établir en effet que le couple Goriot-Vautrin sortait d'un dédoublement du personnage de *Ferragus* (du cycle des *Treize*), acteur à la fois bienfaisant et monstrueux, qui diviserait entre eux sa double fonction simultanée de domination criminelle et de paternité. Mais l'on a pu penser aussi (cette fois c'est Maurice Bardèche) que Vautrin naissait en Balzac d'une scission d'un autre héros originaire, le bandit de ses premiers romans noirs, en un rôle franchement criminel et un rôle " mondain " : le corsaire aux gants jaunes, de Marsay, Rubempré, Rastignac... Le couple Vautrin-Rastignac vient donc structuralement, et même génétiquement, s'articuler avec le couple Goriot-Vautrin. (Pour compléter cette figure il suffirait de songer que Goriot traite aussi Rastignac comme son fils, son fils *à travers* ses filles, son fils par procuration...). Mais le sens de leurs deux " paternités " diffère, car elles s'opposent cette fois sur l'axe, bien connu de nous, de la passivité et de l'activité. A Vautrin, père-agent, et même tyran, qui prétend " jouer le rôle de la Providence " et faire vouloir jusqu'au Bon Dieu, s'oppose Goriot, père-victime, qu'accable l'universelle conspiration des volontés, et des volontés, d'abord, de ses enfants. A ce thème du rapport paternel on sait à quel point Balzac fut sensibilisé, dans sa vie et dans son œuvre. C'est qu'il ressemble, on l'a souvent remarqué, à la relation unissant romancier et personnages : celui-ci créant ceux-là, leur déléguant son ardeur et sa puissance, mais pour en être finalement trahi, abandonné, à chaque roman qui se termine (et cela malgré le recours génial du retour des personnages), comme Goriot à son lit de mort par ses deux filles, ou Vautrin, à la Conciergerie, par le trop charmant et léger Lucien de Rubempré.

N'oublions pas d'autres dédoublements, donc d'autres transformations prévisibles de l'unité actante, qui peuvent d'ailleurs recouper ou confirmer les dichotomies précédentes. Celle ainsi qui s'opère sur l'axe catégoriel de la pureté : Eugénie s'y oppose par exemple à Charles Grandet selon une combinaison qui reproduit, d'après l'aveu de Balzac lui-même, le doublet antérieur David Séchard-Lucien de Rubempré. Il existe aussi, plus fructueuse

26. P. Citron, *La Poésie de Paris dans la littérature française de Rousseau à Baudelaire*, ed. de Minuit, 1961.

peut-être sur le plan des virtualités romanesques, une disjonction possible d'ordre sexuel. Ainsi, dans la rêverie parfaitement libre qu'est *Séraphîta*, un jeune homme et une jeune fille tombent amoureux du même être, qui est *à la fois* garçon et fille, et ange de surcroît... Dans la *Fille aux yeux d'or*, où se recompose à peu près la même figure, de Marsay et sa sœur, figure parfaite d'un moi sexuellement scindé, se partagent les faveurs d'un être moins spirituel, mais tout aussi ambigu. Béguin évoque avec bonheur à ce propos le mythe de l'androgyne : nous parlerions plutôt aujourd'hui d'être *mixte*, ou peut-être de figure *complexe*, chargée de réunir en elle les deux sexes, et de les laisser apparaître tour à tour. Cette figure, qu'il ne faut pas confondre avec celle du *neutre* (elle marque celui qui n'est *ni* homme *ni* femme, ainsi le castrat de *Sarrasine*, ou bien encore le vieillard, l'automate social) module le comportement de maint acteur qui nous semblait sexuellement pourtant bien défini. Certains personnages se posent en effet comme virils en tant qu'ils aiment (on retrouve ici l'axe de l'activité), féminins en tant qu'ils se laissent aimer (dans la passivité). N'est-ce pas le cas de Lucien de Rubempré entre Mme de Bargeton, qu'il poursuit activement de son désir, songeons à la scène de la déclaration dans le salon, sorte de viol mimé, et Coralie, par qui il est poursuivi, adulé, entretenu comme une créature de sérail ? Cette situation se répète, mais déséquilibrée, car décidément, Balzac le souligne avec lourdeur, Lucien est plus femme qu'homme, dans la structure de sa seconde aventure parisienne : Lucien y est en effet femme à la fois pour Vautrin et pour Esther Gobseck, et homme, accessoirement, pour les diverses grandes dames et demoiselles qu'il attaque de son ambition. Un tel partage n'évoque-t-il pas aussi, sur le mode euphémique cette fois, la figure que, dans *le Lys dans la vallée*, compose Félix de Vandenesse entre Henriette de Mortsauf, qu'il aime et poursuit, sans la posséder, et lady Dudley, par qui il se laisse presque fémininement aimer et envahir. Balzac se plaît ainsi au trouble, tout structural, de ce que nous nommerons peut-être l'*intersexe* : tendance au dédoublement interne des rôles érotiques qui, frappant peu ou prou tous les personnages amoureux, accroît d'autant le champ de leurs virtualités combinatoires.

Car il résulte de tout ceci qu'une même identité romanesque

entrera en corrélation (d'analogie et de contraste) avec plusieurs doubles différents situés dans des registres de sens souvent fort écartés les uns des autres. Lucien s'articule par exemple avec David Séchard selon la catégorie de pureté, avec Daniel d'Arthez selon celle de sublimité géniale (Séchard et d'Arthez se conjoignent de leur côté dans le thème du désintéressement, mais se disjoignent par le caractère ici plus scientifique, là plus artistique de leur recherche). Lucien est encore le délégué énergétique de Vautrin; il forme entre Mme de Bargeton et Coralie un inter-sexe alternativement désirant et désiré. N'oublions pas qu'il est, en même temps, soit l'un attaquant le tous (la société d'Angoulême ou de Paris, les salons, le milieu des journalistes), soit l'un qui supporte la pression du complot collectif et de la machination sociale; l'agresseur accueilli ou repoussé, la victime résignée ou résistante, etc. L'individualité ne se définit ainsi qu'en une suite d'échos et d'écarts qui la situent en un système global de références. Celles-ci se construisent dans le champ de chaque roman particulier, mais aussi bien, et à un second degré, dans celui de tous les romans réunis de Balzac, dans cet espace romanesque absolu qui est celui de *la Comédie humaine*. Lucien s'y dessine par exemple cette fois, Vautrin servant encore de point de référence, par rapport à Rastignac, puis, sur un autre plan par rapport à tous les jeunes ambitieux et dandies de la société parisienne (de Marsay, Ronquerolles, de Trailles), par rapport aussi à tous les provinciaux lancés à la conquête de la capitale, tous les non-aristocrates ambitieux d'entrer dans la sphère mondaine, tous les artistes, etc. Le retour, donc la rencontre effective de ces personnages à la fois semblables et divers, sert encore à souligner le jeu, plus ou moins lointain, de leurs combinaisons signifiantes. Le monde balzacien, Michel Butor l'a bien montré, est ainsi une totalité où chaque élément ne prend son vrai relief qu'en se rattachant à l'ensemble d'une architecture. *La Comédie humaine* existe en un agencement infiniment varié de perspectives. Ceci vaut pour l'existence de l'acteur romanesque : force qui ressemble intrinsèquement, c'est le sens du monisme métaphysique balzacien, à toutes les autres forces ici envisageables, il affirme son unité, ou mieux son unicité, sa forme, en se situant au croisement d'une multiplicité imaginaire de rapports.

paysage balzacien qui ne ressemble à aucun autre. Et c'est lui qu'il importe maintenant d'interroger.

Ce paysage, nous ne nous en étonnerons pas, répond aux deux grandes exigences que l'on a cru pouvoir jusqu'ici distinguer dans la création balzacienne : teneur énergétique, netteté combinatoire. C'est souvent par exemple un paysage *vu de haut*. A l'inverse d'un Flaubert, posant le nez en myope sur les choses, parce qu'il est d'abord sensible à leur qualité substantielle, à leur grain, Balzac recherche le panorama, seule façon d'entrer en possession d'un champ global de forces et de masses. " Un mail, un plan, une promenade d'où se découvre une riche perspective [2] ", voilà ce qu'il recherche d'abord au cours de ses voyages. " Une jolie vue ", ce sera celle qui lui permettra de saisir tout à la fois la loi et la modulation multiple d'un espace physique. D'où le goût des éminences, voire des survols. C'est ainsi que Benassis présente sa vallée au Capitaine (*le Médecin de campagne*), ou que Rastignac contemple Paris à partir du Père Lachaise (*le Père Goriot*), ou encore que se révèle au regard, à partir de l'observatoire des crêtes tourangelles, l'éclat sinueux des longues rivières, Loire ou Cher. Les exemples de ce type de vision pourraient se multiplier. Citons seulement celui, très caractéristique, qui ouvre *les Chouans*. Arrivés au sommet de la colline de La Pèlerine les soldats républicains y saisissent le panorama de la grande vallé du Couesnon : ils " découvrirent dans toute son étendue ce bassin aussi remarquable par la prodigieuse fertilité de son sol que par la variété de ses aspects "... Multiplicité, variété, vigueur de ces " espaces où jaillissent tant de beautés champêtres [3] ", tout cela les émerveille. Mais c'est surtout l'ampleur de cet espace, la si nette articulation de tout son contenu qui séduisent leur sensibilité. Que ces spectateurs ravis descendent au cœur de ce même paysage, et ce seront tout de suite l'inquiétude, l'invisibilité, le danger, bientôt l'embuscade. Le même décor qui enchantait quand on l'appréhendait de haut, devient donc objet d'angoisse quand il est vécu comme enserrement, comme proximité, comme immanence : quand d'englobé il se mue en englobant.

Réaction toute semblable devant un paysage urbain : autant Paris séduit l'homme balzacien quand il est surplombé par le regard,

---

2. *La Vieille Fille*, IV, 308. — 3. *Les Chouans*, VII, 773.

autant il inquiète quand il oblige celui-ci à s'enfoncer dans le dédale de ses petites rues, par exemple, quartier suprêmement maléfique, " ces rues serrées entre le dôme du Val-de-Grâce et le dôme du Panthéon " où " de marche en marche le jour diminue et le chant du conducteur se creuse, alors que le voyageur descend aux Cata- combes [4] " ... Ce thème d'enfoncement quasi souterrain prend valeur infernale parce qu'il se relie aux deux motifs malsains de l'inaéré (du non éclairé) et du non dominé (de l'informité sur- plombante). Ceci est d'ailleurs bien normal, puisque l'un des plus grands plaisirs de la pensée est, pour Balzac, nous le savons, celui de la domination planante. " Vivre par le sentiment des masses, déclare le docteur Benassis, et toujours les dominer en étendant les ailes de son esprit, le volume de sa voix et la pénétra- tion de son regard, en voyant non pas le détail, mais les consé- quences de toute chose, n'est-ce pas être un peu plus qu'un homme [5] ? ". La joie de planer, dans le temps et l'espace, appartient à l'artiste, au philosophe, à Louis Lambert comme à l'Antiquaire de *la Peau de chagrin*, comme à Melmoth ou à Gambara, comme à Séraphîta. C'est une volupté de même espèce, quoique évidemment moins royale, puisque davantage attachée à l'humilité d'un sol, qu'apporte au regard la domination panoramique.

L'heureuse lisibilité d'un tel paysage tient surtout bien sûr à l'abondance et à la netteté de ses contrastes. On y retrouve à l'œuvre, cette fois dans les choses, le grand principe structural d'opposition; il consiste ici à définir de vastes unités physiques, et à les faire valoir les unes par les autres. Ces antithèses joueront par exemple sur les couleurs : ainsi dans ces bosquets bretons " que les teintes sévères de quelques touffes *jaunies* enrichissaient de couleurs de *bronze* et que le *vert* émeraude des prés irrégulière- ment coupés faisait encore *ressortir* "; ou avec " le contraste offert par des champs *rougeâtres*..., séparés par d'autres champs que *doraient* les guérets des seigles moissonnés [6] ". Dans *Modeste Mignon*, on voit de même les contours d'un château se " *dessiner* " sur le " feuillage brun rouge " d'une belle forêt [7], ailleurs une " étroite vallée ombragée de peupliers " *trancher* " sur la blancheur des terres crayeuses de la Champagne [8] ". C'est là pour Balzac une

---

4. *Le Père Goriot*, II, 848. — 5. *Le Médecin de campagne*, VIII, 447. 6. — *Les Chouans*, VII, 773. — 7. *Modeste Mignon*, I, 595. — 8. *Le Député d'Arcis*, VII, 697.

façon de voir très familière. Le vert végétal constitue souvent un élément majeur de ces antagonismes, soit qu'il se dessine, comme ici, sur un sol, soit qu'il s'enlève sur la pâleur d'une atmosphère. Ainsi, dans *le Lys dans la vallée* : " Les feuillages immobiles se découpaient nettement sur le fond bleu du ciel [9]. "

L'un des éléments qui s'affirment le mieux au cours de ces découpages c'est la puissance assertive de la *ligne* : le contour aime ici à circonscrire les formes, à en accuser les articulations. Certes Balzac goûte aussi, on le verra, nuages ou brouillards, il chérit " les horizons vaporeux des montagnes " ou des vallées (sans doute parce que l'émanation brumeuse lui paraît obscurément avoir valeur de dégagement énergétique); mais il privilégie plus souvent encore le tranchant des limites objectales, crêtes de montagnes, silhouettes d'arbres, profils de maisons, tout ce qui lui permet d'appréhender l'espace comme un emboîtement de formes. Ainsi la forêt d'Arcis, dans *Une ténébreuse affaire*, où la lune accuse les moindres reliefs : " Elle se jouait dans les magnifiques touffes des langues de bois diversement *découpées par les chemins* qui débouchaient là, les unes *arrondies*, les autres *pointues*, celle-ci terminée par un seul arbre, celle-là par un bosquet. " Et la vision de se faire alors plus subjective : " De là l'œil s'engageait en de *fuyantes perspectives* où les regards suivaient soit la *rondeur* d'un *sentier*, soit la vue sublime d'une *longue allée de forêt*, soit une *muraille* de verdure presque noire. La lumière, filtrée à travers les branchages de ce carrefour, faisait *briller*, entre les claies de cresson et les nénuphars, quelques diamants dans cette eau tranquille et ignorée [10]. " Le regard peut bien caresser ici ces masses vertes (dépositaires, dans la mythologie balzacienne, d'une énergie encore à l'état humide et endormi), il peut aussi s'amuser du jeu de ces lueurs traversant l'épaisseur végétale (c'est, on le verra plus loin, l'un de ses thèmes favoris : significatif sans doute d'un besoin d'atténuer, de tamiser, disons même peut-être de mouiller l'ardeur), il peut bien s'engager dans ces " perspectives fuyantes " : il les regarde de haut, de loin, les reliant toujours les unes aux autres, il ne court jamais le risque de s'y perdre.

On aura remarqué ici le rôle des lumières : ce sont elles qui

---

9. *Le Lys dans la vallée*, VIII, 815. — 10. *Une ténébreuse affaire*, VII, 54.

appellent les contrastes à naître sur les formes, tout en provoquant de leur contact la vie profonde des substances. C'est pourquoi la sensibilité balzacienne recherche, ou recrée partout où elle le peut " les riches accidents d'ombre et de lumière ", entendons les accidents qui obligent le paysage à nous avouer dramatiquement sa richesse. Elle cultive la " bizarrerie " virtuelle des reflets, la " brusque opposition des jours et des noirs ", génératrice d'effets de " pittoresque [11] ". Ces effets apparaissent surtout au moment du coucher du soleil, moment qui orchestre tant de scènes passionnelles : on y voit se multiplier en particulier les " brusques oppositions entre les flammes rouges et les tons noirs ", qui décorent les cieux " dit Balzac, " avec une inimitable et fugace poésie [12] ". Cette poésie est celle du sens brusquement découvert dans l'opposition sensible; celle aussi d'un embrasement naturel (rouge du soleil ou du sang désirant, rouge de la tragédie pressentie) qui saisit soudain et imprègne fugitivement les choses. Car la lumière, forme sublimée de l'énergie, est à la fois source d'antinomie sensible, donc de sens, et comme on le verra mieux plus loin, porteuse de puissance, donc accoucheuse d'être.

Pour saisir l'importance et le caractère bénéfique de cette fonction contrastante, on pourra, en une sorte de démonstration *ab absurdo*, invoquer l'exemple d'un paysage absolument dépourvu d'oppositions et d'articulations internes : ce décor sera vécu par la créature balzacienne comme un véritable cauchemar. Elle y éprouvera l'invincible maléfice de la platitude, l'enfer d'une neutralité qui étouffe toute perspective de sens, toute espérance. Ainsi Mme d'Aiglemont devant la morne uniformité de son futur : " Depuis quelques jours, elle restait les yeux attachés sur un *horizon plat*, où, comme dans sa vie à venir, il n'y avait *rien à chercher, rien à espérer*, où tout se voyait d'un seul coup d'œil [13]. " Une telle tristesse atteint évidemment à sa culmination dans la souffrance du *désert* : car il est l'absolu du plan, d'un plan englobant, et comme la limite absurde de la non-structure. Le héros d'*Une Passion dans le désert* y ressent d'abord une impression d'éblouissement vide et insaisissable : " Les sables noirâtres du désert s'étendaient dans toutes les directions, et ils étincelaient comme une lame d'acier frappée

11. *Le Peau de chagrin*, IX, 24. — 12. *La Femme de trente ans*, II, 773. — 13. *Ibid.* 740.

par une vive lumière... " Cette lumière ne dessine rien autour d'elle, mais au contraire y écrase, y égalise tout, et semble vouloir même assaillir notre héros. Elle brouille les processus les plus simples d'identification : " Il ne savait pas si c'était une mer de glace ou des lacs unis comme un miroir... " Tout est alors, comme plus tard dans l'azur mallarméen, absence de nuances, manque de défauts, égalité terrible : " Le ciel avait un éclat oriental d'une monotonie fatale, car il ne laisse alors rien à désirer à l'imagination. " Aucun repère, jamais un pli ni une différence, rien à quoi accrocher le commencement d'une pensée : " L'infini, l'immensité pressaient l'âme de toutes parts : pas un nuage au ciel, pas un souffle dans l'air, pas un accident au sein du sable agité par de petites vagues menues; enfin l'horizon finissait, comme en mer quand il fait beau par une ligne de lumière aussi déliée que le tranchant d'un sabre [14]. " La ligne n'intervient ici qu'à l'extrême bout du paysage, pour en clore, presque ironiquement, l'égalité désespérante : sa netteté n'a plus alors pour le regard qu'une valeur de déchirure.

Mais tout va d'un seul coup changer : pour que ce désert s'anime, pour qu'il se peuple de sens et d'espérance, il suffira que s'y découvre une opposition première, génératrice de toute une série de contrastes, donc de significations retrouvées. C'est, on le sait, le personnage inattendu de la panthère qui vient apporter au soldat perdu un interlocuteur passionnel, une source revigorante d'inimitié, ou d'amour, on ne sait trop : mais le sentiment, son ambiguïté le montre bien, reste ici secondaire par rapport à la *forme* de la relation ainsi réinstaurée. Le curieux est alors de voir avec quelle radicalité, à partir du duel de l'homme et de l'animal sauvage, le désert se transforme, s'humanise et même s'euphorise. Dès que notre héros doit s'affronter à la panthère, il a " l'âme agitée par des contrastes "... " C'était, ajoute Balzac, une vie pleine d'oppositions. La solitude lui révéla tous ses secrets, l'enveloppa de ses charmes. " Le temps se découpe en phases excitantes : " Il découvrit dans le lever et le coucher du soleil des spectacles inconnus au monde. " Des mouvements se manifestent dans la grande paralysie spatiale : " Il sut tressaillir en entendant au-dessus de sa tête le doux siffle-ment des ailes d'un oiseau, rare passager ! — en voyant les nuages

14. *Une passion dans le désert*, VII, 1073.

se confondre — voyageurs changeants et colorés ! " Le sol lui-même accepte les marques d'un relief : " Il étudia pendant la nuit les effets de la lune sur l'océan des sables, où le simoun provoquait des vagues, des ondulations, et de rapides changements [15]. " Mué à la fois en objet de jouissance et en objet d'étude, le désert, ce thème d'absolu, cette image de " Dieu sans les hommes ", a bien cessé ici d'être désert : peuplé de traces, devenu pour l'œil un texte, travaillé en tous sens par le travail sournois de la nuance, il a réintégré grâce à la panthère l'univers humain, inabsolu, médiat d'une lisibilité.

L'on aura noté, à la fin du texte précédemment cité, l'un des facteurs essentiels de cette métamorphose : c'est le *changement* qui fait voler l'oiseau, remuer les nuages, onduler les dunes. Il s'agit là d'une forme particulière de contraste, celle qui s'exerce *à la suite*, à travers la scansion d'une durée. Tout aussi précieuse pour Balzac que la différence spatiale, parce qu'elle a, et plus peut-être encore que celle-ci, valeur d'éveil, de mobilisation énergétique. Rien de pire en effet qu'une immobilité trop longtemps maintenue. A s'affirmer sans variation temporelle l'identité la mieux contrastée s'endormirait en insignifiance. Tout tableau doit donc se lier à un procès, toute forme se nouer et se dénouer sans cesse en d'autres formes. Comme le roman balzacien lui-même, dont le développement diachronique cultive, on le sait, la secousse, les enchaînements ou surimpressions d'antithèses sensibles, les mutations, les coups de théâtre, le paysage recherche un certain rythme propre d'agitation et de surprise. Ce goût si marqué de la mobilité répond, on le comprend bien, à la double attente balzacienne : tout événement qui vient modifier, ou même simplement ébranler un ordre acquis, y provoque à la fois l'apparition d'une différence, donc d'un seuil oppositionnel, d'une nouvelle possibilité de conscience, et l'évidence d'un afflux, d'une puissance au travail dans le tissu des choses.

Si la nature reste d'elle-même inerte, ce sera donc la fonction de l'homme, et de sa véhémence, de sa mobilité particulière, que d'installer en elle l'ardeur d'un changement. C'est par exemple à la chasse, " quand la nature est *animée* par une *voix*, par un *tumulte dans le silence*, que les paysages, aperçus alors rapidement, semblent

15. *Ibid.*, 1082.

vraiment sublimes avec leurs *changeants effets* [16] "... D'autres éléments générateurs d'oppositions, c'est-à-dire, dans le temps, d'alternatives, seront les vents, ou bien les eaux vivantes ; ainsi dans ce texte de *la Grenadière* où l'idée de vitalité s'associe tout naturellement à celle de variabilité, estimée, il est vrai, à partir d'un poste fixe : " La rêverie est dans l'air et dans le murmure des flots (ceux de la Loire) ; les sables parlent, ils sont *tristes* ou *gais*, *dorés* ou *ternes* ; *tout est mouvement* autour du possesseur de cette vigne, immobile au milieu de ses fleurs vivaces et de ses fruits appétissants [17]. " La tranquille Touraine elle-même est aperçue par Balzac comme " *incessamment changeante*, sans cesse *rajeunie* par les *mille accidents* du jour, du ciel, de la saison [18] ". L'objet heureux vit ainsi sous le rythme du *tantôt-tantôt* : voyez encore, par exemple, après l'évocation des eaux de la Loire, cette glorification de la plasticité aquatique dans le beau poème en prose consacré à l'océan que Balzac a située au centre de *l'Enfant maudit*. Car le spectateur, doté d'une extraordinaire perception du changement, y peut saisir " les nuances les plus fugitives de la lumière, les tremblements les plus éphémères de l'eau ". Mieux, " par un calme parfait, il trouvait encore des teintes multipliées à la mer, qui, semblable à un visage de femme, avait alors une physionomie, des sourires, des idées, des caprices : *là* verte et sombre, *ici* riant dans son azur, *tantôt* unissant ses lignes brillantes avec les lueurs indécises de l'horizon, *tantôt* se balançant d'un air doux sous des nuages orangés [19] ". La variété crée ici une multiplicité, donc, dans la mythologie balzacienne, une richesse. Au lieu de faire vieillir les choses la modification leur redonne une fraîcheur. Ici encore c'est *l'autre*, un autre inattendu, fugitif ou brutal, qui fait être le *même*, en l'obligeant à déployer jusqu'au bout la gamme de ses virtualités corrélatives, et à avouer en elles, par elles, la puissance restaurée de son principe.

Nous voici donc, de l'architectural, une nouvelle fois renvoyés à l'énergétique. L'objet lui aussi nous parle à la fois comme forme et comme force. De même que les chairs euphoriques rayonnaient de multiples manières l'énergie, de même les choses bénéfiques auront un pouvoir quasi vivant d'épanchement.

16. *Modeste Mignon*, I, 562. — 17. *La Grenadière*, II, 186. — 18. *Ibid.*, 193. — 19. *L'Enfant maudit*, IX, 702.

Cela apparaît avec évidence dans le cas de l'objet social, qui se rêve comme un prolongement actif de l'homme. L'ardeur irradiée du sang s'y mue, ou plutôt s'y monnaie en cette sorte de feu relationnel qu'est l'or. " Or qui brille ", " or qui pense ", " or qui aime [20] " comme celui des yeux de *la Fille aux yeux d'or*. Or qui circule aussi, ne luit qu'en s'échangeant, en se désirant, se donnant, se conquérant, à la limite qu'en se jouant, et dont le brio, donc la multiplication éblouissante tient justement à la mobilité. D'où à la fois la fascination de toutes ces fortunes faites et défaites, et l'absurdité de ces avares qui prétendent en l'enfermant dans l'ombre de leurs coffres, protéger, aveugler, geler leur or [21]. C'est bien la dépense elle-même ici qui brille, et l'économie qui obscurcit. L'or sera donc capable de " ruisseler ", de " pétiller " sur " les étoffes dépliées, les châles de cachemire, les colliers, les parures [22] ", les fleurs étincelantes, bref sur toute la substance sensible de ce

20. *La Fille aux yeux d'or*, V, 279.

21. La contradiction de l'or, profondément analysée par Marx, est qu'il ne vaut qu'en s'échappant, donc en se volatilisant, en s'annulant. Arrêté, conservé, enfermé ou enterré, il est simulacre de valeur, donc encore néant. Sa mythologie se scindera dès lors en deux versants : d'un côté circulation, équivalence, de l'autre arrêt, renvoi à une dimension verticale, abyssale, sans doute originaire. " L'or et l'argent apparaissent comme une sorte de lumière, dans sa pureté active, que l'homme extrait du monde souterrain lui-même " (Marx, *Contribution à la critique de l'économie politique*, p. 105). *Facino Cane* conte de manière explicite une telle extraction. On notera que certains avares de Balzac parviennent à lever la contradiction thématique ici décrite (or thème de circulation, ou thème de profondeur) : ainsi le père Grandet, faisant travailler et circuler (littéralement) ses lingots, mais la nuit, dans le secret, à l'abri des regards.

Dans le cas de Gobseck on voit la thésaurisation stérile de l'or se symboliser à travers le thème de la nourriture accumulée et gâtée, lui-même lié à celui de la non-assimilation, de la maigreur : " Personne ne savait ce que devenaient ces présents faits au vieil usurier. Tout entrait chez lui, rien n'en sortait. Foi d'honnête femme, me disait la portière, vieille connaissance à moi, je crois qu'il avale tout sans que cela le rende plus gras, car il est sec et maigre comme l'oiseau de mon horloge " (II, 670-671). Ainsi s'indique un tropisme de rétention, à très nette connotation digestive. On sait la valeur toute particulière (liée à la phase anale) que la psychanalyse accorde au symbolisme de l'or. C'est au même type de fixation qu'elle relie aussi d'ailleurs la manie du classement et de la collection (mise en forme par recensement de l'identique) qui connaît chez Balzac tant d'illustrations exemplaires. Gobseck et Pons, lui aussi d'ailleurs digestif, " gourmet ", seraient ainsi secrètement parents.

Si l'on se souvient, enfin, de la troisième signification que la théorie freudienne accorde à ce même complexe, on reconnaîtra sans doute aussi dans l'or un thème de domination et d'exploitation *sadiques* : moins peut-être instrument de jouissance que moyen d'attaque et d'écrasement de l'autre, ce qui justifie sa place en univers architecturé selon la relation agonique.

22. *La Recherche de l'absolu*, IX, 639.

luxe en lequel il s'est presque directement métamorphosé. La notion balzacienne de *prix* ne sépare pas ainsi le physique de l'économique, ni le sensuel du monétaire : Félicien s'éprend, et fort sincèrement, d'Ursule Mirouët à partir du moment où il la sait riche héritière, où la luisance rêvée de son or vient s'inscrire presque directement dans la tendresse aussitôt convoitée de sa chair...

Inversement le luxe balzacien relève d'une mythologie de la lumière, elle-même rêvée comme terme collectif d'une énergie. Ainsi dans la chambre à coucher de Coralie, Lucien marche sur un " tapis royal ", parmi des meubles parcourus de " frissons de lumière qui y papillotaient ", devant " une cheminée en marbre blanc qui resplendissait des plus coûteuses bagatelles [23] ". Le coûteux s'identifie ainsi au splendide, à l'éclatant. Il lie son thème à celui d'une volupté duveteuse (on sait le pouvoir photique du duvet) pour composer le cadre d'une sorte de capitonnage rayonnant : " La soie et l'or tapissaient les appartements. De riches candélabres supportant d'innombrables bougies faisaient briller les plus légers détails des frises dorées, les délicates ciselures du bronze et les somptueuses couleurs de l'ameublement [24]... " Toutes les grandes réceptions balzaciennes offrent ainsi à l'œil un " spectacle magique " de " fleurs, de diamants, de chevelures brillantes " : orgie de " lumières irisées " dont les cristaux " où pétillent les bougies " se voient en outre indéfiniment " multipliés par les glaces [25] ". Cercle parfait : ne vaut que ce qui luit, ne luit que ce qui *vaut.* Sous l'éclat d'une plénitude si frénétiquement étalée, c'est la qualité, c'est la substance même du *précieux* (c'est-à-dire du désirable) que consomme de toutes manières le regard [26].

23. *Illusions perdues,* IV, 746. — 24. *La Peau — de chagrin,* IX, 50. 25. *Une Fille d'Ève,* II, 97.

26. Si cette consommation est trop avide, trop directe, ou trop exclusive, elle peut entraîner une destruction symbolique du regard. Ainsi Facino Cane, héros tout onirique de l'or souterrain, se trouve-t-il finalement aveuglé par la vue même de l'objet désiré et obtenu. La fascination de l'or s'enveloppe pour lui d'une censure, à fondement manifestement sexuel. Souvenons-nous en effet que Facino Cane, surpris à deux reprises, au cours de sa jeunesse, dans le lit de deux femmes aimées, y a été cruellement puni de ce plaisir, blessé, à demi tué. Et plus tard, quand il devient aveugle, c'est " au milieu de ses voluptés ", en raison de sa " capacité de voir l'or ", victime de la puissance visuelle, dit Balzac, qui " le prédestinait à perdre les yeux ". Puissance visuelle métaphorise ici puissance sexuelle ; si bien que le brio assume une fonction véritablement castratrice. L'éblouissement du défendu ne sépare pas la jouissance de sa punition.

La pauvreté se dira, inversement, à travers les catégories malheureuses de la froideur, de la matité, de la saleté voilante : marques certes de non-entretien, de non-décoration (donc de pénurie financière), mais plus encore signe d'une carence énergétique, d'un retrait, presque irrémédiable, de l'ardeur. Entrant ainsi dans la chambre où Esther vient de se suicider, Vautrin y remarque d'abord " le carreau rouge, frotté, froid ", " mal caché par un méchant tapis qui montrait la corde ". Aucune tendresse dans la simple brutalité du matériau. Aucun duvetage non plus : l'élimé dit ici l'absence de ressources, le manque absolu de force et de richesse. De même, un peu plus loin, " un papier à fond gris moucheté de fleurs, mais noirci par le temps et gras [27] ", un châle qui bouche une fenêtre nous montrent bien qu'il ne demeure en ce décor aucune possibilité de couleur, ni de clarté. De tels objets ont perdu toute virtualité énergétique : ils ne peuvent plus soutenir la vie de qui demeure au milieu d'eux, et la pauvre Esther n'a plus qu'à se laisser aller en effet, qu'à succomber au poids de leur négativité. Ou prenons un exemple en un autre roman : quand Godefroid, au début de son aventure chez Mme de la Chanterie, visite la chambre où il se propose d'habiter, il y découvre les mêmes signes d'impuissance matérielle : " Taches grasses sur les papiers couverts d'une teinte de fumée,... plafonds noircis,... fenêtres à petites vitres poudreuses,... briques du plancher brunies, ... boiseries enduites d'une espèce de glacis gluant,... froid humide (tombant) par les cheminées [28]. " Le gras, l'enfumé, le poudreux, l'englué : autant de modes, plus ou moins écœurants, plus ou moins avoués d'une obturation générale des matières, d'une occultation des profondeurs. L'on sait d'ailleurs que tout ceci n'est finalement pour Godefroid que leurre : signes en réalité d'un manque voulu, d'une privation, d'une austérité. L'or se découvre vite ici sous les écorces de la pauvreté : mais c'est un or charitable, oblatif, donc ascétique, destiné à être donné, non égoïstement savouré, et c'est pourquoi sa jouissance, toute sacrificielle, s'opère si bien à travers des thèmes objectifs de pénurie.

Reste que le parti pris énergétique est chez Balzac si fort, si essentiel à sa vision et à sa construction du monde que même les

---

27. *Splendeurs et Misères*, V, 674. — 28. *L'Envers de l'histoire contemporaine*, VII, 244.

objets les plus déshérités pourront se rouvrir à la tentation d'un dynamisme. Au lieu de s'y traduire substantiellement en ardeur et en lumière, celui-ci, seulement, s'y manifestera sous d'autres modes : selon surtout la catégorie de quantité, — amassement, multiplication, désordre. Souvenons-nous par exemple de la pension Vauquer : réunion humaine de débris sociaux, mais aussi musée objectif du délabrement et de la crasse. Balzac nous promène d'abord, avec une apparente froideur, à travers les différents espaces de la pension. Mais lorsque après avoir scrupuleusement reconnu les accessoires ignobles du salon, nous plongeons dans le climat plus infâme encore, plus engluant de la salle à manger, la description, cessant d'y répondre à un quadrillage méthodique, semble peu à peu se soulever, s'emporter en une sorte d'ivresse du nombre, de l'incongruité, de la rencontre incroyable, de l'amas cauchemardesque. Tous les objets alors touchés par le regard, et qu'on ne saurait énumérer ici, car, comme le dit Balzac de son propre effort de compte rendu, " cela retarderait trop l'intérêt de cette histoire "... tous ces objets composent un décor d'intention certes réaliste, mais de réalité tout onirique. La prolifération verbale du débris, du décrit, fait accéder le stérile, l'ignoble, l'épuisé à un paradoxal triomphe. C'est la joie, fréquente chez Balzac, du bric-à-brac croissant, de l'entassement d'objets et de détails, de la description interminable (qui n'est alors qu'un délire d'objectivité). On a l'impression d'y assister à une sorte de gonflement, voire d'éruption de la matière. Si bien que ce sont peut-être les spectacles chargés de l'intention la plus décourageante qui donnent ici l'impression de vitalité la plus puissante. Dans le monde balzacien tout, même la volonté du vide, aboutit en fin de compte à une exaltation du plein.

Du côté de l'objet naturel cette plénitude se parle avec plus de simplicité encore. Car en tout élément concret de l'univers nous pouvons rêver la présence du feu essentiel. Les divers règnes naturels se hiérarchisent seulement selon la plus ou moins grande vigueur de cette flamme. Dans *la Recherche de l'absolu*, B. Claës développe très explicitement la thèse de ce pancalorisme. A partir du principe selon lequel " toute vie implique une combustion ", se déduit d'abord la conséquence que, " selon le plus ou moins d'activité du foyer, la vie est plus ou moins persistante ". L'ardeur minimale provoquera donc un minimum d'expressivité sensible, mais permettra en revanche une longévité. C'est le cas des pierres, dont Balzac apprécie assez peu l'avarice et la froideur (la seconde, effet de la première) : " Ainsi la destruction du minéral est indéfiniment retardée, parce que la combustion y est virtuelle, latente, ou insensible [29]. " Comme Leibnitz voulait que les choses ne soient que des âmes engourdies, Balzac verra les minéraux comme des flammes paresseuses. Tout change quand on aborde les végétaux : car ils ont eux aussi le pouvoir de ne jamais mourir, mais ce n'est pas en raison d'un étouffement, d'un égoïsme, ni d'une constriction. Non : ce qui leur permet d'exister très longtemps sans s'épuiser, c'est l'opération centrale, et mystérieuse, d'une sorte de réfection incessante de substance. Leur énergie a le pouvoir de se renouveler sans cesse, et cela grâce à l'essence de *fraîcheur* dont ils sont les bienheureux dépositaires. " Ainsi les végétaux qui se rafraîchissent incessamment par la combinaison d'où résulte l'humide vivent indéfiniment, et il existe plusieurs végétaux contemporains du dernier cataclysme [30]. " Étonnant privilège imaginaire de l'humide, dont on a déjà reconnu quelques signes dans le registre de la chair heureuse. Car il s'agit bien là encore d'un feu, mais d'un feu qui ne détruit plus, et qui, pour commencer, ne se détruit plus lui-même [31].

---

29. *La Recherche de l'absolu*, IX, 537. — 30. *Ibid.*

31. Les *Notes prises sur le banc* de Louis Lambert (commentées par Nykrog, *op. cit.*, 400) recroisent cette mythologie de l'humide et du calorique avec une dialectique du mouvement et de la résistance. Le mouvement s'y lie au feu, et la résistance à son contraire, ce qui permet de lire de façon légèrement différente, et sur un mode plus agonique, l'échelle, le code des matières. " Le mouvement en raison de la résistance produit une combinaison qui est la vie. " " Si la résistance est plus forte que le mouvement ", on aboutit à l'inertie, au monde *minéral*. Si le mouvement l'emporte, deux cas se présentent encore, celui du *végétal* et de l'*animal*. " Dans le végétal la résistance s'appuie sur l'humide, dans l'animal le mouvement agit par le feu. " La même humidité, passant du végétal au charnel, y manifeste les mêmes qualités de freinage : la longévité, par exemple, ne peut se concevoir ici que liée, et cela de la façon la plus concrète, au principe aquatique. " Pendant quinze ans " dit le vieux médecin d'*Ecce Homo*, " j'ai peut-être analysé soixante centenaires; tous avaient le cerveau *hydrique*, mot que je forge pour vous aider à comprendre mon idée : ils avaient tous une cervelle humide où la pensée était lente " (X, 1151).

Balzac chérira donc spontanément toutes les formes botaniques
de l'humide, les arbres, les buissons, les forêts, les feuillages,
l'herbe des prés. Il évoquera avec prédilection l'espace vibrant
de la touffe ou du feuillage. Il voudra — autre aspect de son goût
pour le capitonnage — que les murs des maisons ou des jardins
se recouvrent d'un manchon de mousses ou de fleurs. Ainsi, à
la Grenadière, demeure tourangelle heureuse, les poteaux d'un
pavillon de bois " sont cachés par des jasmins, des chèvrefeuilles,
de la vigne et des clématites ", et le " perron voûté est couvert
de pampres [32] ". Au milieu des chaleurs provençales le mas modèle
de Renée de l'Estorade s'ombrage de beaux arbres, s'entoure de
" gazons toujours verts [33] ". Si la nudité originelle des murailles
aime tant à s'habiller ainsi d'ornements végétaux, c'est peut-être
en vertu d'un goût encore superficiel du " pittoresque " (" un
poète, écrit Balzac à propos de la façade trop propre de la maison
Claës, aurait aimé quelques herbes dans les jours de la lanterne,
ou des mousses sur les découpures des prés [34] "), mais c'est aussi,
et plus profondément, parce que ces feuilles, ces fleurs, ces mousses
veloutées apportent à la dureté pierreuse la garantie tonique de
leur efflorescence, c'est-à-dire de leur fécondité, de leur verdeur.
Ce n'est point hasard, par exemple, si, dans le Curé de village, la
maison de l'abbé Berthet s'enveloppe d'une telle verdure fleurie.
De la même manière que la spiritualité du curé nous est décrite
comme une sorte d'onction salvatrice et apaisante, comme l'invisible fluidité où viendraient se dénouer les âmes, il faut que sa
demeure soit comblée des dons naturels d'une fraîcheur. La métaphore humidité-salut commande d'ailleurs, comme l'ont bien vu
Béguin, et après lui Picon, tout le symbolisme de ce roman. Véronique Graslin, qui lutte, en elle-même, contre le feu d'une passion
rongeante et criminelle, y entreprend en effet, par voie d'expiation,
mais aussi en vertu d'une profonde logique imaginaire, d'irriguer
la terre sèche et creuse sur laquelle elle s'est retirée. (Notons au
passage que la jonction substantielle de l'aride et du creux aboutit
ici au thème du sablonneux, lié à celui de la soif, de l'engloutissement égoïste : encore l'un des motifs génériques de la vamp sèche,

---

32. La Grenadière, II, 184. — 33. Mémoires de deux jeunes mariées, I, 153. — 34. La
Recherche de l'absolu IX, 481.

lady Dudley [35]). Véronique visite donc ses forêts, édifie des barrages, canalise des rivières, apportant au peuple de ses paysans les bienfaits d'une eau qui signifie pour eux nutrition, abreuvement profond, pour elle apaisement de l'âme, pour elle et eux réunis, et sous deux modes différents, chance de résurrection. La continuité du végétal et de l'aquatique soutient ainsi une grande rêverie de purification, de recommencement vital.

Mais la vitalité ne saurait se dire dans l'objet sous la seule forme de l'humide, même s'il s'agit quelquefois de cette humidité libérée et presque aérisée : le brouillard. (Il appartient au registre des halos émanés, des vaporisations énergétiques). Il faudra que l'humide n'apparaisse pas seulement comme le soulagement, le remède passif d'une ardeur, mais qu'il manifeste avec celle-ci une solidarité visible, qu'il soit comme une eau de feu, une source, tout à la fois calmante et roborative, d'éclat et de chaleur. De là, par exemple, le goût balzacien des lacs dont la nappe étincelle doucement au soleil, avec la transparence qui fait d'eux " un vaste diamant [36] ", ou l'amour des fleuves, des rivières paisibles, sinueuses, Loire, Cher, tous festonnés d'arbres et de prairies, mais brillant d'une tendre lueur d'argent. Leur ambiguïté les accorde au climat d'une passion heureuse, chaudement étalée.

Dans tous ces cas, c'est la lumière du soleil, quelquefois de la lune, qui se charge de réchauffer l'humide. Elle a en effet, vis-à-vis de l'objet inerte, la même fonction que par rapport au corps vivant : réanimation, surexcitation, provocation de son dynamisme propre. Elle relance en lui l'activité tonique de sa flamme. Ainsi, à Paris, le soleil, jetant " des flots de lumière ", y " allume " les vitres, y " égaie " les tuiles, " embrase les croix dorées, blanchit les murs et transforme l'atmosphère en voile de gaze [37] ". Ou, sur l'océan breton, l'horizon prend " une teinte d'argent en fusion " : " Une espèce de fumée brillante produite par les rayons du soleil qui tombaient d'aplomb sur les vagues y produisait une atmosphère au moins égale à celle des tropiques [38]. " Véritable embrasement extatique de l'eau par la chaleur du ciel. La qualité la plus

35. " Malgré sa passion, je ne sentais jamais rien de recueilli, de saint, de profond comme chez Henriette : elle était toujours insatiable comme une terre sablonneuse ", (le Lys dans la vallée, VIII, 991.) — 36. Albert Savarus, I, 825. — 37. La Femme de trente ans, II, 776. — 38. Béatrix, II, 484.

avidement recherchée par la sensibilité, surtout quand celle-ci s'éprouve menacée par une fatigue, un danger d'épuisement, ce sera donc sans doute le brio, ou plutôt l'infinie modulation de la lumière. Ainsi, à la fin de *la Peau de chagrin*, Raphaël, arrivé aux limites de l'usure vitale s'émerveille de l'éclairement multiple d'un pourtant humble paysage campagnard : " Dans ce tableau délicieux tout avait son *lustre*, depuis le mica *brillant* jusqu'à la touffe d'herbes *blondes* cachées dans un doux clair-obscur; tout y était harmonieux à voir : et la vache tachetée au poil *luisant*, et les fragiles fleurs aquatiques... et les racines d'arbre [39]. "

Cette revitalisation éclairante de l'objet pourra s'opérer, les exemples précédemment cités le montrent bien, selon deux aspects assez différents : car le jour existant y sera tantôt dispersé, tantôt au contraire concentré et ramassé sur soi. Nébuleuse, la lumière aura davantage valeur de persuasion que de provocation. Surtout il lui arrivera de se combiner avec les feuilles des écrans végétaux en un rapport dont Balzac a souvent évoqué la puissance affective. Dans *le Lys* cet effet intervient à plusieurs reprises : ainsi quand Félix se promène dans les bois de Saché où la lumière, dit Balzac, " filtrée dans les feuillages produisait sur le sable des allées ces jolis jours qui ressemblent à des soieries peintes [40] ". Ou bien, en un geste qui a valeur d'aveu, lorsque Henriette le regarde " sous les tièdes rayons du soleil couchant qui glissaient à travers les feuillages [41] ". Ailleurs encore, ce sera " sous les beaux tilleuls de l'hôtel de Chaulieu, criblés par les mille lueurs de la lune [42] " que Louise donnera son premier rendez-vous à Macumer. Cette lumière si suavement instillée dans la texture végétale a certainement pour fonction d'en augmenter encore les virtualités de vie. Mais l'épaisseur du feuillage a sans doute aussi pour rôle de tamiser l'ardeur lumineuse, de l'apprivoiser voluptueusement, et de l'arrêter, de le suspendre tout autour de la femme désirée. Au motif du halo émané correspond ainsi celui d'une auréole qui viendrait, mais du dehors cette fois, éclairer et caresser l'être choisi. Complicité pudique, tactile, soyeuse, du jour et de la chair.

Qu'au lieu enfin de se filtrer et de se diffuser la lumière se contracte : et l'on aboutira à l'acuité virulente du *rayon*. " Jet de lu-

---

39. *La Peau de chagrin*, IX, 233. — 40. *Le Lys dans la vallée*, VIII, 841. — 41. *Ibid.*, 962. — 42. *Mémoires de deux jeunes mariées*, I, 211.

mière ", dit Balzac, qui exalte les choses en les transperçant. Ainsi, dans le même paysage de *la Peau de chagrin,* " souvent, entre deux lames de lave que vous eussiez dit séparées par un *coup de hache,* un beau rayon de lumière pénétrait, à l'aurore ou au coucher du soleil, jusqu'au fond de cette riante corbeille, où il jouait dans les eaux du bassin, semblable à la *raie d'or* qui *perce* la fente d'un volet et traverse une chambre espagnole, soigneusement close pour la sieste [43] ". Le rayon retrouve ici encore l'eau, mais c'est après une percée qui donne au paysage éclairé son axe et sa structure. Dans la pénombre de la chambre espagnole tout s'ordonne, de même, en fonction du passage de ce fil magique de lumière. L'obscurité s'y divise en grands pans, des volumes significatifs s'y dessinent, s'y creusent. Chaque fois que s'élance un rayon naissent ainsi autour de lui un ensemble de possibilités dramatiques. Le tracé de la manifestation énergétique devient la ligne autour de laquelle s'articulent les contrastes souhaités. Passion dynamique et passion architecturale s'y disent, en lumière, à travers le même élément privilégié.

Il faudrait enfin, pour achever cette revue rapide des décors sensibles balzaciens, évoquer un type de paysage qui se rencontre assez fréquemment dans *la Comédie humaine,* et toujours avec une fonction précise : servir de cadre au déroulement d'un grand amour. Ce paysage répond sans nul doute chez Balzac à une hantise personnelle (et se trouve même calqué, à deux reprises, les critiques l'ont remarqué, sur le décor réel de sa vie). Or il est curieux de voir que, s'il utilise la plupart des éléments déjà reconnus dans les pages précédentes, il leur donne une organisation, et surtout une orientation tout opposées. Au lieu de s'y développer à partir d'une intériorité active vers l'ouverture d'un dehors, la force naturelle s'y replie en effet vers elle-même, en direction de son foyer premier. Mais il s'agit cette fois d'un foyer double : celui où se réalise l'union amoureuse de deux êtres. Autour de cette jonction tout l'effort de l'imagination sentimentale consiste à tisser un site idéal d'intimité.

43. *La Peau de chagrin,* IX, 233.

Pour cela il lui faudra d'abord élever une clôture. L'amour ne réclame-t-il pas de certaine façon la sécession mondaine, voire la claustration des deux amants ? C'est ce qu'explique un peu rudement Vautrin à Esther Gobseck, en lui présentant l'appartement destiné à être sa " prison " : " Toutes les femmes aimantes et dévouées inventent la réclusion, l'incognito, la vie de la perle au fond de la mer [44]. " Et c'est bien cette existence d'huître heureuse que mènent Louise de Chaulieu avec Marie Gaston, Gaston de Nueil avec Mme de Beauséant, et même, malgré l'obstacle du mari et des enfants, Félix de Vandenesse avec Mme de Mortsauf. De même, dans *la Fille aux yeux d'or*, la voluptueuse Paquita entraîne de Marsay dans une maison inconnue, quasi magiquement détachée du monde, et où il doit arriver les yeux bandés. Dans *la Recherche de l'absolu*, encore, Mme Claës a séparé de la grande demeure familiale une chambre conjugale décorée de façon toute spéciale, et qui ne ressemble en rien aux autres pièces de la maison. C'est que le premier geste du désir consiste à limiter une sorte d'enclos sacré où rien ne puisse venir troubler l'épanchement intime. La retraite amoureuse ne devra donc pas comporter d'accès visible. Ainsi de la maison de Louise, à Ville-d'Avray : " La porte de cette propriété, cachée dans le mur qui sert d'enceinte du côté des bois, est presque introuvable. " La demeure elle-même s'y camoufle sous d'épaisses masses de feuillage : " Les plantations, déjà grandes, dissimuleront complètement les maisons en deux où trois ans. Le promeneur ne devinera nos habitations qu'en voyant la fumée de cheminée du haut des collines, ou dans l'hiver, quand les feuilles seront tombées [45]. "

L'amour heureux réclame donc la complicité du clandestin. Deux individus s'y soustraient, sans honte, aux lois de la mécanique sociale; ils y vivent dans la simplicité de l'immédiat; ils tentent d'échapper en même temps, à cette insistance du regard qui est l'une des formes les plus tyranniques de la conscience collective. S'il demeure social l'espace amoureux s'expose toujours en effet au risque d'intrusion, ou de viol oculaire, donc de destruction. Il suffit que, dans son salon aux portes grandes ouvertes, Lucien se jette aux genoux de Mme de Bargeton pour y être aussitôt vu

44. *Splendeurs et Misères*, V, 713. — 45. *Mémoires de deux jeunes mariées*, I, 290.

131

et surpris, début d'un horrible scandale. Et dès que Montriveau approche de trop près la duchesse de Langeais, celle-ci le menace de sonner sa suivante... Mais personne ne peut apercevoir Louise de Chaulieu ni Marie Gaston dans les replis moussus de leur retraite versaillaise. La première condition du bonheur est ainsi le secret, le congédiement d'Argus, l'ombre jetée sur les mystères du plaisir.

Mais l'effort amoureux de circonscription n'est pas ici d'intention seulement défensive. La demeure sensuelle ne se ferme sans doute à son dehors que pour s'ouvrir plus intensément à son dedans. Protégée de la dissipation externe, la vitalité des deux amants pourra mieux s'y recueillir, s'y concentrer sur elle-même : condition d'une dépense qui ne soit plus un épuisement. Et cette concentration s'identifie souvent encore à un approfondissement, voire à un enfouissement dans le tissu matriciel des choses. La maison de Louise se blottit ainsi parmi la tendresse des feuillages. Le lys fleurit, mais c'est au fond de la vallée, là où se glisse aussi la rivière sinueuse. Intime, douillette, profonde, caressante, maternelle, la demeure amoureuse relève ainsi d'une véritable mythologie du nid.

Mais ce serait un nid où l'existence ne se découvrirait jamais aucun prétexte d'engourdissement, aucun motif de ralentissement. Toute une série de thèmes de vivacité viennent en effet réanimer la torpeur possible d'une clôture trop parfaite. Sur les murs du boudoir de Paquita s'étendent des tapis de flamme, des étoffes soyeuses, ondoyantes. Et la chambre conjugale des Claës ne calfeutre aussi l'amour que pour mieux l'exciter, pour le doter d'un pouvoir tout matériel d'irradiation : " La lueur des bougies y éclaire des étoffes d'une soie presque vivante, dont la monotonie était nuancée par les reflets de l'or sobrement distribué sur quelques objets, et par les tons variés des fleurs qui ressemblaient à des gerbes de pierreries [46]. " D'autres motifs sensibles d'animation pourront ailleurs intervenir : ainsi la couleur coquette de la maison, le brio ou le velouté des accessoires domestiques (maison " à persiennes vertes, entourée de larges balcons ornés de tentes " de Mme de Beauséant face au lac de Genève, " véritable maison

46. *La Recherche de l'absolu,* IX, 530.

d'amants, maison à canapés blancs, à tapis muets, à tentures
fraîches, où tout reluisait de joie [47] "); mais aussi l'enveloppement
par les feuillages, dont on connaît la fonction capitale de rajeunis-
sement, de rafraîchissement vital (" le chalet, garni d'une vigne
vierge qui court sur le toit, est exactement empaillé de plantes
grimpantes, de houblon, de clématite, de jasmin, d'azaléa ",
" notre rez-de-chaussée, à peine visible sou les fleurs et les arbustes,
jouit d'une adorable fraîcheur sans la moindre humidité [48] ");
enfin, au-delà de cette transfusion de sève, c'est l'omniprésence
des eaux qui constitue le leitmotiv central de tous ces paysages
amoureux auxquels elles apportent leur valeur de variabilité, de
mobilité transparente, sans compter la gamme si riche et déjà
reconnue de leurs connotations sensuelles : sources, rivières,
mais aussi bassins, lacs surtout, avec leur " longue nappe d'eau
capricieuse, changeante [49] ". Nul ne le dit mieux et plus naïvement
qu'une jeune amoureuse balzacienne : " Ils se sont aimés devant
des lacs ! Elle est sur un lac. Décidément un lac est plein d'a-
mour [50]. "

Mais cette plénitude ne saurait être véritablement savourée
qu'en s'ouvrant à une certaine dimension fuyante. Paradoxalement
l'immanence amoureuse ne s'atteint elle-même qu'en se niant en
un lointain, en se retournant en une perspective. Au cœur du nid
doit se creuser une distance, qui redevient l'espace d'un désir.
Invisible par exemple aux yeux extérieurs, la maison de Ville-d'Avray
est pourtant un lieu d'où l'on peut regarder dans les directions les
plus diverses, vers un paysage " dont la vue, s'aperçoit par échap-
pées ", " en sorte qu'aucun point de vue n'est perdu [51] ". La

---

47. *La Femme abandonnée*, II, 235. — 48. *Mémoires de deux jeunes mariées*, I, 291. —
49. *La Femme abandonnée*, II, 235.
50. *Albert Savarus*, I, 825. Cette plénitude amoureuse (et lumineuse) de l'eau lacustre
répond à des états de satisfaction et de bonheur. Mais la rêverie balzacienne peut
confier aussi aux images de l'eau le soin de dire l'inapaisement, ou même l'angoisse
du désir : ce sera, seulement, une eau violente, abrupte, déséquilibrée, et d'une certaine
manière brûlante. Ainsi Véronique Graslin dans *Le Curé de village*, VIII, 658 : " dans
un certain endroit, Véronique aperçut dans les roides pentes des torrents je ne sais
quoi de sévère. Elle se surprit à désirer d'entendre l'eau bruissant dans ces ravines
ardentes. Toujours aimer ! pensa-t-elle. " Beauté de ce soupir inattendu, de cet extrême raccourci : il s'insère cependant de manière naturel e dans la mythologie de
l'eau qui commande, on l'a vu, tout ce roman. Eau sauvage s'y oppose alors à eau
civilisée, eau érotique à eau salvatrice, torrent à lac ou à barrage.
51. *Mémoires de deux jeunes mariées*, I, 290.

vallée si maternelle de la Loire, s'ouvre elle aussi vers un horizon bleuâtre, à la fois évasif et plein, tout " chargé de parcs et de châteaux [52] ". Quant au feuillage, l'objet de sensualité, on le sait, le plus immédiat qui soit, le plus voisin, métaphoriquement et métonymiquement, de la chair désirable, s'il accepte de s'entr'ouvrir vers un là-bas, ce sera le thème, ici très précieux, parce que toujours sentimentalement marqué, de *l'allée*, ou de la route bordée d'arbres. Rien en effet de plus troublant que cette fuite végétale, à la fois appel d'espace et enfoncement voluptueux, que cette trouée aérienne et sensuelle au bout de laquelle s'aperçoit quelquefois, offerte et pourtant reculée, interdite par la seule opération de la distance, la femme désirée. Ainsi dans *le Lys* cette merveilleuse rencontre, réalisée malgré, ou plutôt grâce à la séparation : " Enfin il me mena vers cette longue allée d'acacias et de vernis du Japon, bordée par la rivière, où j'aperçus à l'autre bout, sur un banc, Mme de Mortsauf occupée avec ses deux enfants. Une femme est bien belle sous ces menus feuillages tremblants et découpés [53]. " Découpure, dentelure de la forme, émotion, pudeur de la substance, de la vitalité profonde : on ne saurait imaginer décor plus satisfaisant de l'offre, du don sentimental. Nous pouvons abandonner le paysage balzacien sur cette vue si complète, nous voulons dire si conforme à quelques besoins essentiels : cette vue où c'est l'échappée même de l'être aimé qui clôt, charnellement, la joie d'intimité.

52. *La Grenadière*, II, 186.
53. *Le Lys dans la vallée*, VIII, 825. Cf. encore : " Ah ! mignonne, j'aperçois la vie comme un de ces grands chemins de France, unis et doux, ombragés d'arbres éternels " (*Mémoires de deux jeunes mariées*, I, 153).

CONCLUSION

Que conclure au terme de ces analyses trop éparses ? Ceci peut-être qu'il nous faut tenir l'énergétisme balzacien pour une vision du monde à deux versants. Elle pose la vie, à travers de multiples rêveries portant sur la chair, l'objet, le héros romanesque, comme le produit d'une poussée unique. Mais elle l'envisage en même temps comme le résultat d'une série d'oppositions complexes, une " suite de combinaisons ", dit Balzac, " qu'il faut étudier, suivre, pour arriver à se maintenir toujours en bonne posture [1] ". Lyrisme de la puissance et passion de l'agencement, sens de la pulsion et besoin du système interviennent à part égale dans l'invention du monde de Balzac et dans sa pratique du langage. La joie immédiate de l'énergie y recoupe le goût, tout aussi vif, des corrélations et des différences. Ces deux termes se réclament d'ailleurs l'un l'autre : car l'énergie ne peut se délimiter, donc se définir, et finalement s'exalter qu'en se heurtant et liant à d'autres énergies, dans l'acte d'un rapport; et le rapport lui-même ne se dessine qu'en une rencontre de puissances. Force et forme apparaissent donc ici ensemble, elles se font mutuellement être et valoir.

Il faudrait peut-être se demander alors si toutes les relations de force qui constituent la si riche combinatoire, la " forme " balzacienne, ne se ramèneraient pas finalement, ou originellement, à une seule, celle qui aurait pour rôle de faire exister l'identité énergétique, la " volonté ", en la dédoublant, et en l'affrontant sans cesse à son contraire, c'est-à-dire, encore, à elle-même, à elle-même renversée. La force, toujours foncièrement semblable, on s'en

1. *Eugénie Grandet*, III, 577.

souvient, — c'est ce que traduit sur le plan des idées le monisme balzacien — ne s'informerait, n'accéderait ainsi au sens et à la détermination qu'en se déchirant, en devenant *son autre*, en se retournant contre elle-même. L'unité signifiante minimale, ce serait peut-être dès lors au sein du grand océan énergétique le couple des opposés. Aucun élément n'existant seul, tout sens, toute valeur se manifesteraient comme bifides; toute affirmation, pour pouvoir être posée, se doublerait nécessairement de sa propre négation. C'est du moins ce que, en un curieux passage des *Illusions perdues*, Blondet déclare à l'encore innocent Lucien de Rubempré. Son discours, d'intention certes paradoxale, rejoint les thèmes d'une moralité toute structuraliste : " Ah ! mon petit, je te croyais plus fort ! Je te douais d'une omnipotence semblable à celle des grands esprits, tous assez puissamment constitués pour pouvoir considérer toute chose dans sa double forme. Mon petit, en littérature, chaque idée a son envers et son endroit; personne ne peut prendre sur lui d'affirmer quel est l'envers. Tout est bilatéral dans le domaine de la pensée. Les idées sont binaires. " Ce binarisme tout-puissant trace naturellement ses chemins à la critique : " Janus est le mythe de la critique et le symbole du génie. Il n'y a que Dieu de triangulaire. " Triangulaire, parce que son caractère originel et transcendant le situe, *a priori*, au-dessus, en dehors du jeu de la bipartition. S'ensuivent quelques exemples, judicieusement choisis, à travers lesquels c'est à l'œuvre de Balzac que Blondet fait visiblement allusion : " Ce qui met Molière et Corneille hors ligne, n'est-ce pas la faculté de faire dire *oui* à Alceste et *non* à Philinte, à Octave et à Cinna ? Rousseau, dans *la Nouvelle Héloïse* a écrit une lettre pour et une lettre contre le duel, oserais-tu prendre sur toi de déterminer sa véritable opinion ? Qui de nous pourrait prononcer entre Clarisse et Lovelace, entre Hector et Achille ? Quel est le héros d'Homère ? Quelle fut l'intention de Richardson ? " Et quelle est l'intention de Balzac ? On la découvrira seulement dans la loi de balance, dans l'équilibre même du combat qu'il mène pour sa part avec la même conviction du côté de chacun des adversaires, Vautrin-Goriot, Maxence Gilet-Philippe Bridau, Séchard-Pointet, etc. Le choix premier des deux côtés, du *oui* et du *non* d'un même thème règle décisivement ainsi le faux problème de la préférence de Balzac pour tel ou tel de ses héros. " La critique, conclut un peu platement Blondet doit contempler les œuvres sous tous leurs aspects [2]. "

Mais ayant fait cela, elle découvrira, du moins si c'est une critique véritable, que ces aspects reviennent tous en dernière analyse au même, c'est-à-dire à l'unité. Au cœur de tout conflit se révèle, on l'a vu, la similitude foncière des termes en conflit : Alceste et Philinte, Octave et Cinna sont frères, parce qu'également créatures de Molière, et de Corneille. Vautrin et Goriot, Rastignac et Vautrin, Goriot même et Rastignac, tous ces couples d'adversaires apparents sont taillés en réalité dans la même étoffe thématique. Ils sont réunis par les axes mêmes de signification aux extrémités desquels ils se situent et grâce auxquels ils entrent en opposition : axes dont la mise globale en perspective constitue le système de l'imaginaire balzacien. Ou disons, si l'on veut, que l'identité n'a ici le pouvoir de se marquer, et de se conserver identique à elle-même qu'en préservant en son cœur l'exercice continué d'un autre, de son autre.

C'est un peu cela, sans doute, que veut nous faire encore entendre Balzac, dans *Massimilla Doni*, à travers l'étonnante discussion menée par Capraja et le duc Cataneo sur les mérites respectifs de la *roulade* et de l'*unisson*. Dialogue essentiel : il nous conduit sans doute plus près du secret de la créativité balzacienne que la théorie, légèrement opportuniste, de Blondet. La roulade, soutient d'abord Capraja, est la clef d'une possession du monde. C'est " la plus haute expression de l'art, c'est l'arabesque qui orne le plus bel appartement du logis : un peu moins, il n'y a rien, un peu plus, tout est confus [3] ". Fragile donc en son déroulement, à la fois imperturbable et menacée, vitale et humaine, abstraite et charnelle, elle dessine en l'air comme une structure successive qui s'affirmerait capable d'attirer et d'articuler en elle toute l'infinie variété de l'existence. Fondamentalement métonymique, elle est fuite continuée, liberté, différence toujours renouvelée, vertigineux appel à la corrélation horizontale, provocation du sens.

Mais l'unisson possède, selon le duc Cataneo, un pouvoir bien plus enivrant encore. Il se situe plus loin sur le trajet métaphysique de la conscience (le duc, écrit Balzac, est quelqu'un " qui a tout

2. *Illusions perdues*, IV, 788-189. — 3. *Massimilla Doni*, IX, 349-350.

traversé "). C'est qu'il marque la résolution des diverses possibilités vitales à l'unité. Il opère le refermement de l'identité sentante sur elle-même, mais un même qui demeurerait intérieurement animé, contesté, donc soutenu par la vibration continuée d'un autre. Le duc recherche en effet " l'accord de deux voix, ou d'une voix et du violon, l'instrument dont l'effet se rapproche le plus de la voix humaine... Cet accord parfait nous mène plus avant dans le centre de la vie sur le fleuve d'éléments qui ranime les voluptés et qui porte l'homme au milieu de la sphère lumineuse où la pensée peut convoquer le monde entier ". Et, s'adressant au défenseur de la roulade : " Il te faut un thème, Capraja; mais à moi le principe pur suffit [4]. "

L'unisson évince donc, par une démarche de nature métaphorique (mais ce serait le bout, la limite même de la métaphore), il réduit en lui la matérialité, la diversité successive du thème pour se limiter à la monotonie, mais aussi à la focalité d'une jouissance presque abstraite. Notons pourtant que, sous le recouvrement parfait qu'il opère du même par le même, il maintient encore la différence : différence de sexe (il doit s'agir d'un chanteur *et* d'une chanteuse), ou différence d'ordre naturel (rencontre d'une voix vivante *et* d'une source sonore inanimée). La similitude s'atteint donc elle-même comme telle, elle se touche et rejoint son origine, ou, comme dirait mieux le duc son " principe ", à travers un subtil décalage préservé [5]. Faisant cela elle nous situe en un cœur signifiant des choses : elle " peut convoquer le monde entier ". Élargissant la portée de ce texte, et lui donnant valeur d'apologue, nous dirions que la force ne se réalise sans doute chez Balzac que dans une distance, spatiale ou temporelle, qualitative ou fonctionnelle, qui la sépare d'elle-même : dans un écart, en somme, qui tout à la fois la déchire, la retarde, la constitue en forme. Pourquoi

4. *Massimilla Doni*, 350.
5. Ce décalage peut parfois prendre un aspect temporel : les deux notes de l'unisson se dissocient alors successivement, elles alternent, ainsi dans ce texte du *Lys dans la vallée* où elles continuent d'ailleurs à être produites par deux acteurs différents : " par un hasard assez naturel à la campagne, nous entendîmes alors le chant alternatif de deux rossignols qui *répétèrent plusieurs fois leur note unique*, purement filée comme un tendre appel " (VIII, 1013). Cet accord étiré orchestre la mort d'Henriette de Mortsauf : il a valeur de résolution, d'apaisement dans l'unité finale, mais aussi de non-satisfaction, de non-clôture de cette unité même, puisqu'elle continue à exister dans la durée, et sur le mode de l'intersubjectivité désirante : " un tendre appel "...

ne pas voir dès lors dans cette opposition de la roulade et de l'accord une image du roman balzacien lui-même ? Une énergie, celle d'un désir, d'un langage désirant, s'y développe en effet, s'y scinde, s'y égare, s'y poursuit elle-même dans et sous le drame de mille conflits humains ou sociaux, telle une roulade, avant de s'y reconquérir finalement dans l'évidence de son unité, de sa " pureté " principielle : en un unisson.

Mais le principe d'unisson ne sera-t-il pas présent, d'une certaine manière aussi, au sein même des plus fantaisistes variations de la roulade ? La rigueur de l'architectonique balzacienne amène en effet chaque moment du roman, cette odyssée parlante, à rester soutenu par une multiplicité d'accords ou de rappels qui le relient au pan d'une seule pensée. " L'univers est la variété dans l'unité, portent les *Notes prises sur le banc* de Louis Lambert; le mouvement est le moyen, le nombre est le résultat, la fin est le retour de toutes choses à l'unité, qui est Dieu ". La " variété ", le " mouvement ", tout cet attirail trop humain du bruit, de la fureur, et de la dissonance, voilà ce que le roman recueille en lui, voilà de quoi il est tissé. Mais les *Notes prises sur le banc* nous interdisent, on le voit, d'identifier cette affirmation du pluriel à quelque mouvement de type nietzschéen; le jaillissement des énergies, le jeu quasi infini des différences n'ont ici de sens que par l'unité chargée de les clore et de les réabsorber en elle.

L'unité marque donc ici de sa présence, ou plutôt de sa prégnance les moments romanesques les plus nus, les plus abandonnés. C'est quelquefois de façon paradoxale, sous la forme d'une hantise double et quasi négative : celle d'un horizon, ou celle d'un silence. Car l'au-delà, ou l'en deçà du dit, ce qui n'est pas vraiment dit ou dicible dans le dit, et la marge évasive du vu, donc à la limite l'invisible, voilà ce qui soutient ici dès le départ exercice du langage, acte de la pensée. L'unité balzacienne se fonde donc sur l'obscurité, sur le mutisme. C'est du moins ce que semble vouloir nous suggérer Balzac lorsque, dans *les Proscrits*, il nous montre le créateur, — Dante, lui-même, — " rentrant au logis ", s'enfermant dans sa chambre, y allumant " sa lampe inspiratrice ", puis commençant à écrire : demandant alors " des mots au silence, des idées à la nuit [6] ".

6. *Les Proscrits*, X, 344.

II

PETITE SUITE POÉTIQUE

I

LAMARTINE

Que signifie pour Lamartine le fait d'écrire ? Il nous répond lui-même dans la préface des *Recueillements*. L'y voici dans l'état de vacance, tout à la fois inquiète et euphorique, qui annonce en lui la poésie : " Le coude appuyé sur la table et la tête sur la main, le cœur gros de sentiments et de souvenirs, la pensée pleine de vagues images ", il subit la pression d'une sorte d'urgence intérieure qui réclame d'une certaine façon un soulagement externe, une issue. Et en effet, au bout d'un certain temps, quand cette sensation de plénitude est devenue trop forte, que " le mouvement de la pensée s'arrête comme l'eau dans un lit de fleuve trop plein ", que les images, les sentiments s'accumulent, " qu'ils demandent à s'écouler sous une forme ou sous une autre, je me dis : Écrivons ". L'écriture est bien ici, en son origine du moins, un déversement, voire un dégorgement rêvé d'intimité. Elle s'enchaîne à une réplétion. Quelque chose qui avait été jusque-là comprimé se débonde soudain en une nappe heureuse de langage. Aucune asthénie donc dans la genèse poétique. Bien au contraire : on écrit quand on est " débordant de force ", quand " son âme opressée " " sent en rythmes nombreux déborder la pensée ", quand la " lave " du " génie " déborde en torrents harmonieux ". Métaphores dans lesquelles l'expulsion énergétique originelle, traduite à travers les thèmes du volcanique, ou du torrentiel, revêt bien vite les espèces apaisées d'une candeur, d'une fluidité. La poésie se rêve en effet le plus souvent chez Lamartine comme une coulée douce, d'ordre presque érotique, chargée tout à la fois de délivrer le moi et d'occuper en face de lui, disons presque de séduire, l'espace d'un paysage. Car le débordement est naturellement aussi une expansion. Écrire, c'est encore " répandre son âme Sur les cimes des monts, dans la nuit des déserts " ; c'est aller dans les prairies " égarer d'un pas incertain ses poétiques rêveries " ; c'est, en somme, partir à la conquête et à l'exploration d'un monde. Le défoulement du moi provoque spontanément ainsi un dévoilement des choses.

Attention cependant : ce dévoilement n'a rien d'un surgissement, cette expansion n'est pas un viol. L'investissement intime de l'objet ne s'accompagne pas ici d'une pénétration véritable, il n'engage à aucune consommation profonde, et ne provoque même qu'un minimum de gourmandise. L'épanchement verbal parcourt le monde sans brutalité ni hâte. Rien de comparable, par exemple, à l'impatience qui amène un Chateaubriand à cerner d'un trait nerveux l'objet de son regard ou de son désir, puis à traverser celui-ci, à le brûler de l'ardeur même qui le projette vers un autre objet, lui-même aussitôt goûté, aboli, et dépassé. La rêverie gagne ici de place en place ; elle s'empare du proche, puis du moins proche, puis de l'un peu plus lointain, puis du franchement éloigné par une sorte de capillarité qui lui est propre. Sur aucun objet elle ne s'arrête précisément. Tous elle les recouvre de sa progression régulière, elle les reconnaît en étendant sur eux un mince glacis verbal, mais sans jamais chercher à les faire être dans leur individualité ni leur particularité, voire même dans leur pittoresque. L'objet lamartinien s'offre à nous sur le mode évasif du général ; il est genre ou concept plus qu'existence ; il se trouve en outre peu à peu gagné par la contagion d'abstraction et de similitude que fait peser sur lui un langage cadencé, classique, conventionnellement rhétorique, régulièrement allitératif. L'homophonie provoquant alors la ressemblance, chaque chose s'égalant insensiblement à sa voisine, aucune réalité particulière n'accrochant vraiment la sensation, on se retrouve bientôt dans l'euphorie d'une sorte de continuité signifiante derrière laquelle s'efface toute réalité trop précisément signifiée. De là le goût lamartinien pour les grands panoramas sans déchirure : paysages formés de préférence de courbes liées les unes aux autres, d' " harmonieux contours ", de sinuosités invitantes (telle celle de ce fleuve qui " serpente et s'enfonce en lointain obscur "). Le tapis d'une végétation régulière, prairie, forêt, y favorise très souvent l'avancée glissante du regard. Aucun relief violent ne s'y dresse jamais vraiment entre la conscience rêveuse et l'horizon.

En même temps que l'objet abdique ainsi sa singularité au profit de la liaison qui l'absorbe en une horizontalité de paysage, il subit une métamorphose interne qui vise non plus cette fois sa forme, ni son rapport à d'autres formes, mais sa matière même. Parce qu'elle cherche à réduire sa qualité virtuelle d'obstacle, la prégnance rêveuse s'attaque aussi en lui à l'opacité, la densité. Elle s'en prend à son insistance trop terrienne, elle veut réduire l'obstination lourde de son être-là au profit d'un allégement libérateur. Déjà superficiellement désindividualisé, l'objet lamartinien se trouvera, au bout de cet effort imaginaire, peu à peu évidé, aérisé, devenu semblable à de l'espace. Ce processus de dématérialisation profonde prend appui sur diverses réalités sensibles, toutes plus ou moins vaporisantes. Lamartine adore par exemple les fumées, ou les parfums, lentes exhalaisons verticales, transitions émouvantes d'un registre purement humain vers son aboutissement céleste. Il connaît la magie des brouillards et des brumes — en automne surtout, ou à l'aube, ou bien au crépuscule, tous moments affectés d'un certain coefficient temporel d'indécision — brumes qui se chargent d'évanouir la netteté des formes tout en diluant aussi de leur ouate les matérialités les plus massives. Bien avant Baudelaire il pratique l'alchimie des nuages, ultime résidu du terrestre, dernier état visible de sa dissipation. Floconnement, effilochement des contours, pulvérisation, évanouissement progressif de l'épaisseur en atmosphère, Georges Poulet a, dans une étude classique, décrit ces divers moments de la métamorphose nébuleuse. On pourrait joindre à ce complexe de l'ennuagement le thème si positif de l'*écume*, cette " frange éclatante ", d'abord parce qu'elle se lie le plus souvent à l'océan (métaphore ici matricielle, image d'un monde anonymisé, livré aux seuls courants d'une liquidité neutre et infinie); ensuite parce que l'aérisation y devient, non pas comme dans le nuage ou le brouillard, voile ou occultation de l'être, mais au contraire étincellement épiphanique, lumière. Dans l'écume rayonne une sorte de vide heureux. Ainsi la plaine de Baalbek, toute vibrante au crépuscule, de l'éparpillement lumineux, presque aquatique, de ses monuments ruinés : " Plus loin, dans la plaine, c'était un océan de ruines qui ne se perdait qu'à l'horizon; on eût dit des vagues de pierres brisées contre un écueil, et couvrant une immense plage de leur blancheur et de leur écume. "

Au bout de ces embrumements, de ces ennuagements, de ces vaporisations fumeuses, parfumées ou écumantes, la réalité sensible, et c'est ce que cherche Lamartine, aura perdu toute consistance propre. Un peu de la même manière que bientôt chez Verlaine, tout s'y mélange à tout, s'y égare, s'y retire anonymement en tout. Devant, ou plutôt dans la conscience désirante ne subsiste qu'un flou irrésistible. Ce qui retient encore ce vague sur le chemin d'une neutralité totale, c'est, paradoxalement, le vers : car si sa cadence régulière contribue, on l'a vu, à égaliser monotonement le monde, elle continue pourtant, à l'inverse de l'impair verlainien ou des suites de rimes féminines des *Poèmes saturniens* ou des *Romances sans paroles*, à donner un équilibre à la fusion. Dans les meilleurs moments d'ailleurs le trouble des choses se dénoue directement en transparence. Diaphane, quasi ectoplasmique, l'objet se soulève alors au-dessus de lui-même : il connaît l'extase d'une sorte d'émancipation flottante. Ainsi l'île d'Ischia, " nageant dans la lumière, sortait de la mer, se perdait dans le bleu du ciel "; ou bien les cimes d'une montagne enrobée d'éther " semblent nager dans l'air et trembler dans l'espace ". Les sommets alpestres au-dessus d'Aix-les-Bains " nageaient " eux aussi " dans une légère teinte violette qui les grandissait en les effaçant : on ne pouvait dire si c'étaient des montagnes ou si c'étaient de grandes ombres mobiles et vitrées à travers lesquelles on aurait vu transpercer le ciel chaud de l'Italie ". Et même chose encore pour le Liban : " Ses flancs se confondent, dans la transparence de l'air, avec l'air même dont ils semblent faire partie; on ne voit que la réverbération ambiante de la lumière du soleil qui les enveloppe, et leurs arêtes empourprées qui se confondent avec les nuages pourpres du matin, et qui planent comme des îles inaccessibles dans le vague du firmament. " Joie de la liberté spatiale enfin conquise, plaisir, si spécifiquement lamartinien, et prébaudelairien, d'une espèce de nage aérienne : " nageant dans l'infini sans aile, sans effort ", " avec ce sentiment qu'on éprouve en rêvant qu'un tourbillon d'été vous porte ", le moi se laisse aller à " planer dans l'éther tout semé d'étincelles ", prenant immédiatement alors possession de l'impalpable, se berçant aux flots d'une infinité presque concrète. Pleine satisfaction se trouve ainsi donnée à ce que Lamartine nomme la " passion du vague et de l'inconnu ", " cette perspective aérienne des pures imaginations ".

Cette " perspective " ne saurait évidemment connaître aucun terme : ces montagnes flottantes, ces " flocons de lumière ", ou ces " fragments du jour ", bref tous ces morceaux épars d'une réalité enfin privée de poids et comme suspendue au-dessus d'elle-même s'écartent lentement aussi vers le lointain. Ils ne vont pas seulement vers l'horizon — ce qui leur serait encore une frontière — mais vers un horizon " vague et indéfini ", qui " s'étend " et se " prolonge " sans cesse, qui se recule derrière toute ligne visible d'horizon. Après la limite, c'est alors la recherche d'une non-limite, c'est la quête d'un état d'ouverture totale, le souhait d'un glissement dans l'au-delà. Quelle figure — ou quelle absence de figure — pourrait revêtir cet au-delà ? Celle de Dieu peut-être. Plus sûrement celle du songe, ou celle du *possible*. Car si le " réel est étroit ", " le possible est immense ", et c'est là une immensité que la conscience rêveuse peut librement parcourir et posséder. Elle y rencontre d'étranges créatures qui " tiennent à la fois de l'être et du néant " : " Un souffle aérien est toute leur essence "; " aucune forme fixe aucun contour précis n'endiguèrent jamais ces êtres indécis... " Ils sont les " images du possible et les ombres de l'être ". Des anges quelquefois, quand ils se rattachent à la fixité d'une mythologie ou d'une dogmatique. Plus rarement des fantômes, des créatures à la fois vivantes et vides, difficilement saisissables, que parvient mal à cerner, que n'arrive de toute façon pas à remplir l'effort imaginant de la pensée.

Il faut voir alors tout ce mouvement d'irréalisation aboutir, assez vite, à un malaise. Un peu encore comme Verlaine, saisi par l'angoisse du *on*, transi par le tragique anonyme du *cela*, d'une conscience qui n'est plus à lui ni à personne (" *Il* pleure dans *ce cœur...* "), Lamartine va connaître la mélancolie de l'indistinct, le vertige de cet informe même vers lequel l'avait porté tout son effort. Cette inquiétude tient à des éléments sans doute assez divers, mais qui tous peuvent se rattacher au thème d'une récession, voire d'une labilité de l'être. Rien en effet de moins gratifiant qu'une spatialisation sans terme : on s'y heurte assez vite au constat décourageant de l'illimité, à la découverte qu'il n'y a pas de bout de la route, pas de fin de l'espace, que l'objet ne cesse de s'y dérober sous le regard, que l'homme, en somme, ne pourra jamais saisir son fondement. Imputables à cette découverte la fatigue si fréquente du héros lamartinien, son état d'épuisement précoce, son complexe automnal — expression trop claire d'une peur d'éparpillement ou de dilution (Lamartine connaît, déjà, la fascination des feuilles mortes). Mais s'il finit alors par redouter, plus qu'à espérer " l'horizon fuyant de l'espace ", s'il craint d'y " rouler au hasard dans les déserts du vide ", il connaît une frustration bien pire encore quand il transporte sa quête dans le registre temporel. Car l'effusion vers le lointain était aussi élan vers le futur : la projection dérivante du moi ne distinguant pas l'espace et la durée, il s'ensuit que la fuite de l'*ici* vers le *là-bas* ne se sépare pas non plus d'un glissement du *maintenant* vers le *demain* qui l'aspire, le recueille, et l'engloutit éternellement en lui. Le thème — si rebattu — de la fuite du temps se rattache donc chez Lamartine, et souvent de la manière la plus physiologique, ce qui lui donne une acuité nouvelle, à celui d'une sécession des choses (" Ma vie hors de mon sein s'enfuit à chaque haleine "). A l'indistinction des formes objectives correspond ainsi le sentiment d'une insécurité temporelle, celui d'un " monde où tout change, où tout passe ", " tout s'use, tout s'efface ", " où tout est fugitif, périssable, incertain "... Monde où le sujet lui-même finit par se saisir, ou plutôt par ne plus pouvoir se saisir, sous les espèces d'une sorte de négativité fuyante : " Je contemple la terre ainsi qu'une ombre errante ", " ombre qui passe et qui n'a pas été ".

Voici donc le moi si plein de tout à l'heure devenu simplement fantôme; voici son effusion muée en errement. Il est curieux de voir comment tous les mécanismes de la rêverie lamartinienne se retournent alors, comment ses thèmes favoris pivotent, inversent leur intention. Tout ce qui était voulu par elle apparaît maintenant comme subi; ce qui relevait originellement d'un désir semble dépendre d'un destin, d'une volonté externe et maléfique. L'effusion du moi le portait à la conquête de l'espace, il y est maintenant malgré lui emporté. Son désir le faisait se tourner vers l'avenir : mais l'avenir, trop puissant par rapport au présent, ne fait que déséquilibrer, que vider de son prix le moment actuel où l'on désire. Nuages, fumées, brouillards n'ont plus pour fonction de spiritualiser le monde : simplement ils l'effacent, l'annulent. L'écume dit la futilité légère et envolée; la nage s'achève en noyade; le flottement heureux du fragment libéré du monde devient

LAMARTINE

l'aveugle dérive d'une sorte de résidu de catastrophe : " Allons-nous sur des bords de silence et de deuil Échouant dans la nuit sur quelque vaste écueil Semer l'immensité des débris du naufrage ? " Telle est — dite encore sur le mode interrogatif — l'issue de la tentative qui prétendait dès l'abord peupler verbalement l'immensité.

Au sein de ce naufrage est-il quelque perspective de salut ? Le célébrer peut-être, comme le font tant de lamentos lamartiniens, c'est-à-dire l'informer et le dominer par l'architecture d'un langage. Mais le moi pourra chercher aussi à se sauver dans le registre même, celui de l'imagination sensible, où il a risqué de connaître son désastre. Il pourra tenter — métaphore favorite — d'y " jeter l'ancre " : c'est-à-dire de s'y ressaisir en s'y accrochant à quelque élément extérieur de fixité, celle-ci dût-elle lui apparaître fragile et dérisoire. Ce sera la quête de ce que Lamartine nomme typiquement les " points de vie ". A l'ouverture néantisante de l'espace, le seul remède est peut-être en effet la ponctualité. Elle offre en tout cas une possibilité de réancrage à la subjectivité perdue. Quelques éléments physiques isolés, découpés sur le panorama du temps et de l'espace, le relief d'un " seul être " — et s'il vous manque, tout sera dépeuplé... — voilà de quoi, peut-être, nous redonner soutien. Ces points d'appui font souvent ici l'objet d'une invocation optative (" O lac, rochers muets "...); ils se précisent d'un désignatif : ce seront cette pierre (où tu la vis s'asseoir), cet arbre, ce cep de vigne, ce rocher solitaire d'où l'on domine l'horizon, ou bien ces rocs célèbres, grottes, forêts profondes, chargés d'immortaliser un amour, ou bien encore ces " vieilles tours " de Milly que " le soir dorait dans le lointain ", — car l'objet ponctuel entretient toujours une relation dialectique (il nie l'espace et l'espace le nie) avec l'immensité sur et contre laquelle il se dresse. Il n'est pas jusqu'à certains gestes qui n'aient peut-être aussi valeur obscure de support : nul doute ainsi qu'une certaine netteté campagnarde, que la pratique d'une vie bien délimitée, familièrement quotidienne ne constitue chez Lamartine un recours très solide contre les sensations de dilution. Le pittoresque bourguignon de *Jocelyn* ou des *Recueillements* équilibre ainsi le vague effusif des *Harmonies* ou des *Méditations*.

Dans la durée ce choix de ponctuel s'affirmera peut-être comme plus efficace encore, car il y jouera selon trois figures existentiellement hiérarchisées. Il y aura d'abord la recherche violente, presque désespérée, de l'*instant*, l'instant voluptueux, sur lequel on misera, et que l'on essaiera à toutes forces de prolonger contre l'éternité néantisante (" Et nous n'avons à nous que le jour d'aujourd'hui "). Puis, et une fois l'instant englouti, ce sera la recherche, ou l'invocation, si obsédante chez Lamartine, de la *trace* (ou négativement la douleur de l'absence de trace). Le bonheur mélancolique de la trace tient sans doute à son caractère d'exception : elle est ce qui aurait dû périr, avec tout le reste, mais que quelque hasard a préservé du grand naufrage (d'où le jeu de rimes favori : *trace*, *passe*, *s'efface*, quelquefois lié, topologiquement, à *surface*). Cela rend compte tout à la fois de sa magie et de son ambiguïté : car pour avoir survécu au désastre, elle a quand même été par lui rongée, usée, marquée en profondeur ; cela fait d'elle le chiffre de ce qui échappe au temps, mais aussi de ce temps auquel on n'échappe jamais vraiment... Toute son efficacité, elle la tire donc peut-être de la politique qui lui fait élire de préférence pour s'y fixer des objets déjà d'une certaine manière vaccinés contre le temps, c'est-à-dire gorgés de temps, alourdis de passé, fixés par un langage, et dès lors moins exposés que d'autres aux dilutions ultérieures de la durée ou du lointain : " Mon œil trouve un ami dans tout cet horizon, *Chaque* arbre a son *histoire* et *chaque* pierre un *nom*... " Si la trace enfin s'intériorise, elle devient *souvenir*, lieu d'un enracinement plus fixe encore, site d'un rayonnement focal et immobile, à l'épreuve, semble-t-il, de toute altération. Cet élément d'unité vibrante, il est logique de le voir, dans le plus beau sans doute des poèmes lamartiniens, émerger, quasi sauvagement, de la multiple magie évanouissante du rêve, du nuage, de l'obscurité, de l'autrefois :

> D'ici je vois la vie, à travers un nuage,
> S'évanouir pour moi dans l'ombre du passé ;
> L'*amour* seul est *resté* : *comme une grande image*
> *Survit seule au réveil dans un songe effacé.*

Malgré sa vertu salvatrice la ponctualité demeurerait pourtant impuissante à conjurer à elle seule le danger d'effacement ou de dilution. A l'être menacé par l'immense elle fournit certes un ancrage, non un abri ; elle exerce face à la labilité un certain pouvoir de rétention, sans offrir vraiment une protection. Lamartine n'est pas un Chateaubriand pour aimer à grimper sur les rochers et sur les arbres afin d'y provoquer orgueilleusement le vide des espaces. Son besoin est tout autre. Il va plutôt, comme l'indique le titre de l'un de ses recueils, vers la pratique d'un *recueillement* : écartement, d'abord, de tout ce qui est *autre* (chose, homme, institution, histoire), puis, en une sorte de réverbération jalouse, redécouverte quasi tactile de soi par soi. Alors se développe une rêverie d'intimité, ici tout aussi puissante que l'aspiration à l'infini : la coexistence de ces deux régimes thématiques constituant même l'espace, le lieu de partage et de tension où se définit, selon nous, toute l'originalité lamartinienne.

L'archétype de l'objet intime, ce sera, motif omniprésent, le *vallon*. On le rêve par opposition au passage comme le site d'une halte, l'espace, hélas tout provisoire, d'un asile (" Ainsi le voyageur qui, dans son court passage Se repose un moment à l'abri du vallon "). Ce repos, comprenons-le comme une rémission, une suspension de l'angoisse éparpillante. Mais à quoi le vallon doit-il sa qualité sécurisante ? D'abord sans doute à sa clôture : l'extérieur n'y pénètre pas, le monde s'y efface derrière un écran de rochers ou de feuillages; — mais plus encore peut-être à sa courbure : la terre s'y incurve de manière complice, presque amoureuse, tout autour du moi abandonné; au lieu de l'aspirer vers le lointain anonyme et plat d'un horizon, elle l'y enveloppe de sa modulation vivante, l'y caresse en un creux qui semble fait à sa mesure (" Mais la nature est là qui t'invite et qui t'aime... De lumière et d'ombrage elle t'entoure encore "...). De fuyante l'étendue y est donc devenue englobante : et même intimisante, approfondissante. Car le vallon est un pli dans l'être, pli de valeur évidemment très initiale (" vallon de mon enfance "), et même maternelle. Descendre au creux des vallons, c'est pour Lamartine satisfaire le vœu d'une sorte de régression heureuse, c'est apaiser le besoin d'un retour au puéril, peut-être au prénatal, c'est se remettre aux mains de quelque vaste instance matricielle, c'est succomber à l'utopie d'une réinstallation dans la grande paix perdue des origines. D'où la pénombre, la vertu sédative du vallon, et le sommeil auquel fatalement il vous convie. Il est le *lit*, mais aussi le *berceau*, le *nid* — ces termes interviennent maintes fois dans son évocation — où le moi aime à s'enfoncer, non seulement pour s'y atteindre dans la tiédeur, à demi consciente et narcissique, de ses deux versants rapprochés, mais pour y toucher en deçà à une sorte d'antériorité pré-personnelle, à une dimension archaïque de son être.

Cette thématique commande une géographie toute particulière : Il faut que le vallon soit sombre — pour qu'aucun regard ne puisse vous y surprendre —, étroit — sans cela on risquerait d'y être à nouveau perdu, et Lamartine n'aime évidemment pas les vallées larges —; mais il importe aussi qu'il soit pénétrable : d'où le thème, à consonance érotique, de l'insinuation heureuse, de l'humble chemin qui se glisse au cœur du lieu intime (" voici l'étroit sentier de l'obscure vallée "). Il faut en outre, on l'a vu, que ce lieu soit gardé contre le dehors, et cela de toutes parts, aussi bien verticalement que latéralement, car l'insistance d'un ciel trop profond risquerait d'y recréer l'appel et le vertige. D'où la présence d'une véritable cape végétale, faisant à la fois office de calfeutrage pariétal et de couvercle. Végétal d'intention presque humaine en outre, qui s'incline maternellement, s'arrondit, caresse (" Du flanc de ces coteaux pendent des bois épais Qui, courbant sur mon front leur ombre entremêlée, Me couvrent tout entier de silence et de paix "). Mais cet espace, ainsi " entouré d'un rempart de verdure ", limité par un " horizon borné ", coiffé d'" une ombre qui couronne ", risquerait de s'engourdir ou de s'étouffer sur soi si ne s'y manifestait quelque élément actif de vie. Lamartine y installe donc imaginairement une eau courante: deux ruisseaux, eux-mêmes dissimulés dans le fond du vallon, image d'une sorte d'occultation " en abyme ", (ils sont " cachés sous des ponts de verdure ") y ont pour fonction à la fois d'en marquer un peu plus souplement les limites (ils " tracent en serpentant les contours du vallon ") et d'en animer, sur un mode liquide, le climat : " Ils mêlent un moment leur onde et leur murmure Et non loin de leur source ils se perdent sans nom. " On notera ici deux caractéristiques importantes : avant de " mêler " " leur onde ", ces ruisseaux sont *deux*, ce qui permet à l'intimité, provisoirement scindée, de mieux se ressaisir ensuite comme unité vibrante et fluide (dans l'allitération prolongée des *l* et des *m*). Ces deux ruisseaux ont en outre leur source *dans* le vallon lui-même; ils n'ont rien à faire avec le dehors; ils ne proviennent pas de lui, et ils ne s'y déversent pas non plus, puisque c'est encore *dans* le vallon qu'ils s'achèvent et se perdent... Image d'une immanence si parfaitement lovée sur soi qu'elle tire d'elle seule la force d'exister, le pouvoir de naître et de mourir.

Si imposante cette figure pour l'imagination lamartinienne qu'elle s'y reproduit dans des conditions géographiques, et sous des formes très diverses. Par exemple la forme montagnarde, et presque aérienne : c'est le vallon de *Jocelyn*, perché sur " de hauts précipices ", et dont Dieu, grâce " à un triple rempart élevé de ses mains " ferme " l'accès et la vue aux humains ". Lié au contraire à une thématique de l'étalement (non de l'abrupt), c'est le thème du *golfe*, ainsi golfe de Gênes, évoqué dans un passage célèbre des *Harmonies*. On y retrouve beaucoup de traits du vallon terrestre : extériorité exclue, clôture amoureusement recourbée (" Des deux bras arrondis la terre qui l'embrasse A la vague orageuse interdit cet espace Que borde un cercle de roseaux "), caractère végétal et souplement incliné de cette frontière amoureuse (le chêne y " penche son tronc sur l'onde "; le figuier y " Baigne, en pliant, ses lourds rameaux "; la vague y fait flotter ses feuilles). Mais l'agitation murmurée de nos deux ruisseaux de tout à l'heure y devient le frisson d'une seule nappe d'eau dormante. Deux motifs nouveaux viennent alors nuancer notre figure : celui de la réflexion opérée par le ciel dans la profondeur de l'eau-miroir (motif de réverbération cosmique); et celui, curieusement sensuel, d'une mollesse marginale, du rapport quasi amoureux entre l'eau et la rive qu'elle baigne : " Et d'un sable brillant une frange plus vive Y serpente partout entre l'onde et la rive, Pour amollir le lit des eaux... " Que cette rive s'ouvre un peu davantage et le golfe deviendra *porte*, institution classique de l'accueil. Qu'au contraire le vallon se referme, qu'il se propose de recouvrir plus obscurément le secret d'un bonheur à deux : nous obtiendrons la *grotte*, chère à Jocelyn et à Laurence. Si la clôture se fait enfin sociale, si elle vise à cerner et fixer la présence d'un groupe d'êtres unis par un lien d'affection, nous aurons affaire à la *maison*, et plus particulièrement la maison de famille — avec sa marque favorite, le *toit* — elle aussi tapissée de feuilles (de lierre), et d'ailleurs souvent abritée au flanc d'une colline. Imaginairement Milly est peut-être ainsi un vallon dans un vallon.

Ce paradigme du vallon ne saurait être pourtant complètement comblant pour Lamartine. La conscience vit en effet aussi malaisément dans la totale intimité que dans l'ouverture absolue. A côté de ses charmes le vallon comporte bien des dangers aussi : engourdissement on l'a vu, peut-être asphyxie, puis mélancolie, narcissisme, fixation égotiste, voire infantile... Risques dont Lamartine était conscient plus que quiconque, comme le prouve la lettre à Félix Guillemardet : car l'ouvert, c'est aussi le social, c'est l'étendue vivante d'une humanité qui souffre et a besoin de nous. Le vallon est donc un lieu où il faut savoir se " recueillir ", mais d'où il faut aussi savoir sortir pour travailler et rejoindre les autres : c'est toute la moralité de *Jocelyn*. On n'y resterait que pour mourir, ou pour y redevenir définitivement enfant — ce qui probablement, ici, revient au même. L'opposition *horizon-vallon*, confirmée par une assonance significative, constitue bien en tout cas l'une des figures originelles, à la fois sensible, affective, axiologique, à partir de laquelle se construit le monde lamartinien. Dans le registre marin elle devient le couple *port-écueil*, ou encore *rivage-océan*. Elle s'offre parfois sous la forme de l'alternative la plus nette, ainsi dans ces deux vers, immédiatement enchaînés, de *Jocelyn* :

> Golfes *étroits*, *cachés* dans les plis des *vallons*;
> *Aspects* sans bornes *ouverts* sur les grands *horizons*...

Même hésitation, devenue une suite d'attitudes opposées, dans la préface des *Recueillements* : l'âme qui s'y éveille et trempe dans l' " air des nuits ", veut s'y mêler d'abord à " toute cette magnifique confidence du firmament "; une " rapide et bondissante pensée " tente alors de rejoindre les étoiles, et, derrière elles, Dieu. Mais un soupir " *ramène* " bientôt Lamartine à tout ce qu'il a aimé, perdu, dans *cette* maison où il est en train d'écrire. Puis c'est une nouvelle échappée dans le vent, vers le lointain, vers le Dieu peut-être répandu dans la Nature. Dernier retour enfin à la fixation intime : " Le froid du matin me saisit, je *referme* ma fenêtre et je *rentre* dans ma tour, où le *fagot* échauffant pétille et où mon chien m'attend... " Fagot, chien, deux petits pôles de rayonnement fidèle et domestique... Mais le plus souvent la rêverie lamartinienne dépasse le simple constat de contradiction. Elle met, d'une façon ou d'une autre, en rapport les deux termes vécus de son dilemme. Il en résulte toute une série de figures, généralement euphoriques, qui constituent sans doute ici l'aspect le plus intéressant de la création imaginaire.

Ce pourront être, d'abord, des figures de juxtaposition : les deux thèmes s'inscriront topologiquement l'un à côté de l'autre, ils sembleront coexister sans trop de mal. Mais cette cohabitation sera différente selon que le moi la vivra depuis l'ouvert en direction de l'intime — car il ne peut s'installer à la fois des deux côtés... — ou bien, inversement, à partir de l'intime vers l'ouvert.

La première de ces combinaisons donnera lieu à toutes les rêveries de nostalgie : jeté dans l'immensité (dans l'océan) du temps, l'être y considère, de loin, l'acuité de l'instant perdu, — ou bien il y rêve à la netteté bien close de la maison amoureuse ou ancestrale. Mais il peut aussi, et cette fois spatialement, regarder ou rechercher dans la distance cette même demeure bénéfique. Ainsi le héros de *Graziella*, monté sur le Pausilippe : " Je ne cherchais dans cette immensité de lumière, de mers, de côtes et d'édifices frappés de soleil qu'un *petit point blanc* au milieu du vert sombre des arbres, à l'extrémité du Pausilippe où je croyais distinguer la chaumière d'Andréa... " Et la loi de cette sorte de tropisme visuel est aussitôt tirée par Lamartine lui-même en des termes qui ne nous surprendront pas : " L'homme a beau regarder et embrasser l'espace, la nature entière ne se compose pour lui que de deux ou trois *points sensibles* auxquels toute son âme aboutit. " Quel bonheur alors si ces " points sensibles " semblent répondre à la pression désirante du regard, si d'eux s'élève quelque message — fumée, éclat de vitre, rayonnement de lampe — nous signifiant, de loin, que nous ne sommes plus seuls, qu'un lien a été rétabli entre nous et notre origine, notre vérité ombilicale.

Mais le rapport inverse est plus satisfaisant encore car nous l'établissons cette fois à partir d'un site enraciné, arbre, rocher, vallon, en direction de l'extériorité lointaine. Vers le " point sensible ", le " point de vie ", où la conscience s'est douillettement retranchée arrivent en effet des nouvelles du grand monde. Mais elles y parviennent avec assez de faiblesse, en un état assez avancé de dilution pour ne pas en troubler la paix : asthéniques ces messages, ou, en termes lamartiniens, " mourants ", " expirants ", à la fois parce qu'ils ont dû traverser, du monde jusqu'à nous, de grands espaces où leur contenu s'est peu à peu perdu (le vallon, le golfe sont toujours " écartés "), et parce que, sur les marges du lieu intime lui-même, l'enveloppe, qui est chargée de l'occulter, fonctionne aussi comme une sorte de filtre : il amortit en lui toute l'énergie que posséderait encore le signe externe au terme de son long voyage. Le végétal s'entend par exemple merveilleusement à tamiser l'ultime clarté solaire (" J'aime à revoir encore, pour la dernière fois le soleil pâlissant, dont la faible lumière Perce à peine à mes pieds l'obscurité des bois "). Ou ce sont les voix déjà épuisées, de l'extérieur qu'atténue encore la frange intime : " Le bruit lointain du monde expire en arrivant Comme un son éloigné qu'affaiblit la distance, A l'oreille incertaine apporté par le vent... " Ainsi se créent de fragiles, mais magiques équilibres. Car ces voix expirantes, ces rayons pâlis, ces souffles épuisés, ils sont nécessaires à faire vivre du dedans l'espace intime. Sans eux celui-ci succomberait sans doute à sa torpeur : leur arrière vibration y entretient un état de demi-clarté au cœur même du repos (" Mon cœur est en repos, mon âme est en silence "); dans la paix bercée du recueillement — et du langage qui la crée — le fané maintient un pouvoir d'éveil.

Cet éveil pourra quelquefois prendre des allures assez vives, et même véhémentes. Ce sera lorsque la voix de la distance se montrera capable non seulement d'agiter, mais d'émouvoir et de faire intérieurement résonner le lieu intime. L'arbre par exemple, et surtout le grand arbre — chêne bourguignon, cèdre libanais — constitue un excellent motif de fixité : tout à la fois repère, abri, outil d'enracinement, donc élément d'individuation. Mais il est capable aussi de nouer — en toute passivité — une relation extrêmement fructueuse avec l'étendue qui l'environne : ses branches, traversées par le souffle du vent, deviennent en effet comme les cordes d'une harpe où la seule pression physique du dehors viendrait susciter, musicalement, la montée d'une réponse intime (" Glissez, glissez, brises errantes, Changez en cordes murmurantes La feuille et la fibre des bois ! "). Ou bien, et de façon tout analogue une cascade, située au creux même du vallon, " Y joue avec le vent dont un souffle l'incline; Y joue avec le jour dont le rayon changeant Semble s'y dérouler dans ses réseaux d'argent. " " Jeu " qui est bien un accueil, sur le mode tactile et lumineux, de l'illimité (jour, vent) par l'objet intime (cette étroite cascade), et une mobilisation, une vitalisation de celui-ci par celui-là.

L'ampleur, enfin, pourra s'appréhender plus activement encore à partir du lieu-refuge. Le moi, bien protégé dans sa retraite, bien attaché à son support, n'y craint plus cette fois de se jeter — imaginairement ou visuellement — dans ce lointain qui lui apparaît alors vidé de maléfices. La sécurité garantie de son site d'observation écarte en effet de lui tout risque d'éparpillement. C'est l'une des situations lamartiniennes favorites : " Souvent *sur la montagne*, à l'ombre du *vieux chêne* Au coucher du soleil tristement je m'assieds Je *promène au hasard* mes regards *sur la plaine* dont le tableau changeant se déroule à mes pieds... " Le changement est désormais dominé, ressaisi par la conscience personnelle. Le temps lui-même semble dans sa mobilité y avoir accepté l'index d'une fixité-repère : " Nonchalamment *couché près du lit* des fontaines *Je suis l'ombre qui tourne autour du tronc des chênes...* " Le moi peut alors se permettre de nourrir le luxe d'un laisser-aller — mais c'est un faux laisser-aller, c'est une liberté toujours *tenue* — à sa vieille tentation de l'ennuagement ou de l'errance : " Ou dans le *vague azur* contemplant les *nuages*, Je laisse *errer* comme eux mes *flottantes images*. " Un tel flottement n'est plus qu'un vagabondage de l'esprit; il n'attaque plus l'assise personnelle de l'être, il n'en menace plus vraiment l'intégrité.

Reste que le rapport de nos deux grands registres sensibles pourrait se nouer de façon plus décisive encore : non plus par juxtaposition, ni compromis, mais par franche interpénétration, par échange direct de leurs attributs essentiels. Spatialiser l'intime, intimiser l'espace, c'est peut-être ce à quoi en effet la poésie lamartinienne s'efforce avec le plus de persistance. Il nous faut examiner pour finir quelques-unes des figures auxquelles aboutit ce double effort.

Spatialiser l'intime, cela pourra vouloir dire d'abord l'élargir, faire que tout en gardant sa vertu de tendresse, son don d'autorecourbement, il permette aussi en lui un *jeu*, une circulation indifféremment horizontale ou verticale. Le vallon réconcilié avec l'espace, ne serait-ce point, par exemple, le *lac* ? Sécession par rapport au monde, embrassement par des parois végétales, tendre inclinaison environnante des montagnes, on retrouve en effet tout cela autour de cet autre lieu-berceau, d'autant plus maternel d'ailleurs qu'il est *liquide*... Mais le lac possède en outre une fonction active de réverbération, qu'il doit à sa plus vaste ouverture, et que ne possède pas, ou possède moins que lui le vallon. Le ciel se creuse en effet dans le miroir de sa surface, les voix qui se heurtent contre ses rives reviennent à leur point d'origine. Si bien que la fuite y est aussi retour, l'écho y servant surtout à agrandir l'aire de déplacement de la sensation originelle (" Et la brise du soir, en mourant sur la plage Me rapportait tes chants prolongés sur les flots... ") Le lac s'entrouve ainsi au dynamisme propre du lointain (du prolongement infini), mais c'est un lointain apprivoisé, " attentif ", dit-il, soumis — " Dans les bruits de tes flots par tes flots répétés " — à tout un humanisme de la répercussion et de la convergence.

Inversement, et de façon très satisfaisante aussi, l'imagination pourra tenter d'intimiser le plus ouvert de l'espace lui-même; elle tâchera d'installer dans l'immense la force toute privée du repliement. Elle y jettera par exemple de petits îlots de vie très soigneusement circonscrits et protégés qui en parcourront, sans trop de risques, l'inhumanité fondamentale. Telles sont ces *barques*, coques fragiles, mais solides pourtant, qui flottent si heureusement sur tant d'eaux lamartiniennes (mers ou lacs) : l'intime s'y aventure dans la substance même de l'immense; mais c'est une intimité qui demeure imperméable à la pression extérieure et qui, dans son plus grand abandon à l'agitation cosmique, peut encore se replier sur elle-même. Le héros de *Graziella* dort ainsi significativement au fond de son petit bateau de pêcheur : " Ces nuits tièdes et lumineuses passées *sous la voile*, dans le *berceau ondoyant* des lames et sous le ciel profond et étoilé, nous semblaient une des plus mystérieuses voluptés de la nature. " Volupté semblable sans doute à celle de l'alcyon, " Qui, dans son *nid flottant* s'endort en paix sur l'onde ", ou bien encore de manière plus allégorique, celle " D'un cœur qui *flotte* en paix sur *les vagues* du temps, Comme *l'aigle endormi* sur l'aile des autans "... Étonnante addition des bienfaits du lieu intime (tranquillité, repliement sur soi, sommeil) et de ceux de l'espace illimité (liberté, ouverture, errance). Notons enfin que cette figure se reproduit dans d'autres registres que celui de la liquidité : il existe chez Lamartine une barque céleste, c'est l'étonnante machine volante de la *Chute d'un Ange* où Cedar et Daïdha, entraînés par leurs ennemis, connaissent l'ivresse sans danger d'une véritable jouissance aérienne.

Cette intimisation de l'être peut affecter enfin, en un stade dernier, la substance même de l'espace. L'hypothétique foyer de ce qui par définition est sans foyer, le moi de cet absolu non-moi, Lamartine imagine quelquefois que c'est le soleil, ou plutôt un soleil inconnu, le " vrai soleil " brillant, bien plus loin que le nôtre, " au-delà des bornes de sa sphère " pour y éclairer et dévoiler " d'autres cieux ". Il arrive même que ce foyer-origine (" La source où il aspire ") essaime, se multiplie, recouvrant alors toute la profondeur spatiale d'une sorte de scintillement réticulé : " Le filet des cieux, vaste éblouissement Dont chaque maille était un soleil écumant ", lisons-le ici comme le système des étoiles... Si enfin ces mailles éclairantes se resserrent davantage encore, si leur discontinuité fait place à une sorte de luminosité fluide et continue, l'éclat stellaire deviendra clarté lunaire, c'est-à-dire tendresse capable de traverser et d'assouplir la texture même de l'espace, et de réconcilier celui-ci avec la terre. Dans un admirable passage de *la Chute d'un Ange*, la lune est ainsi rêvée comme produit immédiat du monde intime : s'élevant entre les troncs des cèdres, et touchant déjà leur cime, elle " Semblait un grand fruit d'or qu'à leur dernière tige Avaient mûri le soir ces arbres du prodige... " Sa " limpide clarté " fait alors redescendre sur un mode liquide la substance du ciel entre les arbres, vers le sol, " comme un ruisseau d'argent... en nappes de cristal pleut, scintille et se brise; Puis, s'étendant à terre en immenses toisons, Sur les pentes en fleurs " argente " les gazons ". Mariage sensuel de l'air et de la terre.

A la limite l'espace, même privé de toute lumière, devient un tissu vivant, une sorte d'immanence de nature pneumatique, " air élastique et tiède, où le sein qui s'abreuve croit boire, en respirant, une âme toujours neuve ". Ame de qui ? de la nature ? ou de Dieu répandu dans la nature ? le vague lamartinien ne nous permet pas de répondre vraiment à la question. Cette haleine, ce murmure grâce auquel tous les objets du monde nous semblent soudain alors merveilleusement poreux et proches, ce sont en tout cas ceux du langage qui nomme et reproduit en lui cette élasticité, cette tiédeur. Lamartine lui-même ne définit-il pas sa poésie tout à la fois comme reflet et comme métamorphose ?

Un écho dans mon sein qui change en harmonie
Le retentissement de ce monde mortel.

II

VIGNY

" Mouvements de poésie qui s'élancent malgré moi ", écrit Vigny dans son *Journal* de l'année 1833. Mais à peine nommée l'ivresse spontanée de cet élan, il ajoute ces mots qui creusent en lui comme le déchirement d'une distance : " O ma Muse ! ma Muse ! je suis séparé de toi. Séparé par les vivants qui ont des corps et qui font du bruit. Toi, tu n'as pas de corps; tu es une âme, une belle âme, une déesse. " Ce que cherche en effet d'abord cette âme envolée, cette " âme jetée aux vents ", c'est à se séparer, à s'arracher à tous les éléments terrestres qui empêtrent son jaillissement. Vigny ressemble assez peu ici à Lamartine. L'impulsion poétique ne s'identifie pas chez lui à l'urgence d'un déversement (de langage et d'intériorité, d'intériorité parlante), bien plutôt au besoin d'un surgissement qui soit aussi une rupture. S'élancer idéalement en poésie, c'est, métaphore ici familière, s'extraire des " ronces " qui retiennent les pieds, c'est se libérer des " gaines " anciennes, du " marbre des vieux temps " qui " jusqu'aux reins nous enchaîne ", c'est briser en somme toute allégeance originelle de densité ou d'horizontalité pour accéder à la pureté bondissante d'une non-matière, voire d'une non-expression : " Mais notre esprit rapide en mouvements abonde; Ouvrons tout l'arsenal de ses puissants ressorts. L'invisible est réel... " Et tout aussi réel sans doute l'inaudible, l'indicible. L'idée véritable, celle dont la jouissance nous attend à l'extrême pointe de l'élan laisse en effet bien loin derrière elle tout langage : " Eh quoi ! ma pensée n'est-elle pas assez belle pour se passer du secours des mots et de l'harmonie des sons ? Le silence est la poésie même pour moi. "

Telle est la position première de Vigny : position que l'on pourrait par certains côtés qualifier de mallarméenne (proche du moins de celle du jeune Mallarmé) s'il est vrai que l'essentiel du projet qui la soutient se ramène à la haine du matériel, au refus de l'épaisseur terrestre, à l'utopie d'une légèreté magique, suspendue, quasi spirituelle : " Le sentiment de la solitude, du silence, du rêve éveillé dans la nuit est la poésie même pour moi, et la révélation de l'existence angélique future de l'homme. " Renaître, ou mourir ange, tel sera aussi le vœu du malade des *Fenêtres*. Mais l'important, ici, c'est que cette libération du moi, son bondissement virtuel en angélisme s'exercent toujours dans la même direction privilégiée, celle du *vertical*. A la différence, encore, de Lamartine, chez qui l'épanchement, parce que *coulé* ou déversé, occupe spontanément un plan des choses, l'élan de Vigny, parce que jailli, fondé sur des " ressorts ", appuyé sur un " bond " (" Ta pensée a des bonds comme ceux des gazelles "), vise directement une hauteur. Le *ciel* avec toutes les connotations que peut donner à ce mot une mythologie romantique (ciel-voûte et acmé du paysage, ciel des idées, ciel-demeure des anges), voilà le terme naturel du mouvement de poésie. Et l'on comprendra mieux alors peut-être l'une des caractéristiques essentielles de la création vignyenne : son inégalité, ses différences si sensibles de réussite ou de tension. C'est qu'à l'inverse de la rêverie lamartinienne, lent glissement fluide de sens et d'affectivité, le dynamisme créateur, l'activité d'une pensée " sur les hauts lieux d'un seul élan posée " ne peuvent exister ici que discontinûment. Aucun moyen terme possible entre l'inertie quelquefois bien rocailleuse du prosaïque et le brusque jet, souvent un grand vers isolé, de ce que Baudelaire nommera bientôt une *fusée*.

Dans son projet, sinon toujours bien sûr dans la réalité quotidienne de son exercice, la poésie vignyenne est donc une *élévation*. L'univers qu'elle vise à construire se structure selon une problématique très évidente de la verticalité. C'est le cas, par exemple, du motif de la *montagne*, montagne sur laquelle s'élèvent tant de représentants du moi poétique — ainsi Moïse, les victimes du *Déluge*, le Christ du *Mont des Oliviers*, ou même en un fragment significatif du *Journal* le poète lui-même : nous l'y voyons comparé au voyageur qui, " dans les nuits de six mois, les longues nuits du pôle ", gravit une montagne, et, de là voit au loin le soleil et le jour tandis que la nuit est à ses pieds ". " Ainsi le poète ", continue Vigny, " voit un soleil, un monde sublime, et jette des cris d'extase sur ce monde délivré, tandis que les hommes sont plongés dans la nuit. " On notera la valorisation authentique des deux pôles de l'axe de verticalité : au pôle supérieur, délivré, solaire, s'oppose, comme le mal au bien, le pôle inférieur, site nocturne, source d'inconscience, et sans doute aussi, par voie de conséquence, de méchanceté. De l'un à l'autre n'existe, et ce sera l'origine de maint drame futur, que le rapport d'une simultanéité vécue comme différence et déchirure.

La même répartition des rôles se répète en un autre espace où l'imagination, naturellement anthropomorphisante, de Vigny aime à projeter ses partis pris : celui du corps humain. Tout s'y passe encore en une antithèse signifiante des terminaisons. *Front* et *pied* sont ici les deux termes d'une corrélation qui commande l'édification de toutes les topologies charnelles. Au front, lieu naturel de l'éminence, pointe du surgissement originel, demeure de la pensée (et donc supérieur, en espace et en valeur, à tout autre organe : " Si Dieu a placé la tête plus haut que le cœur, c'est qu'elle le domine "), s'opposera le pied, omniprésent ici, et, dans des fonctions apparemment très variables — volupté, errance, imposition autoritaire —, mais qui se ramènent toutes en dernière analyse à une seule relation de *contact*, au rapport obscur, obsessionnel, à la fois détesté et sans cesse repris, caressé par l'imagination, du vertical avec sa base de soutien, son fondement terrestre. Le *doigt*, instrument de l'ordre, ou du chemin montré, et la *main*, organe de la relation horizontale, de la bénédiction, de la jonction, jouent ici un rôle beaucoup moins primitif. Ce qui compte d'abord dans l'espace charnel c'est son extension (d'où le facile gigantisme du héros vignyen), c'est la distance séparant — mais aussi reliant — pied et front, tout comme, en une montagne, la base et le sommet. Ces deux métaphores en viennent parfois d'ailleurs à se rejoindre : Moïse escaladant le mont est en même temps un homme-mont; son front crève les nuages tandis que son pied pèse sur les générations. Ce glissement si aisé entre l'anatomique et le géographique, voire le cosmique, et toujours selon l'axe majeur du vertical, est bien l'une des principales ressources de l'imagination épique chez Vigny.

Et c'est encore à partir des virtualités imaginaires de cet axe que se décriront à nous les difficultés, voire l'échec du mouvement spirituel d'élévation. Car le très haut, — que ce soit sous sa figure d'idée pure, de ciel sensible, ou d'instance sacrale — a, pour l'un de ses premiers attributs nécessaires l'inhumanité, l'irrespirabilité : l'altitude asphyxie, c'est ce que constate bientôt le moi qui voudrait s'établir en elle. Si le vol de l'esprit " était en droite ligne sans détours, il se perdrait dans l'Infini, au-delà de l'atmosphère, où la fatigue le ferait tomber épuisé et sans haleine " — et l'on songe ici aux chutes catastrophiques des " affamés d'azur " mallarméens. D'où la nécessité d'une tactique alternant, et toujours sur le mode discontinu, l'envol et la descente, le repli et l'assaut : " Dès le réveil, chaque jour, l'esprit de l'homme est errant et glisse comme l'hirondelle, en tournant, montant, descendant, s'abattant, pointant tout à coup au plus haut du ciel. "

Même aussi précautionneusement visé, ce " plus haut " risque d'ailleurs encore de décevoir la prise. Car il arrive trop souvent ici que la transparence céleste s'obscurcisse, que l'altitude se referme, " dédaigneusement ", sur elle-même. Le haut du mont se couvre alors, la profondeur aérienne se bouche, partout " un nuage en deuil s'étend, comme le voile d'une veuve ", occultant du même coup l'être, l'être céleste ou idéal dont la hauteur constituait le seuil. Ainsi les Hébreux ne voient pas, n'osent même pas d'ailleurs regarder la montagne, ni Moïse qui la gravit; Jésus cherche en vain à apercevoir Dieu au zénith du Mont des Oliviers; ou bien, en un autre registre, la créature condamnée aux chemins de fer " Ne respire et ne voit dans toute la nature qu'un brouillard étouffant que traverse un éclair... " Le thème significatif est bien ici le *nuage*, ou plutôt la *nappe de nuages* qui surplombe uniformément, François Germain l'a remarqué dans son beau livre, la plupart des grandes mises en scène tragiques de Vigny. Le nuage a simplement ici valeur d'obturation (non de volatilisation, comme chez Lamartine, ni d'évasivité, comme chez Baudelaire). Il figure l'obstacle chargé de rompre la relation entre l'âme désirante et le Très-Haut (rupture qui se dira, en d'autres registres, à travers les schèmes de l'invisibilité, de la froideur rétractile, ou du silence). Cet obstacle se fabriquera même quelquefois non plus selon la forme d'une opacité interposée, mais sous celle, inverse, d'une fuite du but, d'un recul indéfini du faîte. Car " on n'est jamais en haut ", la montagne n'en a jamais fini d'être gravie, " les forts devant leurs pas Trouvent un nouveau mont inaperçu d'en bas ". Et cette impossibilité d'épuiser l'altitude, qu'il pourrait vivre comme transcendance ouverte (ainsi le fait, par exemple, Lamartine), il est significatif de voir finalement Vigny la traduire, dans le même poème, en termes de blocage, d'interdiction subie, de *finitude* : " Tout homme a vu le mur qui borne son esprit. "

Mais il y a pis encore : car cette verticalité, fuyante ou obturée, peut aussi, en une troisième forme de refus, se retourner activement contre la conscience désirante. L'occultation s'y charge de menace, l'espace de clôture y devient un espace d'agression. Cela se produit lorsque, par exemple, le nuage accroché en haut du mont décharge, sous forme de foudre ou d'éclairs, la puissance orageuse qu'il avait amassée en lui. La terre se trouve alors directement prise à partie par la colère sensible de l'en-haut. Ou bien — et en une figure équivalente, d'ordre moins convulsif, mais de valeur tout aussi dysphorique — le foudroiement se fait écrasement. Cessant d'obéir à la loi souhaitée du " toujours plus haut ", l'altitude renverse brusquement les données de sa thématique imaginaire : le léger devient lourd, le haut vire vers le bas, le ciel se suspend au-dessus des hommes, faisant pendre sur eux " la mort comme une épée ", les Dieux s'abattent sur le monde, où, s'enfonçant sauvagement, ils laissent " des traces profondes ". C'est le cauchemar de la pesanteur, qui n'est si tragique chez Vigny que pour succéder au rêve d'un allégement, d'une libération par la hauteur, et pour en être même l'horrible assortiment, ou plus exactement l'inversion. Car le poids n'est ici qu'un élan nié, qu'un bond humilié. Il marque l'échec décisif de l'angélisme. C'est pourquoi cette thématique de l'écrasement s'intellectualisera si facilement sous le titre de ce que Vigny va nommer bientôt la *Destinée*.

Au moment où le voile devient ainsi chape de plomb, ou dalle mortuaire, se renversent corrélativement, dans l'espace imaginé du corps, la situation relative et la fonction de ses divers termes distinctifs. Le front, par exemple, n'en est plus le faîte victorieux (dans Moïse, il réussissait encore à percer le nuage sacré) : il devient le lieu de contact du simple segment humain avec une autre verticalité, de beaucoup supérieure à lui, et fondamentalement hostile : " Les *pieds* lourds et puissants de chaque destinée ", pèsent " sur *chaque tête* et sur toute action. " Pied, dont l'imposition se complique parfois d'incision ou de griffure, et qui devient alors cet organe d'une possessivité toute sadique : l'*ongle* (" Elles avaient posé leur ongle sans pitié Sur les cheveux dressés des races éperdues "). L'accablement paradoxal du front par le pied, ou par l'ongle, provoque alors une révolution de la posture. Au lieu de verticalité surgie, d'envol jailli, s'impose au corps une thématique de la *courbure*. Ainsi Jésus, au Mont des Oliviers, a le front baissé; Samson accablé " par le poids de son âme ", se laisse tomber au sol — et ne s'en relèvera que pour y faire tomber le ciel lui-même; sous le poids du destin chaque front " se courbe ", ou bien " l'âme enchaînée " " penche sa tête pâle et pleure sur la mer ". Inclinaison du corps, ou même de la chose, qui dit à la fois selon une irréfutable logique, la défaite d'une verticalité physiquement opprimée par la hauteur, et la reconnaissance de la nature quasi sacrale de ce haut, l'adoration bientôt religieuse, prosternée, prostrée, de sa puissance. Ce n'est donc point par hasard si le geste de l'accablement est aussi pour Vigny celui de la prière. Au moment où Moïse tend la main pour atteindre, horizontalement, les autres hommes, eux s'aplatissent au sol, en vertu d'un contresens tout aussi tragique que rêveusement inévitable. L'organe de la jonction ne peut alors que constater, et consacrer le fait de la séparation : la main prête à saisir ne peut plus que bénir.

S'il en est ainsi, si sous la triple forme de l'élision, de l'occultation ou de la pesanteur se ferment, devant la rêverie vignyenne, les divers chemins de l'altitude, quelles perspectives pourront s'offrir à elle ? Se retourner, peut-être, vers l'autre bout de l'axe matriciel, vers son pôle d'infériorité, pour y retrouver enracinement et nourriture ? Mais cette option soulèverait des difficultés presque aussi fortes. Celles-ci tiennent au parti pris de dégagement (spirituel, physique, aristocratique) qui a guidé l'élan de poésie. Comment, du haut de la montagne, et même si ce haut se trouve accablé par une hauteur plus haute encore, retrouver le lien perdu avec la plaine ? Certes, si Vigny se demande pourquoi il écrit, il lui arrive de découvrir le besoin de dire à la société " les idées qu'il a en lui " et qui " veulent sortir ". Mais ces idées il continuera à vouloir les dire à partir de son faîte personnel, comme " une ondée de son front ", sans abandonner le plan de sa nuée ni de son vol : " Du nuage sur lequel planera ma pensée, un éclair descendra seul, et, pour un moment, il frappera la boue et y laissera une empreinte fulminante : puis il remontera se perdre dans le cours paisible et lumineux du char qui dirige l'idée. " La communication — vite rompue d'ailleurs par un nouvel envol — se distingue mal ici d'une agression, au mieux d'une condescendance.

Lorsque l'essai de participation se fait plus vraiment humble, ainsi dans le *Moïse*, c'est alors toute la substance humaine de l'*en-bas* qui semble vouloir se dérober sous la prise de l'homme des hauteurs. Dérobade qui revêt encore la forme d'une occultation (les jeunes filles se voilent devant Moïse), d'un mutisme (les disciples du Christ dorment au Mont des Oliviers), ou d'une fuite (par exemple le détournement des visages dans le geste de l'adoration prosternée). Toute la thématique de l'en-haut maléfique se projette donc et se répète dans le registre de l'en-bas. L'angoisse de la pesanteur y devient par exemple le cauchemar de la *pression* : figure d'une agressivité dirigée de manière unanime, et circulairement convergente, contre un héros central, vers une victime isolée et accablée. F. Germain a bien noté le caractère originaire de ce schème qui se répète, de façon étonnamment monotone, et avec fort peu de variantes, dans la plupart des grandes mises en scène tragiques de Vigny. Une puissance mauvaise, et le plus souvent collective — quelquefois naturelle, quelquefois humaine — s'y acharne à la perte d'une subjectivité focale : Moïse, femme adultère, victimes du *Déluge*, Masque de fer, loup, Samson, Jésus, capitaine de la *Bouteille à la mer*, prince russe de *Wanda*, etc., à qui Vigny a délégué, bien sûr, sa puissance personnelle de penser et de souffrir. Thème tout masochiste d'obsidionnalité, de paralysie, voire de torture subie — où l'Autre ne se manifeste que sous la double forme, apparemment contradictoire, de la rétractilité et de l'assaut. Ce ne sont pourtant là que les deux faces, passive et active, d'un unique refus de relation. Tout comme la hauteur — céleste ou sacrée — la bassesse terrestre, humaine, se caractérise essentiellement ici par son intolérance au moi, par sa volonté de non contact.

Voici donc Vigny placé en une situation bien inconfortable. (Et j'entends *Vigny* comme l'index personnel de cette perspective que crée, et en nous tout aussi bien, dans l'espace de notre lecture, le système des motifs de l'œuvre de Vigny.) Écrasé par l'en-haut, agressé par l'en-bas, il se découvre comme suspendu entre deux mondes, ennemis l'un de l'autre, et qui lui sont également hostiles. Il est, nous dit le *Journal*, " entre le ciel et les flots de la foule comme un roi frappé d'en haut et d'en bas "... " Repoussé par l'atmosphère qui le renverse, et par le sol qui l'empoisonne, il se défend sans cesse de la terre et de l'air qui l'attaquent. " Il ne peut donc s'établir que dans la précarité d'une position intermédiaire, d'un *mi-chemin* doublement menacé. Et cette difficulté s'aggrave encore par l'exigence, qui ne cesse de soutenir le moi vignyesque, d'une liaison à maintenir entre les deux pôles opposés du vertical. Car ces deux pôles, également négateurs du moi, non seulement celui-ci voudra continuer à les " tenir ", il essaiera toujours d'adhérer à eux même s'ils le repoussent, mais il voudra aussi, ambition apparemment démente, les mettre en rapport l'un avec l'autre, les obliger à renouer — à travers lui — un commerce, ou du moins une solidarité. Il prétendra se faire l'interprète du haut auprès du bas, l'intercesseur du bas auprès du haut. Bafoué par chacun d'eux, il tentera pourtant de les amener à se rejoindre, et à se rejoindre en lui, en celui même qu'ils s'accordent tous deux pour rejeter, et c'est sans doute là leur seul terrain d'accord... Tel sera le rôle, central dans la théologie et la poétique vignyennes, du *médiateur* : personnage divisé par une double, et contradictoire appartenance (la ligne de division en passe désormais *en lui*, elle relève de sa définition même), bafoué en outre par la mauvaise volonté, voire l'absolue résistance des deux régions auxquelles il ne peut s'empêcher d'appartenir. Des deux côtés exclu, solidaire pourtant de la double instance qui l'exclut, il tente de transformer cette incompatibilité en une certaine forme de coexistence. Il n'aura quelques chances d'y parvenir qu'à travers un contact déchirant et déchiré, ou, si l'on préfère, une sorte de scission liante dont la découverte et l'analyse sont bien l'une des grandes découvertes de la création vignyenne.

Daniel, Moïse, le Jésus du *Mont des Oliviers*, voilà, dans le registre épique et anthropomorphique, quelques-unes des figures de cette médiation. Mais Vigny lui-même, en tant cette fois-ci que poète, en est une autre. Car ses réflexions sur la poésie, soutenues tout au long de sa vie, et si ouvertes déjà, par certains côtés, sur notre modernité, se rattachent bien évidemment à cette pensée de la médiation (dont il semble que l'*incarnation* ne soit qu'un des aspects possibles). Car la même distance qui sépare le ciel du sol, l'âme du corps, le héros de la foule, écarte aussi l'idée — trop tôt, peut-être, ou trop facilement crue " bondie " et " libérée " — de son expression verbale. Vigny s'enferme alors en un silence peuplé — du moins nous l'affirme son *Journal* — par la jouissance intime, le jeu architectonique des " idées ", mais pauvre, et lui-même souffre de cette " stérilité ", en poèmes effectivement réalisés. Le problème du langage va donc se poser à lui, non pas, comme il le fait le plus souvent aujourd'hui, à partir d'une domination, ou d'une autonomie, voire d'une prééminence originelle de la nappe signifiante, mais tout au contraire à partir d'un défaut de cette nappe, et afin de penser l'isolement, quasi tragique, de ce qui a d'abord été détaché comme un absolu signifié. Car s'il rêve l'idée comme initialement coupée de l'écriture, il lui faut bien pourtant imaginer, puisqu'il écrit, et même s'il écrit qu'il est déplorable ou vain d'écrire, les moyens de leur conjonction. C'est à cela que lui sert — appliquée dans tous les registres du vécu : le religieux, l'affectif, le littéraire — sa si importante mythologie du *symbole*.

Pour saisir la valeur de ce fameux " symbolisme " — qui commande ici tout le phénomène d'expression — il faut bien comprendre qu'il fonctionne encore, dans l'esprit de Vigny, selon l'axe rêvé du vertical. Nous sommes par exemple ici loin de la " vaste et profonde unité " qui gouverne, de façon plutôt circulaire ou réticulaire, la propagation de l'analogie chez Baudelaire. Un symbole se construira chez Vigny comme un être mixte, destiné à faire passer un sens d'un *en-haut* vers un *en-bas* — ou inversement — en en modifiant bien sûr en cours de route la densité, le degré d'évidence, peut-être la valeur. Or il s'agira le plus souvent d'une *descente* : " Poser l'idée philosophique *en haut* ", écrit Vigny en 1841 dans le *Journal* : " Idée, ajoute-t-il, à laquelle l'histoire vient apporter ses preuves et les déposer *à ses pieds*. " Revoici, fort logiquement, les pieds rêvés comme lieu de l'hommage, de la vérification incarnée. Vigny, " chercheur de Trinités ", prétend ailleurs réaliser " l'idée incarnée dans la parole, dans l'action ". Mais on voit bien que l'idée continue à s'imaginer ici comme antérieure, comme supérieure à la parole et à l'action. Si l'image intervient, ce ne sera qu'à titre d'appui un peu externe, d'aide pédagogique : " la théologie est un délire studieux... L'image soutient l'âme dans l'adoration comme le chiffre dans le calcul. " Vécu du haut vers le bas, le symbole relève donc d'un pragmatisme : il alourdit le sens, pour le rendre saisissable; il opacifie la transparence pour que, paradoxalement nous puissions mieux l'apercevoir. Mais il lui arrive aussi, plus rarement certes — rareté qui est sans doute l'une des causes essentielles de la " stérilité " vignyenne — de jouer à partir du bas, et vers le haut: Ainsi, dans *le Mont des Oliviers*, Jésus s'honore d'avoir substitué " partout aux choses le symbole ", " la parole aux combats comme aux trésors l'obole, Aux flots rouges du sang les flots vermeils du vin Aux membres de la chair le pain blanc sans levain. " A partir de l'épaisseur immédiate — et souvent cruelle — de l'objet, ou de la lettre, s'opère ainsi la métamorphose d'une matérialité peu à peu soulevée au-dessus d'elle, gonflée en quelque sorte de sens, lentement appelée à l'être, ou du moins à un autre mode de l'être.

On sait que le procès de symbolisation se donne lui-même chez Vigny deux symboles favoris : la *perle* et le *diamant*. En ces deux objets — de prix et de prestige — le rapport du haut et du bas devient la connexion d'un centre et d'un pourtour, la complicité d'une enveloppe et d'un foyer. Entre ces deux termes la relation n'est plus de participation distante, mais de recouvrement direct, voire d'émanation. Le motif de la perle reprend ainsi à son profit le thème bien connu du voile, mais il s'y agit cette fois d'un voile qui se chargerait de dire en occultant (non plus d'occulter pour ne pas dire, pour se taire) : sorte de nappe, mi-liquide et mi-aérienne, dont la séduction vivante (et mouvante, émouvante) s'exercerait en un curieux effet de sédimentation (de lente accumulation perfectionnante) : " Chaque vague de l'océan ajoute un voile blanchâtre aux beautés d'une perle; chaque flot travaille lentement à la rendre plus parfaite; chaque flocon d'écume qui se balance sur elle lui laisse une teinte mystérieuse, à demi dorée, à demi transparente, où l'on peut seulement deviner un rayon intérieur qui part de son cœur. " Quant au diamant, s'il se voile, c'est de transparence même, et de la volupté causée par une accumulation, par une condensation de cette transparence. En son " fin miroir solide, étincelant et dur ", les thèmes défensifs de l'immobilisation et de la contraction (aboutissant au rêve du cristal : " La poésie, c'est de *l'enthousiasme cristallisé* "), compliquent celui, fondamental, de la matérialisation symbolisante. Mais la substance même du symbole n'est autre ici que la donnée la plus banale du vécu : de l'espace. Sous forme de translucidité solide c'est une mobilisation radieuse d'immanence que le diamant réalise autour du pôle idéal et transcendant — ce que Vigny nomme " les profondes pensées ". C'est un peu comme si la substance habilleuse de l'idée — du terme supérieur — se taillait directement dans l'étoffe de l'intervalle qui séparait les deux termes ennemis — l'idée, la terre. Distance autrefois déchirante, maintenant expressive.

Ces réussites imaginaires ne doivent pourtant pas nous aveugler sur les difficultés pratiques de l'action de médiation. A la mythologie heureuse du symbole ne répond pas toujours la réalité d'un bonheur de symbolisation. Le poème vignyen est rarement perle ou diamant... De même que le médiateur humain (Moïse, Jésus) demeure scindé entre deux régimes d'existence, ou, pis encore, occupé par une instance étrangère qu'il ne parvient jamais vraiment à intégrer, donc à assumer, ni même à accepter *comme autre* (et cela jusqu'à la disjonction blasphématrice opérée par Jésus au Mont des Oliviers : " Que votre Volonté soit faite, et non la mienne... "), — si bien que son " incarnation " est finalement manquée, qu'elle n'évoque jamais l'heureuse prégnance du matériel et du spirituel réalisée par exemple par les héros de Péguy, Ève ou Jeanne d'Arc — de même l'" écriture " parvient mal à rejoindre la " conception " qui se veut ou prétend antérieure à elle, la " terre " illustre difficilement le " ciel ". A cela point d'autre remède sans doute que l'abandon de ce " ciel " même, de cette supériorité (ou antériorité) désincarnée. Trahi par la hauteur, il ne reste à Vigny que le choix de l'horizontalité, de la littéralité, — de l'écriture. Contre la transcendance, il va lui falloir retrouver toute la nudité simple d'un *ici*, d'un *écrit*.

C'est dans les plus beaux poèmes des *Destinées*, dans *la Maison du berger* surtout, que se prononce et s'effectue ce choix. La *Mort du loup* déjà signifiait l'élection d'un ici-bas, la préférence donnée à un sol individuel, à une terre, contre les assauts sadiques de l'ailleurs. Mais il s'agissait encore d'un ici crispé et silencieux ("stoïque "), reprenant au là-bas, afin certes de les retourner contre lui, la plupart de ses attributs terrorisants (violence, rigidité, mutisme). *La Maison du berger* marque l'accès au bonheur d'une détente : l'horizontal y est calmement voulu et possédé. Et d'abord sous la figure nouvelle de l'*intime*. L'ici s'y replie en effet sur soi, s'y love, s'y aménage selon les dimensions rêvées de la retraite. L'immanence ainsi instituée s'occupe moins de résister à un dehors (" ville ", " chemin de fer ", etc.) que de disposer, en toute volupté, de son propre dedans : entremêlement des corps et des feuillages, arrondi d'une ampleur obscure, accueillante. (" Le seuil est parfumé, l'alcôve est large et sombre, Et là, parmi les fleurs, nous trouverons dans l'ombre, Pour nos cheveux unis un front silencieux. ") La *demeure* vignyenne évoquera-t-elle pour nous l'image lamartinienne du *vallon* ? Oui, puisque ces deux motifs, l'un et l'autre bénéfiques, s'inscrivent dans une rêverie plus archétypale du nid, de l'origine obscurément visée. Mais l'intimité vignyenne paraît beaucoup plus émancipée que la lamartinienne. Elle a pour connotation, par rapport toujours au vertical ou au sacré, le repli subversif, pour projet particulier la suffisance, pour contenu déclaré la relation humaine, et même la conjonction charnelle. Son geste est moins d'enfoncement que de clôture, et d'une clôture qui n'implique d'ailleurs aucune exclusion. Car à l'inverse du vallon lamartinien, souvent situé en un écartement, en une marge d'espace et de temps, au bout épuisé d'un monde, le nid vignyen redevient très rapidement un foyer actif de paysage. C'est par rapport à lui que, reniant son ancien tropisme d'altitude, l'étendue aérienne se réoriente : elle se rassemble, de manière encore à demi-religieuse, O. Nadal l'a bien montré, tout autour de l'ici amoureusement réassumé. (" Viens donc ! le ciel pour moi n'*est plus qu*'une *auréole* Qui t'*entoure* d'*azur*, t'éclaire et te défend ; la montagne est ton temple et le bois sa *coupole*... ") Autrefois il fallait adorer le ciel, la cime, la montagne : ce sont eux maintenant qui adorent la femme, c'est-à-dire l'image la plus humble, la plus fragile de l'ici.

Ce qui prouve d'ailleurs le caractère libérant de cette intimité vignyenne, c'est que le nid, au lieu de s'y calfeutrer sur soi, y introduit tout naturellement à une ouverture de l'espace. La maison du berger se promène de paysage en paysage, elle est l'instrument d'une calme exploration du monde. Intimité et mobilité, recueillement et voyage n'y sont pas des motifs ennemis, bien au contraire, puisqu'ils s'inscrivent tous deux en réaction et en protestation contre la fascination d'une hauteur. C'est inversement à la prise de possession d'une surface, de toutes les surfaces que s'attache maintenant l'imagination vignyenne. Ce plan du monde, il ne s'agira plus de le quitter (comme dans le rêve d'envol), ni de s'y enfoncer (comme dans le cauchemar d'écrasement), ni même de le contempler de haut (ce que faisait le médiateur, à mi-chemin de l'*ici* et du *là-bas*, ainsi Moïse, arrêté sur la pente du mont, et saisissant, en un dernier regard, toute l'ampleur de la plaine palestinienne) : simplement de le parcourir, de l'effleurer d'un pied désormais privé de pesanteur. Il semble même alors que le sol se développe de lui-même sous la marche, l'avancée ressemblant à quelque lévitation miraculeuse. " La terre est le tapis de tes beaux pieds d'enfant " dit le poète à Eva. Vers qui à travers l'équilibre de ses rythmes et la subtilité de ses sonorités ainsi d'abord la répétition du groupe *l-t*, puis la reprise des dentales et des labiales, *t-p*, avec leur modulation du sourd au sonore, *t-d-t-d*, *b-p*, et jusqu'à la surprenante émergence du dissyllabique final, qui, n'appartenant pas directement au système phonique du vers, y fleurit avec l'inattendu d'un don, vers qui semble donc dérouler en lui comme un panorama velouté de l'immanence.

A cette situation nouvelle s'adapte la grammaire des gestes : le front, jadis dressé, s'incline sensuellement vers le tapis terrestre (" Quand près de tes genoux, je te verrai couchée Que ton front sera beau sur le vert du gazon "); le corps d'ailleurs tout entier se recourbe, non plus sous l'accablement d'une hauteur, mais dans le souci, nouveau, de regarder et de questionner la terre : la rêverie " interroge tout avec inquiétude, Et, des secrets divins se faisant une étude, Marche, s'arrête et marche avec le *col penché* ". Le rythme même de l'activité spirituelle se modifie : plus de jets discontinus, mais une lente expansion par laquelle le moi recouvre, pénètre, provoque à être devant lui chaque élément de l'horizontalité : " Car il faut que ses yeux sur chaque objet visible Versent un long regard, comme un fleuve épanché. " Nous accédons alors à une moralité du glissement, à une sagesse du *passage*. Car si tout le paysage passe désormais devant nous, avec son extension devenue merveilleusement sensible (" Les grands pays muets longuement s'étendront... "), c'est aussi que nous-mêmes passons, que nous nous succédons en lui. Cette idée de passage (à tous les sens du mot : passage d'un véhicule, passage d'un instant, passage d'un relais) remplit ainsi dans l'horizontalité la même fonction que l'idée de médiation soutenait autrefois dans la perspective verticale : elle assure la mise en communication de l'immanence avec ses horizons multiples, spatiaux et temporels, elle est l'organe d'une mobilité transpersonnelle, le seul lieu, le seul bien commun à " ceux qui ont passé et ceux qui passeront ". Au déroulement d'un panorama d'espace répond, grâce à elle, le dévoilement d'une plénitude humaine de durée.

Et ce qui fonde cette double ouverture, — ce qui soutient d'ailleurs sans doute tout choix authentique d'immanence —, c'est la résolution, fondamentale, d'une *mort*. Car ce qui passe, c'est aussi ce qui meurt, ce qui ne vise pas à l'éternel, mais accepte spontanément de disparaître, et tire de cette acceptation la mesure même de son sens. L'être véritable nous apparaît dès lors comme l'être qui est pour ne plus être, et se découvre donc lui-même dans le geste infiniment variable de son annulation. La vraie valeur nous ne la chercherons plus dans la dureté ou dans l'éclat de ce qui, là-haut, échappe à la dégradation. Elle s'attachera tout au contraire au pouvoir d'effritement ou de fatigue, au penché par exemple d'un corps, à la chute d'" un regard mourant ", à la qualité d'" une taille indolente et mollement couchée ", ou bien " d'un pur sourire amoureux et souffrant ". L'amour, pré-baudelairien, de la femme malade rejoint ainsi l'exaltation des " souffrances humaines " et le choix de ce que " jamais on ne verra deux fois ", dans un même projet de fragilité et d'effacement.

Cela n'apparaît jamais mieux que dans l'extraordinaire final de *la Maison du berger*, sommet de la poésie vignyenne, et peut-être, derrière elle, d'une certaine poésie française. La puissance de ces vers, la force de leur mélodie en mineur tiennent sans doute à ce que Vigny y abandonne tout préjugé antérieur et même toute foi, toute espérance, toute *idée*, pour s'y livrer à la seule fascination de l'expérience négative. Car c'est une négativité, une sorte d'envers du corps (" notre ombre ") qui y constitue, avec la parole fugitive, le seul lien établi entre les morts, nous-mêmes, et les morts qui seront. Le paysage de son côté se délite, se perd dans toutes les formes possibles d'indistinct. Il existe en une série de contradictions où se manifeste clairement l'instance négative : car si le chemin s'efface, c'est pourtant lui que nous décidons de suivre (que nous nous *plaisons* à suivre), sûrs que seul cet effacement saura nous indiquer la voie; les branches aussi sont incertaines (fragiles, invisibles), et pourtant c'est à cette incertitude même que corps, et rêverie, chercheront à *s'appuyer* — car le non-soutien seul pourra nous soutenir. Quant à l'amour il vit dans la menace, dans les larmes (larmes auxquelles pourtant le rappel mythologique et la métonymie voluptueuse des fontaines confèrent une qualité de grâce, de déliement sensible, de fraîcheur); il renferme même en lui sous la forme favorite du silence — mais d'un silence ici à la fois aigu, long et morose (dans les voyelles fermées) : " taciturne " — l'aveu du négatif auquel il se sent de toutes parts livré. Mais l'horizontalité paisible de ce dernier vers, *Ton amour taciturne et toujours menacé* — succédant au suspens créé par l'inégalité prosodique des deux vers qui le précèdent (" A rêver,...; Pleurant,... ") nous apporte, — grâce sans doute à la régularité des coupes (3.3.3. 3), à l'écho parfait des allitérations (triple écho du *t* au début, et du *r* à l'accent des trois premiers groupes prosodiques; triple rappel des *n*) et des assonances (ainsi la modulation *ou/u/ou* à la césure et aux deux coupes secondaires), grâce aussi à l'apparition finale d'un mot moins lié que les autres au système phonique du vers (seul un rapport lointain du *m* et *n* à *amour* et à *taciturne*) et y produisant une sorte d'effet d'*avènement*, — nous apporte donc, grâce à tout cela, l'évidence d'une résolution tout à la fois de langage et d'existence. Nous comprenons obscurément — mais tout ici doit être dans l'obscur — que cet amour vit *sous* la menace, mais aussi, et plus profondément, *de* la menace même. Cette qualité du *menacé* qui se fixe si amèrement en fin du poème, elle y installe l'image d'une mort toujours possible, mais aussi d'un salut, d'une sorte de fleurissement liés à cette mort. Peut-être d'un bonheur, du seul bonheur humainement pensable.

Le langage immobilise ainsi l'effacement, ou plutôt il lui donne, dans le recommencement et la mort de chaque lecture, la chance de s'effacer, de se rééffacer indéfiniment en nous. Il est donc la seule force qui survive à la loi, voulue et assumée, d'anéantissement. Dans la dimension d'horizontalité à laquelle Vigny va fidèlement tenir jusqu'à sa mort, il ne lui reste, pour dépasser cette mort, tout en lui restant fidèle, que l'exercice de cette perpétuelle annulation-naissance, l'écriture. " Le seul beau moment d'un ouvrage ", dit un fragment du *Journal*, — qui s'oppose à tant d'éloges de la pensée non écrite — " est celui où on l'écrit. " Et on écrit toujours pour quelqu'un. Il se trouve donc que l'écriture (avec sa conclusion positive, l'écrit) consacre et transcende tout à la fois notre condition de finitude. Le seul vrai problème littéraire, pour Vigny, devient alors celui de la *retransmission*. *La Bouteille à la mer* décrit les voyages de l'écrit par-delà le cercle de solitude où le moi créateur s'est enfermé. *L'Esprit pur* rêve le schéma d'un relais immédiat, d'un passage toujours renouvelé de main en main, et d'esprit en esprit. Et c'est alors, c'est seulement au moment où l'horizontalité aura été pleinement voulue et effectuée (dans sa réalité sensible, morale, affective, temporelle, future et passée) que Vigny se donnera le droit d'y renoncer. A partir de cet horizontal lui-même, et de sa platitude la plus négative, la plus définitive, la plus sépulcrale, il s'accorde enfin de faire imaginairement rejaillir un grand vers monolithique comme il les aime (vers qui se développe à travers le tremblement allitératif des *l* et des *r*, tout en s'articulant autour du choc central de deux brefs mots clefs, liés au choc des deux concepts qui s'y heurtent, mais s'y engendrent aussi de ce heurt même), d'y faire donc surgir la promesse, finale et initiale, d'un autre salut par la hauteur :

Sur la pierre des *morts/croît* l'arbre de grandeur.

III

HUGO

A l'origine du monde selon Hugo, et à la source aussi de sa propre création verbale, de son invention imaginaire, se place une figure de statut visiblement onirique : le *chaos*. Le motif chaotique affecte indifféremment ici toutes les régions de l'expérience : il commande l'univers sensible bien sûr, cette " traînée énorme de désastres, de chaos, de fléaux, planètes, globes, astres, pêle-mêle "; mais il gouverne aussi, entraînées par la même fatalité du pêle-mêle, la vision de l'historique (" Royauté, tas d'ombre, Amas d'horreur, d'effroi, de crimes... ") ou la rêverie du social. Ainsi, en un admirable texte du début des *Misérables*, Jean Valjean au bagne de Toulon se perçoit lui-même comme écrasé par une société-chaos : " A travers les perceptions maladives d'une nature incomplète et d'une intelligence accablée, il sentait confusément qu'une *chose monstrueuse était sur lui.* " Ce qui fait la monstruosité de cette " chose ", c'est une combinaison de la plénitude et du désordre. Le chaos est du plein en effet, peut-être même du trop-plein, en tout cas un plein qui serait toujours en train de se remplir lui-même, de monter sur soi, d'envahir l'espace, son propre espace. Un plein donc pléthorique, mais non euphorique, car son gonflement n'a jamais pour terme qu'un amas. Aucune structure ne s'affirme capable de lui conférer équilibre ou sens. Il a pour loi le refus de toute loi, pour architecture le déni même de l'architecture. Il peut nous apparaître alors comme une pure épiphanie du brut, comme le signe ou le résultat d'une névrose de la quantité. Car l'amoncellement hystérisé du tas nous annonce en même temps sa chute, sa ruine. On sait que ce mythe de l'amoncellement croulant, ou de l'écroulement amoncelé, se donne chez Hugo un index obsessionnel : la tour de Babel.

Mais revenons-en à Jean Valjean, coincé par le tas social : "Dans cette pénombre obscure et blafarde où il rampait... il voyait avec une terreur mêlée de rage, s'échafauder, s'étayer et monter à perte de vue au-dessus de lui, avec des escarpements horribles, une sorte d'entassement effrayant de choses, de lois, de préjugés, d'hommes et de faits, dont les contours lui échappaient, dont la masse l'épouvantait, et qui n'était autre chose que cette prodigieuse pyramide que nous appelons la *civilisation*. " Ce qui manque à Jean Valjean, ici porteur d'une hantise très spécifiquement hugolienne, ce sont des axes de coordonnées, des instruments qui lui permettraient d'ordonner ce babélisme, de l'articuler, d'y distinguer des ensembles, d'y marquer une hiérarchie. Sur l'écran du grand magma principiel ne se détachent, au hasard semble-t-il, que quelques sites d'éclat et d'expression auxquels leur solitude prête une existence insolite, et, à la limite, absurde : " Il distinguait çà et là dans cet ensemble fourmillant et difforme, tantôt près de lui, tantôt loin et sur des plateaux inaccessibles, quelque groupe, quelque détail vivement éclairé, ici l'argousin et son bâton, ici le gendarme et son sabre, là-bas l'archevêque mitré, tout en haut, dans une sorte de soleil, l'empereur couronné et éblouissant. " Mais quel est le rapport de l'évêque à l'argousin, le lien du gendarme à l'empereur ? Cela, pour l'esprit, reste une énigme. Tout au plus peut-il saisir l'*hétérogénéité* foncière de la masse accablante, le fait qu'entre les morceaux qui la constituent — choses, lois, faits, hommes, préjugés — ne semble pouvoir se tendre le fil d'aucune classification logique, et aussi l'*hostilité* réciproque de tous ces fragments non reliés. Entre ces " blocs sombres " de société, ailleurs de durée, ou de paysage, c'est sans cesse en effet le choc, le contre-choc, la guerre. Chaos signifie aussi tohu-bohu.

La " difforme multitude " — entendons l'univers hugolien — se voit donc refuser jusqu'à l'attribut relativement rassurant qu'aurait pu être la stabilité. Le mélange y est encore mêlé; tout y bouge sans cesse, tous ses morceaux, épars et déchirants, s'y agitent les uns contre les autres en un mouvement dont nous échappent à la fois l'origine, l'orientation générale, la fin. " Tout cela, lois, préjugés, faits, hommes et choses, *allait et venait* au-dessus de lui... " Ce *va-et-vient*, mode actif du pêle-mêle, Hugo le nomme *fourmillement* quand il se fixe dans l'infinitésimal, y prenant alors les allures d'une sorte de frénésie brownienne, d'un déchaînement de l'indifférencié, d'une hystérie sans sujet visible, et sans échappée possible : car l'objet frappé de fourmillement reste à la fois pullulant et clos. Mais le mouvement chaotique peut être aussi rêvé dans son rapport avec un fond possible — fond de décor, ou de soutien. L'amas ne fourmille plus alors, ou ne se contente plus de fourmiller, il *flotte* : cela veut dire qu'il ne s'attache à rien, que ses morceaux ne s'appuient sur aucune solidité, sensible ni ontologique, qu'ils ont pour seul soutien la sous-jacence, bien évidemment élusive, d'un vide vaguement aquatique, d'une profondeur glauque et inscrutable. D'où la double issue toujours possible de la *dérive*, et de la *noyade* : ce qui flotte se perd vers l'horizon, ou s'enfonce dans l'abîme. C'est comme le marin perdu qui " n'a plus sous les pieds que de la fuite et de l'écroulement ".

Telle est, plurielle, anomique, hétérogène, discontinue, flottante, pullulante, et, de toutes les manières, infondée, la figure originelle de l'objet sensible chez Hugo. Elle tire sa fascination de son illisibilité même, et aussi de son caractère, si profondément fantasmatique, de morcellement (car l'objet morcelé n'est peut-être que symbole de ce que certaine psychanalyse nomme *corps morcelé*). Le sûr, c'est qu'un tel objet ne saurait être tenu à distance. La vision hugolienne n'a rien d'un face à face, elle exclut l'équanimité du panorama, elle n'est jamais spectacle, mais compromet activement le visionnaire, l'emportant très vite hors de lui-même — *hagard, effaré, exorbité* : tous adjectifs familiers marquant une sortie de soi — dans la profondeur hallucinante de la masse objectale ou sur la crispation insolite (" pittoresque ") du détail (de " l'objet partiel "). Il y a ici, toujours possible, un happement, presque une voration du regardant par le regardé. Mais le voyant peut aussi, schéma inverse de celui-ci, se trouver, cette fois, submergé par la masse montante de son vu. C'est alors, si fréquente chez Hugo, la phobie d'écrasement par le tas matriciel, dont Jean Valjean à Toulon, le Titan sous l'Olympe forment quelques figures caractéristiques. Retournons cette situation, ou mieux introjectons-la, faisons-la passer de l'objectif au subjectif, du cachot souterrain au crâne humain, et nous obtiendrons un paysage mental trop familier : celui d'un esprit qui ne se contente plus de voir le chaos du dehors, ou de se découvrir *en* lui, mais se constate chaotique *pour lui-même*, qui se regarde, ou plutôt se sent, (car il n'a plus les moyens de vraiment se regarder) comme un conglomérat fourmillant et incontrôlé d'idées errantes, d'affects déracinés, d'images en dérive. " Des pensées inexprimables s'amoncelèrent ainsi en lui toute la journée ", écrit Hugo à propos de Jean Valjean. Et ailleurs : " Il était dans un de ces moments où les idées qu'on a dans l'esprit sont *troubles*. Il avait une sorte de *va-et-vient* obscur dans le cerveau. Ses souvenirs anciens et ses souvenirs immédiats y *flottaient pêle-mêle*, et s'y *croisaient confusément*, perdant leurs formes, se *grossissant* démesurément, puis *disparaissant* tout à coup, comme dans une eau fangeuse et agitée. " De l'entassement extérieur à l'anarchie interne ce sont, on le voit, les mêmes mouvements, les mêmes métaphores, la montée de cette même angoisse qu'Hugo nomme le *trouble* : " Trouble insupportable et presque douloureux. " Il est le fait d'une activité mentale non triée, échappant au contrôle d'une conscience-sujet, envahie par le grand principe matriciel de confusion.

Cette confusion, comment, à partir de quoi tenter de la penser ? Non pas sans doute à partir d'elle-même, car ce serait courir le risque — tout lecteur de Hugo peut en ressentir à chaque minute l'existence, tout à la fois d'ailleurs émerveillante et angoissante... — de succomber directement à son vertige. Plutôt qu'à l'échelle de la masse il faut accommoder ici notre regard au niveau de son unité constituante — et si mal d'ailleurs constituante... — le *fragment* : ce " morceau d'ombre " par exemple, " sortant de ce bloc, l'immanence ", puis " se déchirant, se détachant, se condensant, roulant, flottant " et s'en allant " larve " " à travers la vitalité ", — ou bien ces " haillons d'infini ", ces " blocs sombres " dont l'entassement finit par emplir de ténèbres l'antre immense de la nuit "; ces " fragments monstrueux du grand Tout égaré ". Or face à ce tronçon premier de l'être, Hugo éprouve le même malaise que devant les " difformes multitudes " du chaos : c'est une angoisse de l'amorphe, un continuel soupçon, une peur — mais aussi une jouissance : car une réaction aussi profonde ne saurait être qu'ambiguë — de la *non-formation des formes*. Hugo se plaignait, paraît-il, mot décisif, de croire en " des choses qui n'ont pas de contour ", et tout aussi bien de les voir, de les sentir, de les penser. Choses inquiétantes parce qu'ouvertes, donc capables de tout. Ce malaise du non-contour, c'est lui qu'il nous faut maintenant analyser, et cela sous les deux aspects essentiels où il se manifeste : l'individuel, le relationnel. Il peut affecter en effet la forme prise en elle-même, et nous apparaître alors comme une maladie propre de son développement; mais il peut caractériser aussi le contact de deux ou de plusieurs formes, et, derrière celui-ci, la relation de deux ou de plusieurs catégories fondamentales d'existence. Le trouble de la non-limite touche alors aux aspects d'une subversion véritablement ontologique.

Mais revenons-en aux débuts de notre unité-fragment. Ce qui peut le frapper dès l'abord d'incertitude, c'est qu'il est souvent rêvé comme issu d'une déchirure, ou d'un lent éparpillement du primordial. " Arrachements du nuage sacré ", ou fils de l'être qui les produit " en se décomposant dans l'ombre ", ces morceaux de ciel ou de nuit — ici les dieux — gardent toujours sur eux quelque chose du trauma auquel ils doivent leur naissance. Inégaux, déchiquetés, effilochés, mal assurés d'eux-mêmes — d'où l'importance du *loqueteux*, du *haillonneux* dans la mythologie hugolienne : ils disent non seulement la misère, mais l'être parcellaire et la naissance douloureuse —, ces morceaux ne sont au fond que des débris. Le tas n'est pas, dans cette perspective onirique, posé comme le tout, mais comme la somme labile des déchets séparés du tout, comme un rassemblement, un ruissellement éphémère de décombres.

Mais Hugo peut le rêver aussi d'une manière assez différente : en l'imaginant non comme un résidu de la création, mais comme au contraire le lieu où celle-ci aurait décidé dès l'abord de s'installer, où elle aurait choisi d'exercer son pouvoir de gestation et de croissance. Le fragment du monde ce serait alors, dans le registre du microcosme, comme le monde lui-même en train de se fabriquer et de s'accroître. Point d'autre problème dès lors que celui du contrôle de ce grandissement lui-même. Où, quand, comment le gonflement originel de la substance pourra-t-il s'arrêter en un contour qui le définisse comme objet ? Où la chose trouvera-t-elle la norme linéaire qui lui permette de se circonscrire et de s'équilibrer ? Toute l'œuvre de Hugo nous prouve à l'évidence, — et cela dans tous les registres où elle se développe, l'esthétique comme le moral, le psychologique comme le perceptif — la difficulté de fixer une telle limite équilibrante. Elle passe en effet sans cesse du malaise du trop à l'inquiétude du trop peu. Dans certains cas elle affiche une véritable pathologie du manque : la substance ne semble pas avoir la force de parvenir jusqu'au niveau d'une décision formelle. C'est, si fréquente chez Hugo, l'appréhension de l'à peine tracé, de l'hésitation linéaire, du modèle qui refuse de vraiment *prendre* en un contour et demeure alors perdu dans les incertitudes de la pâte, —toutes les figures en somme de l'*ébauche*. Une création y a été entamée, mais semble s'y être arrêtée à mi-chemin de ce qui aurait dû être son aboutissement normal. Au sein de cet avant-monde, de ces " limbes hagards ", tout demeure à l'état de " linéament confus ". S'il y a silhouette (ainsi dans les dessins de Hugo), celle-ci s'avère avec une fantaisie, une fragilité qui la situent toujours au bord de la cassure. De même que Quasimodo est un " géant brisé et mal ressoudé " — thème de la lacération originelle, de l'homme-décombres — Mirabeau est une " créature disloquée ", un " homme avorté ". Avant la forme, sous la forme, quelquefois même dans la forme qui nous est donnée à voir — c'est alors l'une des figures du monstre hugolien — se lisent ainsi les signes d'un ratage. La création s'y est arrêtée à l'état d'esquisse : inachèvement qui autorise bien sur tous les flottements ultérieurs de définition et d'apparence, toutes les perditions aussi dans le grand fond (nuit, océan, vide, profondeur psychique) où l'objet n'a plus vraiment le pouvoir de s'enlever.

Mais à d'autres moments la forme souffre d'un défaut très exactement inverse. Une sorte de dérèglement de la croissance l'empêche de s'immobiliser à l'étiage d'une normalité. Toute frontière dépassée, triomphe alors l'inflation d'un énergétisme sans frein. L'énorme, l'immense, — et d'une façon générale toutes les catégories privatives ou négatives, celles qui indexent un dépassement par l'objectif du pouvoir humain de perception, d'intelligence ou de langage (l'*in*fini, l'*in*visible, l'*in*ouï, l'*in*scrutable, l'*in*nommable, l'*in*dicible, l'*im*pensable, etc.) : voilà bien, on le sait, les tentations les plus ordinaires de l'imaginaire hugolien. Tentations qui justifient d'ailleurs la pente, tout naturellement épique, de sa rêverie. Il faut sans doute distinguer ici deux modes d'apparition de l'immensité frénétique. Le premier est de l'ordre du discontinu : l'énorme y jaillit brusquement du vide, il surgit de son arrière-fond de nuit avec une violence de météore, si bien que son apparition ne se distingue pas d'un arrachement — ni, vers nous, d'une agression, d'un viol. C'est Gwynplaine à la Chambre des lords, ou Mirabeau à la tribune : " A peine fut-on assis qu'on vit monter à l'estrade et s'y dresser une figure extraordinaire. Quel est ce monstre ? dirent les uns. Quel est ce géant, dirent les autres : C'était un être singulier, inattendu, inconnu, brusquement sorti de l'ombre, qui faisait peur et qui fascinait. " Fascination due, entre autres causes, au caractère inexplicable de cette extrusion, à la liaison rêvée du monstre, ce trop, avec le rien d'où il naît sans qu'on puisse voir comment.

A d'autres moments la manifestation du même excès se fait progressivement, s'étale, se lie continuellement à elle-même. Le niveau vraisemblable de la forme est alors transgressé de l'intérieur par la lente poussée d'un gonflement (bourgeonnement, turgescence, cancer) qui, sans crever jamais le contour, oblige la ligne frontière à se distendre, à s'allonger indéfiniment hors d'elle-même dans les directions et selon les aspects les moins probables. C'est l'horreur de la *tumeur* (" Et les vagues tumeurs du cloaque des mondes "), l'angoisse de la *patte* bestiale (attaquante, griffue, multiple), du *tentacule* invertébré, de la *ramification* végétale. L'hydre, le poulpe, le madrépore, le labyrinthe, la forêt, peut-être l'égout : voilà quelques figures exemplaires de cette croissance outrée. Figures inquiétantes non seulement de par leur étrangeté, mais aussi de par leur agressivité quasi fatale. Car elles déséquilibrent le rapport ordinaire de l'objet et du regard. Comment par exemple coexister avec un poulpe ? Le cas de Gilliatt nous montre qu'on ne le peut qu'en se laissant surmonter, envelopper, bientôt happer, sucer, vider par son expansivité délirante : le foisonnement tentaculaire n'étant qu'un aspect limite de la fatalité très générale d'inflation.

N'y a-t-il aucun moyen alors de stabiliser la forme entre ces deux vices antithétiques ? On le pourrait, mais au prix d'un forçage tout aussi monstrueux que les excès contre lesquels on prétendrait lutter. Imposer à l'informe la contrainte d'une loi, c'est risquer de n'aboutir qu'à la *caricature*, physionomie bloquée dans son déséquilibre, artificiellement figée sur elle-même, et le plus souvent d'ailleurs crispée autour d'un élément de disproportion (rictus, grimace, stigmate) qui en accentue encore la fausseté. Il y a ainsi chez Hugo un malaise du *masque* (du visage construit comme un masque), ou de son équivalent volumineux, la *statue*. La statue effraie parce qu'elle semble transir et condamner en elle la spontanéité naturelle d'une vie. Elle est, cauchemar caractéristique, l'image d'une agitation stupéfiée. Mais la vitalité qu'elle a suspendue risque toujours — autre face de la même terreur — de se ranimer en elle au moment le moins attendu, pour y revendiquer sa mobilité première : d'où le schème onirique de la statue qui bouge, exploité par exemple dans *Eviradnus*, ou provoqué par les Cariatides (" le plus horrible cauchemar qu'on puisse avoir à Francfort... c'est le réveil, le déchaînement et la vengeance des Cariatides "). D'une façon générale rien n'est plus incertain que le statut de l'immobile chez Hugo : il vit constamment sous la menace de quelque pouvoir intérieur qui en altérerait la paix : " L'inattendu fuse on ne sait d'où, les profonds dessous de la vie sont redoutables. " Redoutables parce que couvant en eux, à l'état de latence quasi volcanique, la manifestation de ce que Hugo nomme le *possible* : cette dimension, ouverte du réel que le paganisme installait au cœur de toutes choses et qu'il n'hésitait pas à y diviniser : " Soyez païen et tâchez de vivre tranquille; impossible; l'ubiquité divine vous harcèle... Toute chose est effrayante à cause de la présence possible d'un Dieu. "

Mais toute chose est effrayante aussi à cause de la présence réelle d'autres choses avec lesquelles elle parvient mal à habiter. Tout autant qu'un malaise de la forme, l'univers hugolien affiche une pathologie du voisinage : faiblesse de la frontière interobjectale, mal du mur effrayant, et pourtant insuffisant (traversé par les suintements, le goutte à goutte, frôlé par les fantômes), fréquence des empiétements, obsession des osmoses. Ainsi se construit un paysage d'inquiétude. Toutes les cloisons s'y étant dissoutes — ou ne s'y étant pas construites — tout effort de compartimentage s'y étant révélé vain, l'être ne se manifeste à nous, et à lui-même, que sous la forme d'une sorte de nappement opaque et effrayant. La *brume*, essentiellement égarante ici, et génératrice d'objets fantasmatiques, l'*ombre*, la *nuit* constituent les modes aérien et coloré de cette continuité équivoque — Hugo la nomme le *vague*. Pour Hugo, comme pour la petite Cosette dans le bois de Montfermeil, '' l'obscurité est vertigineuse... Quand l'œil voit noir, l'esprit voit trouble. Dans l'éclipse, dans la nuit, dans l'opacité fuligineuse il y a de l'anxiété, même pour les plus forts. '' Et il y a plus d'anxiété encore quand cette opacité se transporte dans le registre du terreux, de l'épaisseur chthonienne, pour y devenir le dégoût, si souvent ici crié, de la *boue*. Car le boueux réalise en lui une exemplarité de l'indistinct. La mollesse boueuse soutient tous les passages, tous les glissements, toutes les insinuations de lieu à lieu, toutes les compromissions de forme à forme. En tout être qui s'abandonne à elle la boue exalte la tentation de la reptation ou du vautrement, la joie de l'amalgame. D'où la liaison onirique nécessaire du boueux au serpentesque, de la vase aux '' reptiles noirs '' qui y '' fourmillent vaguement ''. Car le reptilien (ou, moins nauséeusement marqué que lui, le batracien), c'est ce qui, à force de s'agiter dans la substance offerte de l'informe réussit à la transformer en une informité *vivante*. Cette répugnance hugolienne si caractéristique confère par exemple leur grandeur sauvage aux vers suivants qui évoquent le monde avant son resaisissement par le regard d'Adam et Ève :

L'ébauche fourmillait dans la nature en rut
Le poulpe aux bras touffus, la torpille étoilée
D'immenses vers volants dont l'aile était onglée,
De hauts mammons velus, nés dans les noirs limons,
Troublaient l'onde, ou levaient leurs trompes sur les monts.
Sous l'enchevêtrement des forêts inondées
Glissaient des mille-pieds longs de cinq cents coudées;
Et de grands vibrions, des volvoces géants
Se tordaient à travers les glauques océans.
L'être était effrayant. La vie était difforme.
Partout rampait l'impur, l'affreux, l'obscur, l'énorme.
La vermine habitait le monde chevelu.

Texte d'une extrême richesse imaginaire qui, tout en nous faisant retrouver des éléments déjà répertoriés (l'ébauche, le fourmillant, le difforme), nous permet d'apercevoir quelques motifs supplémentaires dont l'évocation se lie quasi nécessairement à celle de la boue. Il y a par exemple ce thème si curieux du *chevelu*, ici visiblement maléfique. C'est que la chevelure trop abondante paraît signaler une sorte d'intempérance du charnel (relevant donc du thème de l'outrance), tout en s'associant, de manière génétique, à l'inquiétude matérielle du boueux. Ces " mammons velus ", " nés dans les noirs limons ", ils continuent à porter en eux, sous forme de toison brunâtre, le souvenir de la vase dont ils sont à peine issus. L'échevellement est donc toujours suspect, dans la mythologie hugolienne (songeons, en un autre registre, à ces " femmes échevelées qui vendent le doux nom d'amour "...). Il s'associe souvent d'ailleurs, par métonymie, à la peur du grouillement — selon la logique réaliste des poux pullulant dans la tignasse ou la crinière —, et à l'inquiétude du *touffu*, son équivalent végétal. Car la touffe — d'herbes, de broussailles, de buissons, et même d'arbres, si bien que le touffu total s'identifie au motif angoissé de la *forêt* — résume en elle de multiples peurs (" Ombre et arbre, deux épaisseurs redoutables "). Il y a, on l'a vu, celle du *ramifié* : inquiétude d'une division à l'infini qui tout à la fois vous enveloppe et vous coince, vous refuse une issue (sous sa forme urbaine : Jean Valjean poursuivi par Javert au Petit Picpus). Mais le touffu relève aussi — et surtout si on le saisit du dehors, comme objet de spectacle — du malaise de l'*embrouillamini* : superposition de lignes où l'œil doit renoncer à suivre aucun parcours, où toute forme devient à la fois réellement impossible et fantasmatiquement autorisée, où le sens se trouve, à la lettre, pris (comme en un lacis) et confondu. La touffe n'est en somme qu'un amas de traits anarchiquement multipliés ; elle résulte d'une organisation linéaire devenue en quelque sorte délirante. L'*enchevêtré* (l'inextricable) nous paraît être ainsi dans l'ordre de la structure ce qu'est le *boueux* (le visqueux) dans l'ordre de la substance, le *chevelu* dans celui de la chair, l'*effiloché* dans celui de la forme, le *trouble* dans celui du mental, le *glissant* ou le *fourmillant* dans celui du mouvement : figures, souvent d'ailleurs concrètement liées en paysage, d'une constellation véritablement infernale.

Cet enfer du mélange pourra se réaliser selon d'autres modes encore que ceux d'une simple interpénétration passive. Dans la boue certes tout passe, glisse, se laisse aller en tout ; le distinct y succombe à la molle tentation de l'identique, si bien que les réalités les plus diverses finissent par s'y réunir et par y revenir *au même*. Mais ce mouvement s'affirme quelquefois aussi de façon beaucoup plus véhémente, comme résultat d'un désir, ou d'une faim. Quand Hugo évoque par exemple le geste par lequel " la fange se soulève et veut lécher les cieux ", ou " l'activité des fléaux s'accouplant parmi les éléments ", on voit bien que c'est le thème du mélange qui commande celui de la rencontre, puis de la fusion érotique. D'où l'ambiguïté de cette dernière : euphorique dans la mesure où elle invoque un sentiment panique de la vie, où elle se relie à une thématique de l'énergie, et cela dans son acte culminant, le " rut " (d'où sa nuance fréquente de sourire gaulois, de masculinité gaudriolesque), elle est dysphorique cependant en se rattachant aux infamies implicites de l'amalgame. La catégorie hugolienne de l'*obscène* doit sans doute être pensée en un tel carrefour de sens. Mais il existe, d'ailleurs liée fantasmatiquement à celle-ci, une forme encore plus simple du mélange, c'est la *voration* : engloutissement primitif d'un être par un autre, puis sa digestion, son assimilation. En une vue admirable l'interpénétration, prenant alors valeur cosmique, devient une des catégories de l'appétit : "Toute la nature que nous avons sous les yeux est mangeante et mangée. Les proies s'entre-mordent... " Puis quelques exemples, empruntés aux différents règnes, et où l'acte de l'agression manducatoire se rêve au niveau de l'organe, avec la plus cruelle précision : " La martre infâme mord le flanc du porc-épic... Le museau de la fouine au poulailler se plonge... " " L'herbe vorace broute au fond des bois touffus, A toute heure on entend le craquement confus Des choses sous la dent des plantes... " Enfin la conclusion, à la fois morale et métaphysique : " Tous les êtres rentrent les uns dans les autres. Pourriture, c'est nourriture. Nettoyage effrayant du globe. L'homme, carnassier, est, lui aussi, un enterreur. "

Telle est l'extase, à la fois redoutée et célébrée, de la grande contamination cosmique. Mais là où la puissance du mélange atteint à son efficace le plus grand, c'est en s'exerçant non plus dans la région des simples relations d'objet à objet, de forme à forme, mais en affectant les rapports qui, derrière ces éléments

encore directement sensibles, assurent l'existence et le fonctionnement des catégories les plus générales de l'esprit. Le monde originaire de Hugo se caractérise, croyons-nous, par une ignorance
de ces paramètres. Toutes les divisions abstraites qui nous servent
ordinairement à classer et à penser les choses s'y trouvent soit
contestées, soit brouillées, soit mises dès le départ hors jeu. Que
l'ordre de l'imaginaire se fonde ici sur une rupture du, ou sur un
écart par rapport à l'ordre du conçu, c'est ce que devraient
suffire à indiquer quelques exemples.

Considérons ainsi l'opposition qui sépare d'ordinaire, dans le
registre du vivant, les trois classes d'humanité, d'animalité, de
végétalité. Elle se trouve ici presque constamment bafouée.
L'humain glisse tout spontanément par exemple à l'animal : " Le
méchant rugit, l'hypocrite miaule, les visages humains se dilatent
en faces léopardes... " Ou Fantine traquée sent se développer en
elle " quelque chose de la bête farouche ". Le végétal subit des
transformations analogues, d'autant plus inquiétantes dans son
cas qu'elles interviennent sur un terrain déjà, on l'a vu, très originellement chargé. Cosette, dans la forêt de Montfermeil, voit
ainsi s'animer autour d'elle d'"effrayants torses d'arbres, de longues
poignées d'herbes frémissantes ". Sous la puissance aliénante de
la nuit la touffe végétale se mue en un être de bestialité, de pullu-
lement reptilien, et finalement d'agressivité : " Des buissons chétifs
et difformes sifflaient dans les clairières. Les hautes herbes four-
millaient sous la bise comme des anguilles. Les ronces se tordaient
comme de longs bras armés de griffes cherchant à prendre des
proies. " Le cauchemar du chevelu, du fourmillement, de la torsion
visqueuse, de la griffe soutient normalement ici l'acte de la mutation
bestiale. Ces différents éléments pourraient fort bien s'appeler
métaphoriquement (ou métonymiquement) les uns les autres,
puisqu'ils font partie d'un même paradigme nauséeux. L'intéressant est de les voir se *métamorphoser* matériellement les uns dans
les autres, en dépit de la différence des classes naturelles auxquelles
ils appartiennent, et au mépris des relations de disjonction que ne
devrait pas normalement abolir leur conjonction. On notera
d'ailleurs que dans tous les exemples ici cités — et l'œuvre de Hugo
en fournirait une infinité d'autres — l'animalité constitue le terme
obscurément visé de la poussée métamorphosante. La subversion

des classes se conserve une orientation interne, qui est celle, évidemment, du plus grand effroi possible.

Cette polarisation elle-même disparaît quand la rêverie hugolienne se situe dans le champ virtuel d'oppositions catégorielles plus abstraites encore, comme celle de l'animé et de l'inanimé, ou celle du personnel et de l'impersonnel. Rien par exemple de plus fréquent ici que de voir un *je* ou un *il*, ou quelque élément sémantique relevant de leur appartenance, virer à la neutralité sourde d'un *cela*. Ainsi l'œil de Javert : " Son regard était une vrille. Cela était froid et cela perçait ." La part la plus vivante d'un individu vivant, son regard, se trouve soudain gelée dans l'objectivité du neutre : essence afocale, inhumaine, qui conserve pourtant — comble d'horreur — le désir et le pouvoir de " percer ", de " violer ". Au plus trouble de cet interland entre personne et non-personne règnent quelques figures grammaticales caractéristiques : ainsi le démonstratif neutre porteur d'une fonction qualificative (" ce qui n'est plus, ce qui s'en va, ce qui se tait "), l'indéfini précisé par un adjectif, ou par un vague appel métaphorique (" quelque chose d'horrible ", " quelque chose comme des ténèbres faites bêtes ", " on ne sait quoi de submergé "), ou bien, innombrable, l'adjectif substantivé (le grand, l'immense, le ténébreux, le visqueux, etc.) qui, tout en supportant en lui l'anonymat d'une essence, n'hésite pas à se lier subjectivement à un prédicat actif (" Partout *rampait* l'impur, l'obscur, l'affreux, l'énorme "). Ou bien une combinaison d'une grammaticalité véritablement inouïe marque l'appel à une sorte de subjectivité sans visage, toute éparse encore, et de la façon la plus troublante, dans la masse de l'impersonnel : " *Quelqu'un d'équestre* est mêlé à l'ombre... On n'aperçoit rien, et l'on entend *des cavaleries*. "

De telles ambiguïtés catégorielles ne font peut-être d'ailleurs qu'annoncer en un registre plus immédiatement saisissable la grande subversion qui intéresse des antonymies cette fois fondamentalement métaphysiques : celle du réel et de l'irréel, celle de l'être et du non-être. Car ces concepts ne possèdent ici aucune imperméabilité; ils passent le plus facilement du monde les uns dans les autres. Pour que le réel par exemple se transforme en irréel, il suffit de s'endormir et de rêver (ou de rêver tout éveillé) : l'objet s'allège alors, se dématérialise, s'ectoplasmise, devient, selon le mot même de Hugo, *fantôme*. Imaginons en revanche que l'irréalité entreprenne de se condenser, de se prendre en du réel : un *spectre* naîtra de cette concrétisation du rien. Dans la forêt de Montfermeil Cosette voit par exemple le non existant, le non pensable *se produire* très précisément tout autour d'elle : " Une réalité chimérique apparaît dans la profondeur indistincte. L'inconcevable s'ébauche à quelques pas de vous avec une netteté spectrale. " Et ces spectres, vivantes effigies du rien, se mêlent tout naturellement aux fantômes issus de la déréalisation du monde. On le voit bien dans le texte suivant qui, sous le couvert d'une phénoménologie, d'ailleurs admirable, du sommeil, décrit l'entre-tissage de ce qui est et de ce qui n'est pas : " La pensée décomposée des endormis flotte au-dessus d'eux, vapeur vivante et morte, et se combine avec le possible qui pense aussi dans l'espace. De là des enchevêtrements.. Au-dessus de ces paupières fermées où la vision a remplacé la vue, une désagrégation sépulcrale de silhouettes et d'aspects se dilate dans l'impalpable. Une dispersion d'existences mystérieuses s'amalgame à notre vie par ce bord mystérieux qu'est le sommeil. " Le *bord*, cette frontière ouverte, ce lieu de la " promiscuité insondable ", où toutes les catégories coulent sans arrêt dans leurs contraires, d'où l'on voit les " réalités " comme " pleines de spectres ", et les "fantasmagories " comme " pleines de réalités " : voilà le site de vérité de la rêverie hugolienne. Un bord qui s'annulerait indéfiniment lui-même comme bord, dans une anastomose générale du *nôtre* et de l'*autre*, de l'*ici* et de l'*ailleurs*, de l'*en-deçà* et de l'*au-delà*, de l'*être* et de ce qui *n'est pas*. Car " l'être est prodigieux à ce point, j'en frissonne, qu'il ressemble au néant ", — un néant qui dès lors se distinguerait bien mal d'un être... Ce néant-être, ou, si l'on préfère, cet être-de-néant, c'est sans doute ce que, cauchemar des cauchemars, Hugo invoque si souvent sous le nom de *vide* : non-milieu fondamental, où il se laisse indéfiniment et oniriquement tomber avec tous ses grands condamnés métaphysiques, tous ses noyés (de l'océan ou de la nuit), tous ses ensevelis vivants, tous ses phobiques du soutien manquant, tous ses maniaques de la dégringolade. Tomber, n'est-ce pas éprouver, de la manière la plus terriblement immédiate, l'être même de ce qui n'est pas ? Au bout de la grande contamination catégorielle, s'affirme alors tout à la fois dans l'esprit saisi de trouble et dans le corps saisi de chute, une seule réaction possible : le vertige.

Telle est l'expérience originale de Hugo : expérience d'une grande puissance, d'une forte prégnance, mais d'un inconfort également extrême. La tonalité qui la sous-tend le plus souvent est celle de l'horreur, — une étude de la qualification affective le démontrerait sans peine. Que signifie dès lors pour Hugo l'acte d'*écrire* ? Sans doute deux choses à la fois, d'aspect contradictoire, ou si l'on aime mieux : une seule chose à double face... Écrire, d'abord, pour lui, c'est faire être le chaos, c'est le créer dans les mots qu'il emploie pour le nommer — car, hors de ces mots, il n'existe pas. Mais c'est aussi le dominer scripturalement, le contrôler par l'acte de cette nomination elle-même. Le langage hugolien parle le fantasme de l'universelle subversion, il *est* ce fantasme, mais l'étant il le signifie, il le rend pensable, opératoire. Voyez d'ailleurs comment Hugo entraîne le langage-objet dans la même mythologie du trouble et du chaos où il a fait déjà rouler le non-langage : " Car le mot, qu'on le sache, est un être vivant ", tout comme le fragment originel de monde. Et comme lui encore, c'est un météore jailli des profondeurs, " type on ne sait d'où venu Face de l'invisible, aspect de l'inconnu ". Les mots partageront donc tous les aspects de l'existence chaotique : " Ils roulent *pêle-mêle* au *gouffre obscur* des proses, Ou font gronder le vers, *orageuse forêt*... Ils *fourmillent*, ouvrant dans notre esprit pensif Des *griffes* et des *mains*, et quelques-uns des ailes... " " Sombre peuple ", ils " *vont et viennent* en nous ". Hugo rêve donc bien sa propre parole comme un autre thème d'amoncellement obscur et de dérive. Mais au cœur de cette mythologie familière un élément nouveau intervient, le motif de la *régulation* : " Montant et descendant dans notre tête sombre ", le mot y trouve en effet " toujours le sens comme l'eau le *niveau*; *Formule* des lueurs flottantes du cerveau. " Le concept de *niveau* nous renvoie à l'idée d'un équilibre instauré, celui de *formule* au geste d'un résumé ou d'un symbole, en tout cas à l'acte d'une quelconque assomption sémantique. Le langage s'offre donc, et cela dans la rêverie même de Hugo, comme le chaos et ce qui nous détache du chaos. Il est le " chaos qui lutte contre l'homme ", mais l'espace aussi où l'homme se rend maître, ou du moins signifiant de son chaos.

Ce ressaisissement verbal s'opère ici à travers tout un jeu de figures qui, prises ensemble, s'étayant, s'appelant les unes les autres, constituent le système d'une rhétorique personnelle. C'est ce système qu'il conviendrait maintenant d'étudier, en montrant comment il construit, retient et retourne en lui toutes les données de l'onirisme. A l'examen de chacune de ses figures devrait pouvoir correspondre aussi l'analyse d'une figure de paysage, car la forme du contenu sensible (spatial ou temporel) est en évident parallélisme avec la forme de l'expression verbale. Au paysage de la rhétorique pourrait correspondre alors une rhétorique du paysage.

On ne peut indiquer ici que quelques-unes des directions dans lesquelles s'engagerait un tel travail. La *comparaison* par exemple, — ou, vécue en surimpression, la *métaphore* — a sans doute ici pour première fonction de fixer et d'étaler en elle les glissements inquiétants du même. Elle légalise la métamorphose en l'arrêtant sur deux ou plusieurs termes dont la similitude, posée comme telle, garantit alors l'extériorité. A travers la comparaison célèbre, par exemple, du " pâtre — promontoire au chapeau de nuées ", *pâtre* et *promontoire* existent dans l'esprit l'un *à côté* de l'autre, ils résistent à la tentation de l'amalgame — qui demeure pourtant présent en leur rapprochement, et c'est une des raisons de la force de l'image, du seul fait de leur juxtaposition brutale, de leur télescopage. C'est donc la structure même de la figure qui recueille ici, tout en le contrôlant, le mouvement aveugle du fantasme. Ou soit un autre type de présentation métaphorique, apparemment inverse de celui-ci. Quand Hugo écrit : " Le précipice était de la mort faite abîme ", le précipice perd de sa qualité maléfique originelle, due à l'indétermination première de son sens, en s'égalant sémantiquement à une mort, en se définissant donc par rapport à ce nouveau concept. Mais les deux termes de la comparaison — ou plutôt le second et la reduplication variée du premier (*mort, abîme*) — se trouvent en outre écartés, et cela sur le plan temporel, par la seule présence du participe *faite*. Or cette simple copule bouleverse toute la physionomie de la comparaison : elle suggère, à l'intérieur du rapport établi de similitude, l'existence d'un écart comblé, d'un devenir permettant de passer, historiquement et matériellement, d'un terme à l'autre. Car comment la *mort* — concept abstrait — a-t-elle pu se muer concrètement en un *abîme*, — réalité sensible —, tout en demeurant pourtant présente en lui, et détachée de lui,

comme sa référence originelle, ou son sens ? Ici encore c'est l'architecture, disons même c'est la figure de la figure qui assume en fin
de compte l'énigme onirique (l'identité-écart, le morcellement-
amalgame).

La métaphore discipline donc la ressemblance tout en en déplaçant d'une certaine manière en elle le vertige. Il en sera de même
avec le procédé qui naît d'une multiplication de la comparaison,
celui de la *série* sémantique. Les divers fragments du pêle-mêle
s'y ordonnent selon des classes uniformes : ils deviennent les termes
diversement signifiants d'un signifié unique qui se lit en filigrane
à travers chacun d'eux. Ainsi lorsque Hugo, en un chapitre du
commencement des *Misérables*, jette en vrac, " pêle-mêle, ce qui
surnage confusément de l'année 1817, oubliée aujourd'hui ", en y
faisant volontairement se côtoyer les éléments les plus hétéroclites,
la raison commune de ce disparate reste l'année 1817. Le désordre
de l'expression — créé par le procédé de l'énumération incoor-
donnée — ne prend alors son sens (et son sens même de désordre)
qu'en fonction du cadre où il a dès l'abord dû s'insérer. La nature de
ce cadre pourra varier : ici chronologique, il se fera là qualitatif,
là fonctionnel. Une même vertu se réitérera par exemple dans une
épaisseur d'histoire, y instaurant une sorte de légende notionnelle.
Satan, par exemple, tombant dans l'abîme y crée le mot *Mort*; et
Hugo d'ajouter tout aussitôt : " Ce mot plus tard fut homme et
s'appela Caïn ", ce qui institue un paradigme transtemporel du
désespoir. Le mot " tu mens ", prononcé un peu plus tard, y
deviendra " l'âme de Judas " : voilà ouverte une classe de la trahison. Puis le crachat jeté " du côté du tonnerre ", et finalement
mué en " Barrabas ", y pose une série sémantique du blasphème.
A partir d'un élément premier — sur lequel la psychanalyse aurait
sans doute tout droit de se prononcer — s'instaure ainsi la ligne
d'une symbolisation presque infinie. Il arrive même à l'imagination
de rêver de façon concrète, matérielle, l'espace séparant deux termes
homologues. Pour attester, par exemple, l'éternité de la " vieille
souffrance humaine ", voyez par quel étonnant court-circuit le
temps se mue en de l'espace, un espace ayant pour unique fonction
d'enfermer, de bloquer en lui l'identité d'un *même* : " C'est vrai,
répliqua Danton, Caïn s'est conservé dans la pierre depuis six mille
ans, le bloc se casse, Caïn saute parmi les hommes, et c'est Marat. "

Tour de passe-passe sémantique, qui se réalise à travers un fantasme profond de la matière (pierre fermée : paralysie, refoulement; pierre cassée : défoulement, évasion).

On voit tout ce que, dans ce travail de réinstitution du sens peut apporter de facilité l'usage allégorique des noms propres. Ce sont des foyers sémiques fixes, qui rassemblent et ordonnent tout autour d'eux le champ d'une signification possible (un peu comme le font dans l'univers sensible des thèmes également focaux : tels que l'araignée-soleil, ou — sans doute son modèle archaïque — l'œil au fond du gouffre). Une fois chaque nom propre doté de sa définition notionnelle (celle-ci souvent complexe, ce qui multiplie les virtualités ultérieures d'agencement : " Chateaubriand : le génie amer "; " Royer-Collard : la probité hautaine ", etc.), toutes les combinaisons d'essences deviennent possibles. Un véritable jeu s'ouvre alors, qui multiplie à l'infini les regroupements, les mises en rapport. Si par exemple Hugo déclare que Marat est " la gueule du lion " dont Danton " est la crinière ", nous comprenons qu'à l'intérieur d'un seul sème génitif, celui de la " léonité ", le rapport de Marat à la gueule (éloquence bestiale, morsure) est le même que celui de Danton à la crinière (provocation, défi gestuel). Ou bien, au-delà de cette relation homologuée, la réorganisation symbolique se choisit un modèle global — le plus souvent celui du corps —, ce qui lui permet de rassembler une série de noms-symboles en une constellation fonctionnelle; à la spécificité de chaque partie du corps correspondra l'élection de telle ou telle essence personnelle. Voici l'étonnant résultat, un portrait du *génie humain*, où l'attache du littéral au symbolique se fait à travers l'acte, très explicitement évoqué, de la dénomination : " Son front s'appelait Moïse; son regard s'appelait Socrate; sa bouche s'appelait Luther, ses plaies s'appelaient Galilée et ses cicatrices s'appelaient Voltaire. " A la Révolution, " griffon redoutable et splendide, il a Danton pour aile, Robespierre pour ongle ".

Cette combinaison pourra s'articuler très diversement, mais toujours avec une intention de rationalité. Elle visera par exemple à la constitution de types complexes ("Gilliatt était une espèce de Job de l'océan. *Mais* un Job luttant, un Job combattant, et faisant front aux fléaux... Un *Job Prométhée*. "). Ou elle utilisera la conjonction pour mieux signaler la différence (Prométhée et Hamlet sont

" deux enchaînés " ; mais " dans Prométhée, l'obstacle est extérieur, dans Hamlet il est intérieur. Que Prométhée s'arrache de la poitrine le vautour, tout est dit ; il faut qu'Hamlet s'arrache du flanc Hamlet "). Ou bien elle exploitera, procédé favori, le rapport d'inclusion : Javert, c'est " Brutus *dans* Vidocq " ; ou, même figure mais avec l'inclusion cette fois-ci d'une essence neutre en un individu vivant : " Il y avait de l'inconnu *dans* Thénardier. " A d'autres moments l'activité recomposante projette les mêmes connexions dans le plan du sensible. La juxtaposition relationnelle s'y présente alors comme *jointure* (" on entend remuer l'effrayant *engrenage* De l'infini dans l'éternel "), ou plus durcie, comme *angle* (" les angles que la nuit et l'immensité font "), ou encore comme *renvoi* réverbératif d'un terme à l'autre (" le lugubre *reflété dans* le funèbre "). Quelquefois enfin une figure traditionnelle de la rhétorique, par exemple le *zeugma*, se charge de sanctionner en elle la séparation des règnes (abstrait/concret), tout en les réunissant sous le signe d'une intention commune : " Vêtu de *probité* candide *et* de *lin* blanc. "

Dans l'arsenal des figures hugoliennes, il en est une cependant qui domine, en quantité comme en valeur, toutes les autres : c'est, on le sait, l'*antithèse*. On comprendra aisément les raisons de sa prééminence si l'on reconnaît en elle la figure type de la discrimination, l'instrument privilégié du tri. Contre le tropisme d'indistinction elle rétablit le principe générique de polarité. Sa seule présence suffit alors à redonner ses chances à une logique fondée sur le fonctionnement des oppositions et des corrélations. Or l'antithèse possède ici son mythe de naissance : Hugo la rêve comme issue d'une brusque décantation du trouble. Dans le champ de l'amorphe un choc externe provoque une crise, sous l'effet de laquelle les éléments confondus de la substance se trouvent soudain séparés, isolés, mis face à face. C'est le cas de Jean Valjean, après le vol du petit Savoyard : " ... cette dernière mauvaise action eut sur lui un effet décisif ; elle traversa brusquement un *chaos* qu'il avait dans l'intelligence et le *dissipa*, mit *d'un côté* les épaisseurs obscures et *de l'autre* la lumière, et agit sur son âme, dans l'état où elle se trouvait, comme de certains réactifs chimiques agissent sur un mélange trouble en précipitant un élément et en clarifiant l'autre. " Structuration par choc et catalyse. A l'état, malheureux, d'anomie succède alors celui, dénoué, détendu, d'antinomie.

Or cet état est riche de toute une série de nouvelles possibilités structurales. Car il ne s'agit pas, ou pas seulement, d'y faire se cogner les unes contre les autres les diverses essences ennemies. Ce heurt, sans doute dramatiquement fructueux (le théâtre de Hugo, par exemple, en use et en abuse), ne marquerait qu'un progrès assez faible dans l'entreprise de reconquête intelligible où nous avons cru voir toute la rhétorique hugolienne engagée. L'antithèse est utile surtout en ce qu'elle permet de construire de véritables axes de signification où disposer, à divers niveaux, et selon leur rapport changeant avec le pôle positif et le pôle négatif, de nouvelles figures d'existence. Ainsi celle du *tiers exclu*, correspondant au choix nécessaire de l'un des deux extrêmes (*ou-ou*), et au refus de la situation intermédiaire. (" Une voix lui disait-elle à l'oreille qu'il venait de traverser l'heure solennelle de sa destinée, *qu'il n'y avait plus de milieu pour lui*; que si désormais il n'était pas *le meilleur* des hommes, il en serait *le pire*... Que s'il voulait devenir bon, il fallait qu'il devienne *ange*, que s'il voulait rester méchant, il fallait qu'il devînt *monstre* ? "). Ou bien la figure du *neutre*, du *ni... ni...*, exclut cette fois tant le positif que le négatif, sans nous situer pour cela dans l'entre-deux. Les deux pôles du sens sont alors refusés, mais implicitement posés dans l'acte de ce refus lui-même (" Et je suis devenu, n'ayant ni jour ni nuit, Une espèce de vase horrible de la nuit "). Ailleurs une double antithèse inversée fixe paradoxalement — et toujours vertigineusement — en elle, en l'écartelant en quelque sorte, le louche d'une indistinction catégorielle inquiétante (ici la confusion présence/absence) : " C'était un lieu habité où il n'y avait personne; c'était un lieu désert où il y avait quelqu'un. "

Plus courante encore la figure du *mixte*, du terme intermédiaire qui rassemble en lui, à égalité, et à l'état évidemment de lutte ou de tension interne, les deux instances, positive et négative, de l'axe au milieu duquel il se situe. Si c'est l'axe de la lumière, l'homme sera dit par exemple " être crépusculaire ", juxtaposition d'ombre et de jour, " degré d'en haut pour l'ombre, et d'en bas pour le jour "; (Cette mixité possède d'ailleurs chez Hugo un lieu favori d'avènement : le soupirail.) Il faut bien voir ici que l'*à la fois*, principe

de la mixité, ne ressemble en rien au *trouble*, ni au *louche*, modes de
la contamination originelle. Il en serait même plutôt l'opposé :
car il ne s'affecte jamais d'aucune ambiguïté (le *gris* par exemple
n'a rien à voir avec le *blême*, teinte d'un noir blanc, ou d'un blanc
noir...). En lui coexistent souvent, à l'état d'absolue pureté, chacune
des deux essences antagonistes qui le constituent comme mixte.
Lucrèce Borgia, Triboulet par exemple, sont à la fois bons et mauvais, mais entièrement bons par un côté de leur être, entièrement
mauvais par l'autre. D'un côté à l'autre aucun glissement possible.
Parfois même c'est spatialement, voire actantiellement, que le mixte
se scinde et affiche sa figure : ainsi des dédoublements successifs de
Jean Valjean en Mgr Bienvenu, M. Madeleine ou Champmathieu;
ou bien, dans *Quatre-vingt-treize*, le doublet caractéristique Cimour-
dain-Gauvain, " les deux pôles du vrai ", " absolument opposés "
dit Hugo, et " étroitement unis ".

Mais le mixte, de par son essence même, n'existe pas tout seul.
Il se pose en se reliant à d'autres mixtes, construits sur les mêmes
coordonnées que lui, mais en qui le rapport des opposés s'infléchit
plus ou moins du côté du positif ou du côté du négatif. D'où l'importance de la notion de *degré*, qui permet de construire, de terme
en terme, une véritable *échelle* des êtres. Ressaisie par l'imagination
structurale la création apparaît alors comme un " engrenage ", le
lieu où les phénomènes " s'entrecroisent l'un dans l'autre ", entre-
croisement qui est comme le retournement, ou le recto intelligible
de ce verso que constituait tout à l'heure le thème maléfique de
l'enchevêtrement... " Tout s'enchaine et s'unit par les affinités,
Innombrables liens cachés, subtils et souples. " Cet enchaînement
relève désormais de la netteté organique du *réseau*, non plus de la
solidarité amorphe de l'eau ou de la pâte. La métamorphose elle-
même peut dès lors se penser sans vertige, comme un emboîtement
visible d'essences discrètes : " Le crocodile, l'amphibie des rochers
et des pierres, est pierre autant qu'animal; le cerf, cet habitant
inquiet de la forêt, porte des branches d'arbres sur sa tête. " Voici
conservée, mais en même temps dominée et pacifiée, l'ancienne
tentation de l'amalgame. Tout continue à passer en tout, mais dans
l'émerveillement, et sans danger. Admirable en effet, " la manière
dont l'être se modifie et se transforme constamment, sans secousse,
sans disparate, et comme il passe d'une région à l'autre avec calme et

harmonie. Le végétal devient animal sans qu'il y ait un seul anneau rompu dans la chaîne qui commence à la pierre, dont l'homme est le milieu mystérieux, et dont les derniers chaînons, invisibles et impalpables pour nous, remontent jusqu'à Dieu ".

Monter, descendre, devenir... On voit que la taxinomie hugolienne constitue aussi tout naturellement la grille d'un *paysage*. Le haut et le bas, le lumineux et l'obscur, le bien et le mal se partagent désormais l'espace du sensible ou de l'humain, le second terme de chacun de ces doublets étant pensé comme l'égal et l'inverse du premier. C'est le mythe de Satan, Dieu éteint, perverti et tombé, — Dieu *renversé*. Le trouble de l'en-dessous originel (nuit et profondeur) se voit dès lors tout à la fois exprimé et conjuré par une articulation du positif et du négatif selon laquelle le bas constitue seulement le contraire du haut, son revers, sans doute provisoire. Non plus arrière-monde, cloaque originel, fond sans fond, genèse chaotique d'une extériorité ou d'une antériorité insaisissables, mais terme d'une structure binaire hors de laquelle il ne peut pas être pensé et qui ne peut se penser sans lui. Si bien que, dans l'espace sensible aussi, le sens n'est plus hallucination, mais différence.

Cette différence peut enfin s'installer en une dimension de diachronie : elle gouverne alors les diverses figures hugoliennes de l'*histoire*. Figures qui s'obtiennent en faisant intervenir le changement dans les cadres rhétorico-sensibles que l'on a jusqu'ici répertoriés. Au motif, par exemple, de la mixité, de l'échelle des êtres, correspondra le thème de l'*évolution*, lent déplacement, procession verticale, ascension continue du négatif au positif, de l'épaisseur à la transparence. (" On verra le troupeau des hydres formidables *Sortir, monter* du fond des brumes insondables Et se transfigurer... et... *par degrés* devenant diaphanes Les monstres s'azurer ! ") Mais aux lenteurs du progrès évolutif pourront toujours être préférés les spasmes de la *révolution* : pivotement alors de l'axe des classes sociales, interversion sauvage des valeurs, bascule de la structure ancienne avec remplacement de l'opposé par l'opposé, du mal par le bien, du haut par le bas. (On comprit " que le sommet allait descendre sous la base, que le nadir allait devenir le zénith, que le peuple montait sur le roi qui finit " : équivalent historique de la figure rhétorique dite du " monde renversé "). Enfin, dernière mutation structurale possible, la *percée* : elle se réalise en une utilisation cette fois dialectique des contraires, telle qu'en exaspérant chacun d'eux, en le poussant à bout, on débouche brusquement dans son antinomique. C'est, on le sait, le cas du Titan, condamné par les Dieux, et qui à force de s'enfoncer dans la noirceur terrestre débouche sur une lumière, — celle de l'autre côté de la terre, des antipodes. Ou celui encore de Jean Valjean sortant miraculeusement du cloaque de l'égout parisien (marche d'escalier enfin solide sous le pied, lumière de soupirail devinée dans la chape nocturne), après en avoir subi jusqu'au fond, jusqu'à la mort acceptée, l'enveloppement ignoble. Voyons-y peut-être une image de Hugo lui-même, n'émergeant par l'écriture de son propre chaos d'existence et de langage que pour l'avoir, en écrivant, pleinement voulu, frayé, labouré, traversé.

IV

MUSSET

" Vivre, oui, sentir fortement, profondément qu'on existe, qu'on est homme, créé par Dieu, voilà le premier, le plus grand bienfait de l'amour. Il n'en faut pas douter, l'amour est un mystère inexplicable... " C'est cet *inexplicable* que ne cesse d'interroger l'œuvre de Musset. L'amour constitue bien ici une expérience axiale, cardinale : tout le reste ne se pense ou rêve que par rapport à lui, ne parvient même à se formuler qu'en son langage. Comme plus tard chez un Éluard la révélation charnelle commande tout le champ de la création poétique, et cela sans doute parce qu'elle met celui qui aime en possession d'une assurance d'ordre proprement métaphysique. Une telle certitude intéresse d'abord, chose évidente, le rapport de l'aimant avec l'aimée ; aimer, pour Musset, c'est être *avec* l'autre, ou à la limite être *en* lui, être lui, c'est coïncider quasi substantiellement avec son être même, et donc se placer dès le départ à l'abri du malheur de la distance ou de l'angoisse de solitude. Cette unité s'imagine comme première, et se traduit de la façon la plus simplement concrète : " Aimer, dit Desgenais à l'Octave de la *Confession*, c'est se donner corps et âme, ou, pour mieux dire, c'est faire un seul être de deux ; c'est se promener au soleil en plein vent, au milieu des blés et des prairies, avec un corps à quatre bras, à deux têtes et à deux cœurs. " Un tel sentiment de cohésion quasi physique caractérise d'ailleurs en même temps la relation tout aussi importante que le moi aimant entretient avec *lui-même*. Par la volupté il se sent en effet absolument réuni à soi, existentiellement homogène, sans aucune fissure intérieure, en parfait accord avec ce qu'il devine être sa vérité la plus profonde. Ainsi pour Octave l'absorption heureuse dans l'amour réalise à la fois une sorte d'autopossession immédiate, et le refus ou l'oubli de tout ce qui pourrait venir troubler un si merveilleux sentiment d'adéquation : " Je n'avais connu de la vie que l'amour, du monde que ma maîtresse, et n'en voulais savoir autre chose. Aussi étant devenu amoureux en sortant du collège, j'avais sincèrement cru que c'était pour ma vie entière, et toute autre pensée avait disparu. "

Si toute autre pensée d'ailleurs avait pu si facilement disparaître chez Octave, c'est que cette pensée-là suffisait à le mettre au contact spontané de l'essentiel. Car aimer de cette façon, si primitive, si naïvement exclusive, cela revenait à participer à la poussée même de la vie, à adhérer au grand mouvement cosmique et anonyme par lequel l'être se parle et se découvre lui-même à travers la volupté des êtres : " Amour ! ô principe du monde ! flamme précieuse que la nature entière, comme une vestale inquiète surveille incessamment dans le temple de Dieu ! foyer de tout, par qui tout existe ! " En aimant, la créature rejoint donc l'acte même de sa création ; l'extase sensuelle le remet au plus près d'une source ontologique. L'amour ne cesse ainsi de soutenir la vie individuelle comme une sorte d'en deçà tout aussi présent qu'inépuisable. Il est en même temps désir et foi, mouvement vers l'aimée et adhésion préalable, aveugle, à son essence. Il vise à combler un manque personnel, mais en faisant dès l'abord confiance à la plénitude de l'autre, et de l'être.

On imagine dès lors tous les dommages que risque de provoquer en une telle structure d'existence l'intervention d'un *doute*, c'est-à-dire le constat d'une fêlure, voire d'une rupture intervenant dans le registre des trois continuités plus haut décrites : l'intersubjective, l'intime, la métaphysique. Or il semble bien que toute l'aventure du sentiment doive s'interpréter chez Musset à partir d'une telle déchirure. *La Confession d'un enfant du siècle* en rattache le trauma à un épisode très précis, qu'elle évoque avec la puissance minutieuse des fantasmes. Il s'agit, on s'en souvient, d'un repas, au cours duquel Octave, assis en face de sa maîtresse bien-aimée, n'a cessé d'être regardé par elle de la manière la plus souriante et la plus tendre. Voilà pourtant qu'il laisse tomber à terre une fourchette. " Je me baissais pour la ramasser, continue le texte de la *Confession*, et, ne la trouvant pas d'abord, je soulevai la nappe pour voir où elle avait roulé. J'aperçus alors sous la table le pied de ma maîtresse qui était posé sur celui d'un jeune homme assis à côté d'elle; leurs jambes étaient croisées et entrelacées, et ils les resserraient doucement de temps en temps. '' Schisme brusquement découvert, et cela de par la géographie même de la scène, entre un *dessus* et un *dessous*, un *manifesté* et un *caché*, un *avoué* et un *inavouable*, — révélation en outre, à l'intérieur de ce dérobé lui-même, d'une jonction d'où l'on est bien sûr exclu, et qui s'affirme de la manière la plus scandaleusement vivante et sensuelle. Ailleurs, en une disposition un peu différente de la même scène — la nommerons-nous *scène primitive*? — la trahison s'affiche, ou semble s'afficher, non plus dans ces jambes si voluptueusement entrecroisées, mais dans la présence surprise d'une *seule tasse* de thé que le soupçon attribue à deux buveurs amoureusement complices. Ici aussi le dévoilement du clandestin s'accompagne d'une évidence peut-être plus cruelle encore : non seulement cette femme m'a menti, mais elle l'a fait pour être avec un autre (une *seule* tasse), et pour être avec lui comme elle avait été avec moi, comme je croyais qu'elle pouvait n'être qu'avec moi. C'est ce que dit bien l'ambiguïté du verbe *tromper* : on trompe quelqu'un, mais on le trompe aussi *avec* quelqu'un.

A partir de là vont s'ouvrir deux séries assez distinctes de conséquences. La première intéressera le sentiment désormais perdu d'une *tenue* intime, disons, en termes de psychologie, d'une *sincérité* de l'autre. Le soupçon frappera en lui toute apparence, qu'il accusera, et de façon bientôt maniaque, obsessionnelle, de n'être qu'apparence. Dans l'espace même du désir, de ce vide autrefois comblé par le désir de l'autre, un hiatus se creuse qui sépare la façade, toujours suspectée de fausseté, et l'en-deçà de la façade, inconnaissable, insaisissable, fondamentalement changeant et élusif. Cette inadéquation de l'être et du paraître proscrit l'échange transparent, l'union, à plus forte raison la coïncidence. Elle transforme l'amour en une relation en porte-à-faux : dialogue, bientôt combat entre deux individus masqués, condamnés tous deux à dissimuler pour se prémunir des mensonges supposés de l'autre : '' Votre visage est-il de plâtre, gémit ainsi la trop tendre Brigitte, pour qu'il soit si difficile d'y voir ce qui se passe dans votre cœur ? '' C'est que tout sentiment désormais se cache, se déguise : '' Eh ! quel homme ici-bas n'a son déguisement ? Le froc du pèlerin, la visière du casque sont autant de cachots pour voir sans être vu... " Le jeu du désir emprunte tout naturellement alors les voies du théâtre : ne nous étonnons pas que ce soit justement sur une scène que Musset ait pu situer ses créatures les plus convaincantes; la structure de la comédie — parfois de la comédie dans la comédie — gouvernant ici tout à la fois un thème fondamental d'existence et l'exercice d'une forme d'art. Ajoutons que, puisque tout tournait autour de la révélation amoureuse, l'ébranlement de celle-ci entraîne une perte très générale de la " foi ", entendons de la confiance en l'être même : " Je n'avais vécu que par cette femme; douter d'elle, c'était douter de tout; la maudire, tout renier; la perdre tout détruire. " D'où l'ennui, le dégoût d'exister, ce " mal du siècle " en somme que veut étudier *la Confession*. La fêlure d'un espace élu comme primordial provoque ainsi un ébranlement des fondations mêmes de la vie.

Intérieurement privé de son unité, l'*autre* aimé perd aussi du fait de son mensonge, et c'est peut-être encore plus grave, son privilège extérieur d'unicité : ce qui le faisait être pour moi le seul partenaire possible, le corrélat prédestiné de mon désir, le site, l' " autel " même, dirait Musset, de la révélation amoureuse. Par sa trahison ma maîtresse me dépouille de la distinction quasi mystique dont elle m'avait jusque-là investi, elle me rejette en une série, parmi tous les hommes qu'elle a aimés avant moi, ou qu'elle aimera après moi. L'un des caractères les plus tragiques du temps, c'est bien en effet de relativiser l'amour. A quoi bon souffrir d'être *maintenant* trompé, suggère Desgenais à son ami Octave ? " ... Moi je vous dis, puisqu'elle a eu d'autres hommes que vous, qu'importe que ce soit hier ou il y a deux ans ? Puisqu'elle aura d'autres hommes, qu'importe que ce soit demain ou dans deux autres années ? Puisqu'elle ne doit vous aimer qu'un temps, et puisqu'elle vous aime, qu'importe donc que ce soit pendant deux ans ou pendant une nuit ? " Le " *qu'importe* " : voilà bien l'un des termes clef de la rhétorique de Musset : il dit un mélange tout particulier de résignation, de provocation et d'amertume. " Qu'importe le flacon pourvu qu'on ait l'ivresse ! " Cela revient à isoler, pour mieux la préserver, l'activité transcendante du désir, et à sacrifier, comme privés de dignité ou d'être, les instruments — les créatures vivantes — à travers lesquelles seules le moi a pourtant quelques chances de participer à ce désir.

De la femme unique on passe alors aux femmes, ou plus exactement à la femme plurielle, avec ce résultat que l'amour déperson-
nalise, s'automatise, qu'il va toujours davantage dans le sens d'un
ravalement, d'une monotonie solipsiste, et, finalement, d'un
désespoir.

Rien en effet de plus intimement ébranlant qu'une telle expérience : elle scinde le moi de l'amoureux tout aussi profondément
qu'elle divisait le statut affectif de l'autre. Trahi, celui qui aime
se découvre désirant de deux façons qui lui apparaissent bientôt
incompatibles. " Il m'était arrivé, dit Octave, un des plus grands
bonheurs, et peut-être des plus rares, celui de donner à l'amour
ma virginité. Mais il en résultait que toute idée de plaisir des sens
s'unissait en moi à une idée d'amour; c'était là ce qui me perdait... "
Comprenons bien que cette distinction de l'amour et du plaisir
intervient ici de manière secondaire, comme un résultat justement
du schisme existentiel provoqué par la découverte du mensonge.
Autrefois vécue en une perspective unique, la joie érotique se
brise ici, se coupe en deux modes ennemis. La voici placée dans
le dilemme tout nouveau du *pur* et de l'*impur*. D'un côté c'est
l'extase d'un sentiment calme (" Quand les sens apaisés sont morts
pour le désir... "), d'une union d'âme à âme, d'une rêverie romanesque, d'une communion frigide et transparente : " Quand l'amie,
en prenant la place de l'amante, Laisse son bien-aimé regarder
dans son cœur, Comme une fraîche source, où l'onde est con-
fiante Laisse sa pureté trahir sa profondeur. " De l'autre côté
s'ouvre le monde de la sensation littérale et frénétique, de la pure
technique sensuelle, bref de cet entraînement fatal et quasi mécanique que Musset nomme la *débauche*. Ne croyons pas d'ailleurs
que son thème premier soit celui de la corporéité : le corps demeure fondamentalement bénéfique pour Musset, c'est en lui
que réside toujours l'authentique spontanéité de l'être. Non, l'index
significatif de la débauche, ce sera au contraire le motif honni de
l'artifice, de l'excitation intellectuelle, du *caprice*, — toutes formes
d'une action venant s'imposer de l'extérieur à la naïveté charnelle :
état où " rien n'est réglé sur les besoins du corps, mais sur les
fantaisies de l'esprit, et où l'un doit toujours être prêt à obéir à
l'autre ". Imputons à cet intellectualisme vicieux, ou plutôt à
son mode euphorique et euphémique, le brio, l' " esprit ", la

" fantaisie " du héros débauché de Musset, et de Musset lui-même dans la mesure où il s'avoue semblable à son héros.

Cette violence initiale de l'esprit autorise les pires dévoiements. L'acte d'union devient convulsion douloureuse, crispation presque maladive de l'être sur lui-même (" Je me souviens encore de ces *spasmes terribles*, De ces baisers muets, de ces *muscles* ardents De cet être *absorbé*, *blême*, et *serrant les dents*... "); à la limite il se distingue mal d'une aliénation (" Son corps était l'*hôtellerie* Où vivaient attablés ces *pâles voyageurs* "). La débauche se rêve ainsi comme une sorte d'enfer ou de désert de l'être. " Point d'amour ! Et partout le spectre de l'amour ! " Ce thème du *spectral*, si important chez Musset — lié chez lui à des contenus sensibles tels que le *blême*, le *pâle*, le *noir*, l'*en-deuil*; doté en outre de toute une série de connotations humorales, comme le *stérile*, l'*impuissant*, l'*épuisé*, — il traduit ici, à l'inverse du sentiment originel de plénitude, un cauchemar d'irréalisation; il résume en lui l'universelle et désespérante intuition d'une sorte de présence creuse. Car l'amour " pur ", une fois infecté par le soupçon, une fois contesté selon les critères d'une prétendue " réalité " — celle qu'apportent au débauché sa " connaissance du fond des choses " et la pratique de ce que Musset nomme admirablement ses " tâtements profonds et impies " —, ne peut apparaître que comme illusion ou mystification : fantôme. Mais la réalité que nous font posséder ces mêmes " tâtements " nous semblera bien vite décevante, tristement démunie de poids et de substance, fantomatique en somme elle aussi, si nous la mettons à l'épreuve de l'exigence autrefois promue et soutenue par la passion. Non seulement se creuse ainsi en chacun de nous un hiatus entre le tropisme du pur et celui de l'impur, mais chacune de ces deux tendances se trouve dès l'abord frappée d'inanité par le voisinage, le rappel ou la nostalgie, bref par l'irrésistible et incessante contamination de l'autre. Scindée en deux, mais attaquée en outre à chaque instant dans la solidité de son double parti, et donc déconcertée, presque néantisée (sans en être pour cela libérée) : telle nous apparaît à peu près cette *conscience amoureuse* qui se cherche et se parle tout au long de l'œuvre de Musset.

Ce thème central du dédoublement, on le verra se moduler çà et là selon des figures fort diverses. Il pourra affecter la forme d'une division entre deux grands registres antinomiques : " Choisis de ton âme ou de ton corps, se dit Octave à lui-même : il te faut tuer l'un des deux... Fais de toi un cadavre si tu ne veux être ton propre spectre. " Cette opposition de l'âme et du corps prend, en un autre contexte, l'aspect d'une lutte du corps et de l'esprit, le corps changeant alors de camp, passant du côté de l'authentique, et l'esprit se présentant comme la puissance rongeuse et destructrice : " Ah ! pourquoi mon esprit va-t-il toujours devant Lorsque mon corps agit ? Pourquoi dans ma poitrine Ai-je un ver travailleur, qui toujours creuse et mine, Si bien que sous mes pieds tout manque en arrivant ? " Dans tous les cas un jugement d'ordre moral sous-tend le constat de division. S'il y a deux hommes en moi, il est naturel que l'un soit posé comme tout bon, l'autre comme tout mauvais : " Comment donner un nom à une chose sans nom ", s'écrie Octave, en proie au vertige de son ambiguïté. " Étais-je bon, ou étais-je méchant ? étais-je défiant ou étais-je fou ? " Et la douce Brigitte reprend le même thème, en l'enrichissant du constat de l'indissoluble union des deux contraires : " S'il y a en vous deux hommes si différents, ne pourriez-vous, quand le mauvais se lève, vous contenter d'oublier le bon ? "

Cette dualité atteint pourtant à son aspect le plus intéressant lorsqu'elle affecte non plus des éléments isolables, ou réciproquement opposables de la personnalité, mais son ensemble, sa présence globale qu'elle semble avoir alors pouvoir de détacher psychiquement, parfois même objectivement, en bloc, de ce qu'elle est. Se sentir coupé de soi, se regarder parler ou agir du dehors, comme on le ferait pour un étranger : c'est l'une des originalités de la vie de la conscience chez Musset. Un tel pouvoir de distancement le rapproche de celui que Sartre nommait l'homme sans immédiateté : Baudelaire. Il est facilité par la structure particulière du temps ici vécu — présent, passé, futur tendant à se couper brutalement les uns des autres, et finalement à s'ignorer : " Je suis si bien guéri de cette maladie ", dit par exemple le poète de *la Nuit d'octobre*, " Que j'en doute parfois lorsque j'y veux songer; Et quand je pense aux lieux où j'ai risqué ma vie *J'y crois voir à ma place un visage étranger.* " Ce visage étranger, Georges Poulet a montré, en une belle analyse, que c'était celui même du *souvenir* chez Musset : la mémoire me laissant toujours ici à côté, à l'écart de ce passé qu'elle me restitue justement *comme passé*. Mais l'expression la plus actuelle peut aussi se trouver brusquement frappée d'altérité : ainsi d'Octave, écoutant soudain, du dehors, le bruit de son propre discours : " Je tressaillis à ces paroles, comme si c'eût été un autre que moi qui les eût prononcées. " Et cet autre bientôt se concrétise, se visualise, se dresse en pied et en cap devant la conscience hallucinée. Ce peut être sous la forme d'un reflet surpris dans un miroir, ainsi Frank, dans *la Coupe et les Lèvres*, s'apercevant lui-même, au cours d'une orgie, dans l'embrassement d'une femme, " ou du moins la forme d'une femme ", et " se tordant en vain sous le spectre sans âme ". Ou bien l'image se matérialise, s'emplit, et le reflet, toujours inerte et torturé devient *statue* : " Elle s'assit en souriant sur mon lit, et je m'y étendis à ses côtés *comme ma propre statue sur mon tombeau*. " Toute *la Nuit de décembre*, sans doute le plus beau poème de Musset, se fonde sur ce thème de la visitation du double, " morne et pâle visage, Sombre portrait vêtu de noir ", thème dont on sait qu'il correspondit chez lui à des expériences (ainsi la célèbre scène d'autoscopie à Fontainebleau) très concrètement, et même pathologiquement vécues.

Il serait facile de montrer que le double, étalé dans l'espace, promu en principe de création et de gémination des personnages, commande tout le théâtre de Musset, qu'il affecte les héros hommes, ou femmes, et quelquefois les deux en même temps. Ces comédies seraient alors des sortes de psychodrames, où Musset se soulagerait de sa hantise en lui accordant le droit de s'objectiver, peut-être de se sublimer dans le ton de la légèreté et sous la forme du dialogue. Car il est certain que cette obsession de dédoublement relèverait d'une psychanalyse. Le double, on le sait, n'est jamais innocent, ni neutre. Il est plus que probable que le moi projette, puis évoque et châtie en lui un ensemble d'images censurées. N'est-il pas significatif de le voir si souvent apparaître comme un écho négatif et destructeur de la joie amoureuse ? La nature du double d'ailleurs, mélancolique, mortuaire, inerte, visiblement dévirilisée, semble bien traduire un vœu secret d'autopunition : une punition dont il serait à la fois l'image, névrotique, et l'instrument, obsessionnel. Peut-être même, resituée en cette perspective, la scission dont parle, à partir de laquelle parle toute cette œuvre devrait-elle s'interpréter dans les termes d'une angoisse de castration (castration infligée, du fait de sa seule trahison, de son seul retrait, par la première amante-mère). Mais notre commentaire ne saurait, faute de place, s'engager en de tels chemins. Il se contentera, une fois distinguées les deux faces du double, ou les deux aspects du moi affectivement dédoublé, de se demander comment ces deux côtés coexistent, selon quelles figures préférées ils se lient l'un à l'autre.

La plus fréquente de ces figures, la plus frappante aussi, et, pour le héros, la plus désespérante, c'est l'alternance. Pur et impur, confiance et soupçon, passion et débauche se lient en phases successives, chaque tentation l'emportant tour à tour sur sa rivale, mais sans que cette supériorité comporte jamais rien de décisif, ni de définitif. Cette instabilité de l'affectif se trouve favorisée par la discontinuité, déjà notée, des divers moments du temps. Si la responsabilité se définit par le vœu, ou l'assomption, d'une permanence personnelle, l'homme de Musset est bien la plus irresponsable des créatures. Il oscille sans cesse sur lui-même, passe brusquement d'un parti au parti opposé. Ainsi Octave : " Une demi-heure s'était à peine passée et j'avais changé trois fois de sentiment... " Hésitation, atermoiement, volte-face imprévue : c'est la loi de cet univers déboussolé. Il lui arrive de prendre pour index les avatars d'un objet érotiquement élu : une chevelure féminine par exemple. Ainsi la première maîtresse d'Octave qu'il vient d'abandonner dans le désespoir de leur rupture, " noyée de douleur et étendue sur le carreau ", avec ses " cheveux épars sur les épaules ", est retrouvée par lui quelques instants plus tard en un maintien bien différent : surprise à sa toilette, en train de se préparer pour le bal, elle offre aux yeux de l'amant stupéfait le spectacle d'une " nuque, lisse et parfumée, où ses cheveux étaient noués, et sur laquelle étincelait un peigne de diamant... Il y avait dans cette crinière retroussée je ne sais quoi d'impudemment beau qui semblait me railler du désordre où je l'avais vue un instant auparavant ". Le caractère ordonné, recentré, d'une coquetterie tout à la fois provocante et contrôlée, qui est maintenant celui de cette chevelure apparaît ainsi comme un désaveu apporté par la chair même à la phase amoureuse précédente, définie, elle, par l'abandon, la défection, l'éparpillement tendre. A cette dénégation scandaleuse de l'identité, une seule réponse alors possible, la violence : " J'avançai tout d'un coup et frappai cette nuque d'un revers de mon poing fermé. "

Il peut arriver cependant que le héros de Musset n'accepte pas la fatalité de l'alternance, avec l'épuisement qu'entraîne en lui sa suite d'aveux et de désaveux, d'engagements et de rétractations — et qu'il tente de faire triompher un peu fixement en lui l'un des deux " hommes " qui l'occupent : soit que, violemment enfoncé dans son entreprise de démystification sentimentale et d'athéisme érotique, il veuille oblitérer en lui tous les souvenirs de l'autre amour; soit que, tentation plus fréquente et plus pathétique, il tâche de vivre en toute spontanéité son aventure passionnelle en effaçant en lui les images, — les souillures, les taches dit Musset —, de son passé de débauché. Mais des deux côtés l'entreprise est difficile, presque désespérée; toute l'œuvre de Musset, sauf le théâtre (ou du moins une portion de celui-ci) qu'un parti optimiste situe encore ici à part, semble bien en prouver l'impossibilité. Car la débauche reste toujours hantée par le besoin de la transparence et de l'échange. Inversement la pure passion demeure contaminée, et cela dans son exercice charnel même, par les traces indélébiles de l'érotisme libertin. " Quoique je ne fusse plus un débauché, dit Octave amoureux de Brigitte, il m'arriva tout à coup que mon corps se souvint de l'avoir été... "

Que faire alors contre cette obscure mémoire corporelle ? Peut-être reprendre et réutiliser, cette fois à son profit, les pouvoirs dissociants du jeu. Puisque l'être, quoi qu'il fasse, reste double, — et d'une dualité, notons-le bien, qui lorsqu'elle s'exerce en ce domaine, réclame comme sa conséquence un dédoublement symétrique du partenaire (d'où toute une possibilité de non-rencontres, de malentendus tragiques) — l'un des deux côtés, une fois posé comme authentique, pourra consentir à laisser l'autre s'exprimer à côté, ou au-dessus de lui, mais désormais sur le mode du non-assumé, du distancé : sous l'aspect d'une comédie où l'être n'engagerait plus que sa surface. L'un des deux comportements devient ainsi le *rôle* joué par l'autre. Par exemple dans *Il ne faut jurer de rien* le libertin Valentin emprunte, pour séduire l'innocente Cécile, le langage du romanesque le plus pur. Inversement la sincère Brigitte, dans *la Confession*, joue à la courtisane pour satis-

faire le désir à demi perverti de son amant. De façon un peu analogue Lorenzaccio prend le masque de la débauche pour mieux
approcher le tyran qu'il veut, par pureté, tuer. Mais tous ces
essais s'achèvent en catastrophe. Heureuse celle-ci, quand Valentin
finit par tomber véritablement amoureux de Cécile. Tragique
dans le cas des deux autres personnages. Car la fascination névrotique du paraître, l'emprise de l'immédiateté perçue ou exprimée,
qui sont, nous le savons, celles même de Musset, font que le jeu
n'est très vite plus ressenti comme tel par celui, acteur ou spectateur,
qui en a été l'initiateur. A voir Brigitte agir en courtisane Octave
la croit, la juge courtisane; et lui reproche alors amèrement d'être
celle dont elle avait voulu lui donner la comédie : " Cesse, lui
disais-je, tu ressembles trop bien à ce que tu veux imiter et à ce que
ma bouche est assez vile pour oser rappeler devant toi... " Brigitte
souffre d'ailleurs elle-même d'une similitude qui finit par la salir,
et par éveiller en elle un obscur sentiment de jalousie : " Et les
autres, ces misérables, qu'ont-elles donc fait pour empoisonner ta
jeunesse ? Les plaisirs qu'elles t'ont rendus étaient donc bien vifs
et bien terribles puisque tu me demandes de leur ressembler ! C'est
là le plus cruel. " Quant à Lorenzaccio, on sait que le masque
d'abord seulement posé sur sa peau finit par s'identifier à sa chair
même : l'impur, tactiquement mimé, envahit, domine en lui, puis
étouffe presque la pureté dont il s'était voulu l'outil. La force de
Lorenzaccio tient sans doute à ce que cette dialectique du pur et de
l'impur, du masque et de l'être, centrale chez Musset, y recouvre
aussi l'une des questions les plus importantes posées par toute
entreprise politique : le rapport de la fin et des moyens. En dessous
de cette double problématique se prononce pourtant peut-être
quelque chose de plus essentiel encore : la puissance directement
évocatrice du geste ou du langage, la qualité créante de l'agi, du dit.
" Après avoir dit à Brigitte que je doutais de sa conduite passée,
j'en doutai véritablement; et dès que j'en doutai, je n'y crus pas. "
La nomination provoque ainsi le nommé à l'existence; du mot à
l'être il n'est plus d'intervalle. Musset et ses héros ne cessent de
parler, voire de bavarder, et de se prendre eux-mêmes au piège,
ou si l'on préfère à la lettre de leur discours. Envoûtement par le
fait même d'exprimer : n'est-ce pas là le dangereux privilège de
cette activité qui prétend transformer le mensonge en vérité pour

nous, lecteurs happés par la fiction, mais aussi pour celui, l'auteur, qui en est le support et l'origine : la littérature ?

Or il existe dans le corps, dans ce corps si voluptueusement interrogé, un lieu qui semble résumer en lui toute la dualité trouble du désir et de la parole : ce sont les *lèvres*, si souvent ici célébrées. Si Musset les élit, de préférence à tout autre lieu charnel, c'est bien d'abord parce qu'elles recueillent en elles, sous forme de dessèchement, ou de brûlure, l'exigence sensuelle la plus vraie : " Mon sein est inquiet, dit ainsi la Muse de *la Nuit de mai*; la volupté l'oppresse et les vents altiers *m*'ont mis *la lèvre en feu.* " Cette même lèvre figure ensuite l'espace euphémisé de la jonction : c'est l'acte du *baiser*, souvent chanté par Musset, extase assouvissante et abreuvante de deux vitalités mariées : " O baiser ! mystérieux breuvage que les lèvres se versent comme des coupes altérées... " Notons qu'au niveau du corps total, le baiser possède un équivalent pudique, c'est la *danse*, et plus spécialement la danse tourbillonnée, la *valse*, qui réalise, mais cette fois dans le mouvement — et plus spécialement dans le mouvement de la *torsion* qui semble si cher à l'érotique de Musset — un même type de jonction absorbante entre deux êtres désirants et emportés. Mais le baiser n'a pas seulement une fonction mariante, il possède aussi une valeur de révélation, puisqu'il nous met en rapport, en nous, avec notre part la plus profonde et la moins aliénée : " Je croyais, dit Brigitte, que je n'avais qu'à vouloir, et que tout ce qu'il y avait de bon dans ton cœur *allait te venir sur les lèvres à mon premier baiser.* Tu le croyais toi-même, et nous nous sommes trompés tous deux... " Et s'ils se sont trompés, c'est que ces mêmes lèvres constituent encore le lieu de naissance du langage, donc d'une possibilité permanente de jeu et de mensonge. Affleurement de l'authentique, bourgeonnement de l'inauthentique se trouvent ainsi oniriquement fixés sur le même site corporel. Entre la *coupe* et les *lèvres*, l'obstacle essentiel, celui qui tout à la fois propose et empêche la jonction, c'est peut-être le statut équivoque des lèvres elles-mêmes, statut symbolique de ce *doute* qui traverse, pour lui donner unité et sens, toute l'aventure de Musset.

Mais n'est-il vraiment aucun moyen de lever ce doute, de rompre l'équivoque, d'atteindre par-delà tant d'égarements ou de faux-semblants à une sincérité du moi, à une sécurité de l'être ? Un tel appel à l'indubitable, c'est ce que ne cesse de prononcer, et cela de la façon la plus têtue, la plus monotone même par-delà les rides superficielles de la fantaisie, toute la création lyrique de Musset. Elle vise à toucher, puis à émouvoir par l'exercice même du langage une sorte de point ultime d'où découle enfin la vérité. Cette instance initiale et finale, Musset la nomme le plus souvent le *cœur*. Il la conçoit comme une sorte de moi profond et presque inconscient, comme un moi autre que le moi (" De ton *cœur ou de toi* lequel est le poète ? ") C'est lui qu'il faut frapper pour en faire surgir le génie : " C'est là qu'est le rocher du désert de la vie D'où les flots d'harmonie, Quand Moïse viendra jailliront quelque jour. " Mais comment provoquer un tel jaillissement, une telle ouverture débordante du profond, sinon par une effraction doulou-reuse, une sorte de viol existentiel ? Ce descellement, tout à la fois libérateur et fondateur, de la personne, Musset l'appelle la *souffrance*. Souffrir c'est sentir se rompre en soi toutes les écorces de la défiance ou du mensonge, pour accéder à un foyer que l'on croyait perdu. Il en résulte une curieuse mythologie des *larmes* : preuve et monnaie toutes humorales de la grande commotion du fondement. La dureté du cœur souffrant se fond, s'écoule, s'exprime en larmes, qui manifestent en même temps la puissance du génie et la capacité d'aimer. Et certes les larmes mêmes n'échappent pas tout à fait au rongement de la méfiance (" Et si je doute des larmes, C'est que je t'ai vu pleurer "), mais elles nous placent pourtant très près — au plus près qui soit possible — de l'indubitable. D'où le paradoxe seulement apparent du vœu qui lie en fin de compte le souhait d'amour au choix d'une authenticité éternellement souffrante et pleurante. C'est peut-être le dernier mot de Musset : " J'aime et je veux sentir sur ma joue amaigrie Ruisseler une source impossible à tarir. "

V

GUÉRIN

" Si l'on pouvait s'identifier au printemps, forcer cette pensée
au point de croire aspirer en soi toute la vie, tout l'amour qui
fermentent dans la nature, se sentir à la fois fleur, verdure, oiseau,
chant, fraîcheur, élasticité, volupté, sérénité ! Que serait-ce de moi ?
Il y a des moments où à force de se concentrer dans cette idée et
de regarder fixement la nature, on croit éprouver quelque chose
comme cela. " Ce sont de tels moments qui nourrissent de leur
plénitude et de leur vertigineuse opacité les meilleures pages de
Guérin. Tout s'y fonde sur une sorte de déséquilibre du sentir.
Car le moi guérinien n'est pas seulement, comme tout moi moderne
sans doute, conscience *de* quelque chose, mais il tend toujours
aussi, et il réussit le plus souvent (ou du moins il s'en donne
l'illusion verbale) à devenir la chose même de laquelle il a commencé
par être conscience. Sentir veut dire ici se sentir *passer dans* le
senti. Humer l'air, regarder, écouter, — et Guérin ne sait rien faire
d'autre, sinon écrire cela même — cela revient toujours pour lui
à tenter d'abolir sa limite personnelle pour adhérer le plus étroitement, le plus amoureusement qu'il soit possible à la matière, ou
même à la qualité objective de l'entendu, du vu, du respiré. La
perception, c'est ce qui nous met du côté des choses. Les lignes
précitées nous montrent bien d'ailleurs que ce vœu peut entraîner
à un double mouvement : d'inspiration, ou de plongée. Tantôt
Guérin prétend ouvrir son intériorité à l'invasion comblante du
dehors : il voudra " aspirer en soi toute la vie ", il désirera " recevoir au vif et de toutes parts les impressions de l'horizon qui
l'entoure ". Tantôt, et c'est quelquefois en même temps, il s'effor-
cera de se laisser aller, ou de se projeter au cœur onirique de l'objet.
De toute la force de sa sensation et de son imagination il tente

alors de coller à l'intimité pressentie des choses, il tâche de s'installer rêveusement en elles, de s'assimiler leur essence même, il vise à toucher, et à posséder ce qu'il nomme lui-même " l'intérieur du monde ". Un étonnant passage du *Journal* nous décrit l'un de ces exercices de pénétration. Il a pour objet le monde végétal, substance ici élue en raison sans doute de son épaisseur tout à la fois inextricable et invitante. " J'écartais, y écrit Guérin, les branches du buis, des buissons, des fourrés épais, et j'enfonçais ma tête dans l'intérieur pour respirer les sauvages parfums qu'ils recèlent, pénétrer dans leur intimité, et pour ainsi dire leur parler dans le cœur. " Cœur dont on ne sait plus alors exactement à qui il appartient : à l'objet-feuillage ou au moi qui s'ensevelit en lui.

Voilà bien le privilège, unique peut-être dans toute l'époque romantique, de la poésie guérinienne : mettre spontanément la conscience en état de contiguïté avec son corrélat sensible, annuler tout écart entre l'étant et l'être qui le déborde, le dépasse, — mais aussi et plus profondément le fonde ou le soutient. Notons bien cependant qu'une telle immédiateté ne dégénère jamais en pâmoison. Aucune complaisance ici dans l'extase sensuelle, aucune certitude non plus. Car Guérin peut fort bien se découvrir un beau matin exclu de la communication. Par un retour maléfique sur lui-même il s'isole de la grande nappe naturelle, et se retrouve alors dans cet état de faiblesse et de déréliction plaintive que décrivent tant de pages du *Journal* : car l'angoisse est l'une des grandes notes guériniennes. Mais il peut arriver aussi, schéma inverse, que le monde se refuse d'une certaine manière à l'adhésion : non point qu'il cesse vraiment de s'offrir, mais parce qu'il conserve, dans le geste même de cette offre, la réserve d'un en deçà mal saisissable. Au-dessous de l'être prodigué demeure en effet toujours l'énigme de l'engendrement de l'être, ce qui provoque une infinie curiosité portée vers l'acte du commencement, puis vers le commencement de ce commencement, bref vers le fond sans fond d'une origine dont le caractère transcendant, ou plutôt, comme dirait Jean Wahl, transdescendant, risque d'épuiser assez vite les efforts de la pensée et de l'imagination. Ce que voudrait Guérin, habitant déjà " les éléments intérieurs des choses ", c'est " remonter les rayons des étoiles et le courant des fleuves jusqu'au sein des mystères de leur génération ", c'est être " admis par la

nature au plus retiré de ses diverses demeures, au point de départ
de la vie universelle ". Comme plus tard le saint Antoine de
Flaubert perdu dans l'extase moléculaire, Guérin s'efforce alors
de rêver l'apparition de la première goutte, ou le travail de succion
de l'ultime radicule, l'aspiration du plus petit pore. Derrière l'être,
derrière le constat et la jouissance d'un *il y a de l'être*, demeure
ainsi la question du comment et du pourquoi de l'être, question
d'ailleurs supportée, permise par cette jouissance même : " Car
qu'importe la vie ! " dit magnifiquement Guérin, " sinon pour
rechercher ce qu'elle est ! "

Or qu'est-elle pour lui, du moins pour son imagination ? Sûrement pas une collection de formes. La forme possède une vertu
limitative et contraignante qui la disqualifie d'emblée dans la rêverie
guérinienne. Elle cloisonne, donc arrête et emprisonne la nappe
ontologique. Guérin, que toute sa vocation entraîne vers l'élémentaire, non vers le structural ni le formel, ne la supporte que fluidi-
fiée, poreuse, ou baignée d'ombre. Il aime les lignes molles, les
contours frangés ou évasifs. Lui arrive-t-il de rêver la constitution
des formes, c'est sous le mode, bien caractéristique, non pas d'une
constriction, mais d'une rencontre énergétique, synthèse de forces
embrassées tout autour d'un foyer en " une étreinte ardente
d'éléments " : lieu où " la matière jouit d'elle-même et se béatifie ".
Mais au-dessous de cette jouissance et de cette béatification,
d'ailleurs fragiles, aisément révocables, car les formes se dissolvent
bien vite dans le grand fond matériel, avant de s'y recondenser en
d'autres formes, puis de s'y reperdre, et ceci à l'infini, se rêve plus
heureusement encore la permanence d'un être substantiel qui
emplit et traverse de sa présence inaltérable tous les moules formels
d'abord offerts à notre adhésion.

Cet être, l'imagination l'évoque surtout sur le mode sensible
d'une fluidité, d'une prégnance : c'est pourquoi il se donne pour
modèle le plus fréquent l'eau, ou plutôt les eaux, les eaux vivantes.
Il y a chez Guérin une omniprésence véritablement obsessionnelle
du liquide. Il aime par exemple cette eau indéfiniment parcellisée
et quasi volatile, la *pluie*, " la pluie fine et douce qui pénètre l'âme ",
mais qui s'infiltre aussi au cœur des choses pour leur " apporter
la vie ", faire frémir chaque feuille par elle arrosée, d'un " tressail-
lement de joie et de volupté ". Ou, plus épaisse, et sans doute plus

ontologiquement fondamentale, plus directement originelle, c'est l'eau des *rivières*, des " fleuves qui coulent dans le vaste sein de la terre ", eaux dans le tissu desquelles flotte peut-être " Bacchus, jeunesse éternelle, dieu profond et partout répandu ". Bacchus, image mythologique d'une ubiquité, d'une fraîcheur. Que cette liquidité s'animalise, s'organifie, qu'elle accepte d'infuser sa vertu au cœur d'une étendue apparemment solide et inerte, et Guérin rêvera au *végétal*, dont il guette, par exemple au printemps, le prodigieux épanchement, le verdissement " d'arbre en arbre, de hallier en hallier ", l'invasion " ondoyante et mugissante comme une vaste mer, une mer d'émeraude ". Tout être physique pourra lui apparaître ainsi sur le mode de l'inondation : la lumière, qui étale ses " particules douces et bienfaisantes " dans le ciel, comme un " limon aérien " chargé de le " calmer "; et plus souvent encore l'ombre qui répand fluidement ses nappes aux plis des choses, " déposant jusque dans le fond des vallées l'influence nocturne des dieux ! " Dès qu'une expérience se vit chez lui comme authentique, elle se traduit imaginairement en terme de liquidité : ainsi par exemple la lecture, qui " détrempe l'âme comme une pluie d'orage ", le souvenir, qui renvoie Guérin aux " sources presque taries de sa jeunesse ", la perception, qui " inonde " son regard de " teintes si douces, si molles, si colorées ", le sentiment de la vie surtout, de cette vie " qui sourd d'une fontaine invisible et gonfle les veines " de cet univers. Tout échange se rêve alors comme un ruissellement ou une osmose. Dans ses moments heureux le moi guérinien ressemble à une éponge, une éponge gonflée, flottante, vivante, qu'imbiberaient le flux et le reflux du monde. L'âme, dit Guérin, " s'abreuve à perdre haleine de cette vie universelle; elle y nage comme le poisson dans l'eau ".

Mais il existe diverses manières de nager, diverses façons de participer au flot panique. Guérin en distingue le plus ordinairement deux, dont l'opposition va marquer, de manière presque structurale, tout le développement de sa rêverie. Tantôt la liquidité de l'être le baigne, s'instille en lui, le pénètre continûment, l'emplit avec douceur de ses bienfaits; tantôt elle le happe avec une brusquerie avide, ou c'est lui qui se jette en elle, pour s'y retrouver presque noyé, emporté en tout cas par sa violence et sa surabondance. Au rythme lent de l'infusion intime répondent le rapt

effusif, les secousses d'une perdition dyonisiaque (Guérin choisit
pour l'une de ses héroïnes une bacchante). Le vœu d'identification
sensible se scinde alors en deux tentations contraires dont l'antinomie — mais aussi la continuité physique et le dialogue — constituent l'axe de sens autour duquel va s'édifier tout l'imaginaire
guérinien (cet axe commande en particulier les formes de son
invention narrative). Paix et ivresse, immobilité et mouvement,
dedans et dehors, ombre et lumière, ipséité et altérité : voilà
quelques-uns des couples thématiques que mobilisera cette grande
division fondamentale.

On la voit affecter d'abord la géographie même du paysage. Deux
séries de lieux oniriques s'y opposent, et cela presque terme à
terme : les uns marqués par l'hypothèse d'une participation progressive et infusive, les autres par les virtualités de la violence.
Du côté de la lenteur prégnante se construit toute une typologie
du retrait et de l'involution, de l'intimisation spatiale, charnelle,
temporelle. Le motif majeur en est la *grotte*, lieu immédiatement
matriciel, où le début de la vie personnelle semble coïncider, et
toujours sur le mode d'une liquidité suintante, échue, venue
d'ailleurs, avec un affleurement originel de l'être même : " Comme
les fleuves de cette vallée dont les gouttes primitives coulent de
quelque roche qui pleure dans une grotte profonde, le premier
instant de ma vie tomba dans les ténèbres d'un séjour reculé et sans
troubler son silence. " La notion même de creux souterrain semble
en effet nous mettre, bien mieux que l'extension d'un plan superficiel, dans la proximité d'un foyer, d'un nid ontologiques. Mais
la grotte possède aussi d'autres fonctions rêveuses : abriter son
occupant contre les excès redoutés de l'ouverture, se recourber
autour de lui, l'envelopper d'une sollicitude nutritive, lui permettre alors de croître, de mûrir, de se replier sur soi, de se sentir
exister : car " le calme et les ombres président au charme secret
du sentiment de la vie ". Ce charme, Guérin l'éprouve dans les
cabanes, les chambres, les maisons amies où il aime à se calfeutrer,
surtout si font rage dehors le vent et la tempête. Mais il le connaît
aussi dehors, dans certaines réalités élues de la nature : une campagne, par exemple, qui " l'enveloppe de verdure et de chaudes
émanations "; ou un gazon dont il rêve, en se diminuant oniriquement lui-même, comme tant de grands rêveurs de la matière,

l'intimité fantastiquement enchevêtrée : " sentiers imperceptibles ",
" secrètes arcades dont les cintres sont formés de brins de gra-
minées ", avec " l'ivresse vitale de l'air chaud qui se conserve sous
ces abris ". Même bonheur d'incubation dans la *forêt*, herbe
géante, grotte multipliée, mais grotte plus vivante encore, parce
que parcourue d'haleines, de sucs, de sèves nourricières. " Comme
un fruit suspendu dans l'ombre du feuillage J'ai grandi recouvert
d'une chaleur sauvage ", dit admirablement Glaucus, le héros
berger de Guérin. La profondeur, on le voit, ne se lie pas exclusivement ici au motif du souterrain ; il lui arrive même, en un paradoxe apparent, de qualifier un rêve d'altitude. C'est le sens de ces
montagnes, pics, falaises, promontoires sur lesquels le héros
guérinien aime si souvent à monter (à se retirer), afin d'y dominer
l'ampleur d'un océan ou d'une plaine. Car " qui peut se dire dans
un asile s'il n'est sur quelque hauteur, et la plus absolue qu'il ait
pu gravir " ? L'ascension a encore ici valeur d'écartement ; loin
des turbulences de l'en-bas, elle met en communication avec la
paix d'un au-delà stellaire : ciel immuable, déclination des astres,
nuit unanimement décantée. La grotte se creuse même le plus
souvent au sommet d'une montagne. Assez bon latiniste, Maurice
de Guérin, pour faire se rejoindre ainsi dans la réalité les deux sens
du mot *altus*, celui qui nous enfonce dans le creux abyssal, celui qui
nous oriente vers la sublimité céleste.

Face à cette série topologique de l'intime (chthonien ou aérien)
s'inscrivent, exactement correspondants, les motifs de l'ouvert,
de la vie dépliée, du dehors dynamiquement parcouru et possédé.
A la grotte-source répondra, dans le *Centaure*, le plan des larges
fleuves, l'arrondi libre des vallées. *La Bacchante* oppose le promon-
toire-sommet et la plaine, terrestre ou maritime. *Glaucus* se construit
sur un double jeu emboîté d'antinomies : celle de la forêt et de la
plaine d'abord, puis, comprenant cette dernière, celle de la vie
terrienne et de la vie océanique, ce qui reproduit à une échelle
encore plus vaste le dialogue essentiel de l'involutif et de l'évolutif,
du nid et de l'aventure. D'un registre à l'autre le passage s'effectue
souvent par déchirure (" Et le vent qui rompait le tissu de l'ombrage Me découvrit le ciel pour la première fois... ") ; le cocon
s'entrouvre, le moi sort de sa forêt ou de sa caverne, il connaît
alors la tentation de l'existence plane, il voit devant lui " la trame

de sa vie bien étendue sur ses appuis légers au doux soleil de ce monde ". Puis il se projette, avec une ardeur de plus en plus grande, dans l'extension de cette horizontalité agile et chaleureuse. Le dehors guérinien se définit en effet par la planitude, le sans-obstacle, le sans-borne, par la toute-liberté donnée à l'effusion. Celle-ci revêt la violence d'un lâcher-tout, elle a la sauvagerie d'une exaltation à la fois spirituelle et musculaire (" Je bondissais partout comme une vie aveugle et déchaînée "). Ses traits constitutifs sont la mobilité, l'absence de tout but fixe, le refus d'attachement (" Dans la fierté de mes forces libres j'errais m'étendant de toutes parts dans ces déserts "), la discontinuité des projets et des rythmes (" Une inconstance sauvage et aveugle disposait de mes pas "), l'ébriété surtout, la rapide perdition du moi dans le débordement quasi infini de son désir.

Car cette opposition, qui s'exerce de façon si cohérente dans des registres sensibles si divers, est en outre soutenue par l'antagonisme de deux modes fondamentaux de conscience. D'un côté fonctionne un moi d'intimité, une conscience spéloncale, d'une force et d'une profondeur qui font parfois songer aux plus célèbres pages de Rousseau : car le sentiment du soi ne s'y distingue pas de ce que Guérin nomme lui-même le sentiment de l'être. C'est ce que nous dit le Centaure, immobile au pli de son espace souterrain : " Dès lors je ne possédais plus d'autre sentiment de mon être entier que celui de la croissance des degrés de vie qui montaient dans mon sein. Ayant perdu l'amour de l'emportement, et retiré dans un repos absolu, je goûtais sans altération le bienfait des dieux qui se répandait en moi. " Mais de l'autre côté, celui de l'ouverture, s'exaltent une conscience-vers, la poussée d'un désir en direction d'un autre, d'un futur, objet, corps ou espace vivant. Ainsi le jeune centaure galope dans sa grotte : " Je m'efforçais de découvrir dans les coups que je frappais au vide, et par l'emportement des pas que j'y faisais ce *vers quoi* mes bras devraient s'étendre et mes pieds m'emporter. " C'est dans l'attrait, dans l'aimantation sauvage de ce *quoi*, de cet autre inconnu et désiré, que se transfère alors et s'éréthise le sentiment de l'être. Mais ironie : cette double option contradictoire de la conscience se trouve finalement exposée au risque de la même issue, celle d'un égarement dans le non-conscient. Le moi abyssal peut en effet, par excès d'immobilité, et manque d'appuis externes, s'engourdir dans la monotonie de son propre mystère, et y perdre alors le sentiment de ce qu'il est. Inversement, et plus souvent encore, l'emportement sensuel aboutit à un étourdissement, à un éparpillement, bientôt à une submersion de la créature désirante. D'où la question : trop près de l'être, intime ou externe, la conscience serait-elle condamnée à abdiquer ? Guérin y répond avec mélancolie, et comme résigné d'avance à la défaite : peut-être " n'ai-je à disposer que de ces deux conditions d'existence, de m'engourdir en une étroite vie, ou de me dissoudre dans une confiance sans borne dans l'univers ".

Mais c'est là un constat probablement trop pessimiste, et que démentent en tout cas les écrits mêmes de Guérin, du moins le *Centaure*, la *Bacchante*, les fragments de *Glaucus*, la majeure partie du *Cahier vert*, dans leur qualité double de paix et d'énergie, dans leur vertu si évidente d'équilibre vital. C'est que l'imagination s'y met vite au travail pour réduire ou pour dépasser l'angoisse du dilemme, pour établir, entre les deux modes fondamentaux de l'existence, et les divers thèmes sensibles qui leur servent d'expression ou de décor, des combinaisons telles que le moi y échappe à la double menace : narcose de clôture, dilution délirante. Elle corrige la tentation du sommeil par des motifs extérieurs d'animation. Elle calme inversement la pulsion désirante afin de permettre au moi voluptueux de mieux ressaisir et contrôler sa volupté. Dans la ligne d'une telle intention de compromis peuvent, du moins le croyons-nous, s'interpréter la plupart des motifs clefs de la création guérinienne.

Ainsi par exemple celui de *l'alternance*, qui gouverne la successivité même du récit. Tantôt le héros se laisse aller d'un côté, tantôt il se jette de l'autre; tantôt il s'enfonce et se recueille, tantôt il émerge et s'éparpille. Il va de la grotte au fleuve, puis remonte du fleuve vers la grotte; il passe de la montagne à la plaine, puis de celle-ci au promontoire, mais en ne demeurant jamais assez longtemps ici ou là pour y fixer définitivement son choix ni sa demeure. Le *tour à tour* arbitre temporellement ainsi les deux termes du partage, et peut le faire d'autant plus aisément que s'offrent à lui des registres chronologiques variés : celui d'abord de la *journée*, où la nuit enveloppante s'oppose au jour irradiant; celui, plus large, de *l'année*, qui voit s'enchaîner périodes de restrictions (hiver) et

périodes de fécondité épanchée (printemps, été); celui enfin, plus
étendu encore, de la *vie* individuelle, qui fait se succéder une
naissance souterraine, une enfance obscurément repliée, une
maturité disséminée, puis une vieillesse à nouveau écartée et
retirée, avant la dissolution finale qu'est la mort. Notons d'ailleurs
comme l'a fait Maya Schärer-Nussberger dans son beau
livre, que Guérin lui-même vit plutôt cette pulsation comme
convulsion, comme enchaînement trop rapide (et toujours inexpliqué) d'expansions et de rétrécissements : " Je connais peu d'accidents intérieurs aussi redoutables pour moi que ce resserrement
subit de l'être après une extrême dilatation. "

Le plus intéressant, dans ce schéma de pulsation convulsive ou
de variation cyclique, c'est bien sûr d'imaginer le moment où
l'alternance s'effectue, où les principes opposés passent temporellement et spatialement l'un dans l'autre. Articulation que Guérin
peut souhaiter glissée, lentement transitive (aurore, crépuscule,
déclivité du sommet à la plaine), mais qu'il lui arrive aussi de
contracter au maximum sur elle-même, de manière à faire brutalement se heurter, et comme se chevaucher les deux types de
conscience par elle ordinairement liés et séparés. La rupture
violente d'une paix s'avère ainsi capable de produire une angoisse,
mais aussi un surprenant bonheur, bonheur du calme ressenti,
ressenti *comme* calme, et cela justement grâce à l'effroi bouleversant
du rapt. Par exemple Guérin s'éveillant à minuit " aux cris de la
tempête ", " assailli dans les ténèbres par une harmonie sauvage
et furieuse qui bouleverse le paisible empire de la nuit ", peut déclarer : " C'est quelque chose d'incomparable en fait d'impressions
étranges; c'est la volupté dans la terreur. " Retournons la structure
d'une telle rencontre et nous obtiendrons le schéma, plus original
encore, d'une véhémence brusquement interrompue, de manière
à laisser s'introduire en elle le *sentiment* qui lui avait jusque-là
manqué. Au milieu de ses courses les plus sauvages il arrive
ainsi au Centaure de rompre soudain son galop : " Ces immobilités
soudaines me laissaient ressentir ma vie tout émue par les empor-
tements où j'étais. " Et Guérin de développer alors — toujours
dans le registre, décidément élu, du végétal — un mythe admirablement paradoxal du mouvement immobile, et de l'immobilité
mobile... " Autrefois, continue le Centaure, j'ai coupé dans les

forêts des rameaux qu'en courant j'élevais par-dessus ma tête; la vitesse de la course suspendait la mobilité du feuillage qui ne rendait plus qu'un frémissement léger; mais au moindre repos le vent et l'agitation rentraient dans le rameau, qui reprenait le cours de ses murmures. " Il en est de même de l'ivresse de l'être, vivant de son hiatus, de sa syncope mêmes : " Ainsi ma vie, à l'intersection subite des carrières impétueuses que je fournissais à travers ces vallées, frémissait dans tout mon sein. Je l'entendais courir en bouillonnant et rouler le feu qu'elle avait pris dans l'espace ardemment franchi. "

Liés à ces thèmes de rupture-suture, la rêverie guérinienne chérira tout autant les motifs de *juxtaposition* : les deux modes existentiels y vivront cette fois-ci ensemble, l'un à côté de l'autre, non plus télescopés dans le temps, mais spatialement accolés, mariés l'un à l'autre. L'imagination se plaît alors à dessiner la ligne névralgique — seuil, arête, bord, rivage — de part et d'autre de laquelle consentiront à s'établir les deux régions momentanément conjointes. Installé par exemple sur le seuil de sa grotte, " les flancs cachés dans l'ombre ", " la tête sous le ciel ", le centaure éprouve grâce à cette situation bipartite à la fois les bienfaits du monde souterrain et les dons de l'ouverture aérienne. Il réalise un équilibre un peu semblable dans le fleuve où il s'est à demi immergé : car sa partie inférieure, liée au mouvement des eaux s'agite " pour les surmonter ", puis " cède aux entraînements de leurs cours ", tandis que sa partie supérieure " s'élève tranquille " bien au-dessus des flots, soustraite sans effort à leur emportement. Renversons très exactement cette combinaison, et nous obtiendrons le motif de *l'arbre*, dont c'est l'infériorité cette fois-ci qui est immobile (terrienne) et la cime agitée (venteuse). Que ce thème du mixte hante Guérin, nous en comprenons sans peine la raison : il lui permet de marier quasi naïvement ses deux rythmes vitaux. On remarquera qu'un tel partage va jusqu'à commander de façon directe la constitution de la créature guérinienne : soit qu'il la scinde dans sa fonction (la Bacchante, à moitié femme, à moitié déesse), soit qu'il divise son anatomie elle-même : le centaure se forme par l'accouplement d'un corps bestial et d'une tête humainement pensante, la seconde se montrant alors capable de considérer d'en haut celui-là (la "croupe fumante "), et d'en juger " avec orgueil ", donc d'en dominer le bouillonnement. Triomphe corporel de la juxtaposition.

Que chaque thème enfin réussisse à s'installer non plus aux côtés, mais au cœur de l'autre, l'équilibrant alors du dedans, l'influençant à partir d'une activité de son foyer lui-même, et la cohabitation externe se muera en imbrication intime, en inclusion réciproque. C'est, par-delà tant de phases d'échec ou d'impuissance, la formule du véritable bonheur guérinien. Elle comporte deux variations possibles : tantôt la ferveur externe viendra, sous une forme bien sûr atténuée, filtrée, animer l'espace d'un recueillement. Ainsi, dans l'un des plus beaux passages du *Centaure*, l'homme-cheval, revenu dans sa retraite, s'apaise lentement sous la pression ambiante de la nuit, mais tout en entretenant en lui quelques traces actives, et précieuses, de son irritation diurne : " Légères ondulations qui écartaient le sommeil sans altérer (son) repos. " " Ainsi je veillais ", ajoute-t-il, ayant à mes pieds une étendue de vie semblable à la mer assoupie ", étendue qui symbolise, tout autour de l'acuité vigile, le grand nappement à demi engourdi de l'existence. Si le calme parvient au contraire à se greffer au cœur du principe d'emportement et de débordement, Guérin rêvera, par exemple, au mouvement des *fleuves* : lente dérive homogène, ample vitalité sans déchirure, lieux tout à la fois de l'ébriété et du consentement : " Mélampe, dit le centaure Chiror, ma vieillesse regrette les fleuves : paisibles la plupart, et monotones, ils suivent leur destinée avec plus de calme que les centaures, et une sagesse plus bienfaisante que celle des hommes. Quand je sortais de leur sein, j'étais suivi de leurs dons qui m'accompagnaient des jours entiers, et ne se retiraient qu'avec lenteur, à la manière des parfums. " Parfaite synthèse vivante du recueillement, de l'imprégnation et de l'ardeur.

Resterait à se demander si, dans de telles associations, l'un des termes, et toujours le même, ne finit pas par prévaloir légèrement sur l'autre. Guérin avoue en effet dans son *Journal* que son " âme se plaît mieux dans la sérénité que dans l'orage ". C'est ce qui l'écarte de Nietzsche, pour le rapprocher de Jean-Jacques. Ce goût apparaît bien clairement dans la qualité même de sa phrase : car si celle-ci aime à nommer et décrire l'ivresse, c'est plutôt l'apaisement qu'elle produit, et cela grâce à son ampleur puissante, à la régularité de sa scansion, à son maniement tout sensuel de l'abstraction, à sa richesse allitérative. Il semble alors que la paix d'un langage-fleuve reproduise ou produise directement en elle l'essentielle fluidité de l'être. Prenons-y garde cependant : cette coïncidence n'est peut-être qu'illusion, ou piège. Car s'il coule unanimement en nous, autour de nous, dans l'étoffe étalée du monde, l'être nous reste cependant d'une certaine façon, et c'est la plus importante, occulte. L'immédiateté de sa présence masque peut-être le retrait de son sens, ou de sa voix. Déjà nous échappait, on l'a vu, l'énigme de son origine. Voici que nous fait aussi défaut la compréhension de sa *parole* : car il ne s'exprime que par fragments, balbutiements perdus. " Au temps où je vivais dans les cavernes, dit Mélampe, j'ai cru quelquefois que j'allais surprendre les rêves de Cybèle endormie, et que la mère des dieux, trahie par les songes, perdrait quelques secrets; mais je n'ai jamais reconnu que des sons qui se dissolvaient dans le souffle de la nuit, ou des mots inarticulés comme le bouillonnement des fleuves. " Amer retour : la fluidité — vents, nuit, fleuves — étouffe ici les mots mêmes qui pourraient nous servir à la comprendre. L'être est donc là, mais il se tait; nous le possédons en sa matière, mais il nous élude dans son sens. Trop aisément pénétré peut-être pour que Guérin ne soit pas tenté de renoncer à cette facilité et de jeter brusquement alors, de la façon la plus mystérieuse, sa mise de *l'autre côté*, du côté d'un verso inaccessible : " Car aujourd'hui, prononce une phrase du *Journal*, j'espère tout du côté impénétrable. "

III

SAINTE-BEUVE
ET L'OBJET LITTÉRAIRE

Dans son édition des *Poésies de Joseph Delorme**, G. Antoine note à plusieurs reprises la présence et le retour d'un type d'images qu'il nomme *métaphores liquides*. A partir de cette remarque s'éclaire l'un des aspects fondamentaux de la rêverie beuvienne : le goût de la fluidité. Soit par exemple le type féminin qui occupe la plupart des premiers poèmes : jeune fille sérieuse, un peu froide, innocente, capable cependant d'exciter le désir. C'est que son innocence semble toujours comporter quelque humidité. De ses jeunes amies Sainte-Beuve admire par exemple le " front virginal *arrosé* de pudeur [1] ", ou bien la bouche " où *nage* tant d'heureuse indolence ". La teinte même de la peau y apparaît comme une sorte de fleurissement mouillé :

> Que j'aime ce front sans nuage
> Qu'*arrose* un plus frais coloris [2]...

Cet arrosage prélude à de plus substantiels ruissellements. Ils affecteront soit les enveloppes vestimentaires dont le corps s'entoure, et qui servent moins à le cacher qu'à en trahir malgré lui la fluence (sa robe par exemple, " *tout d'un flot*, tombait jusqu'à ses pieds [3] "), soit les éléments corporels les plus subtils qui se prêtent à une sorte de défection liquide, tout en se mélangeant, en se caressant entre eux : ainsi les sourcils — ces " deux longs

* Abréviations : J. D., *Vie, poésie et pensées de Joseph Delorme*, édité par G. Antoine, Nelles Éditions Latines, 1957. P. C., *Poésies complètes*. t. II, M. Lévy, 1863. L. d'A., *Livre d'amour*, Mercure de France, 1906. V. *Volupté*, Charpentier, 1872. P.L., *Portraits littéraires*, éd. de la Pléiade, 1949. P. R., *Port-Royal*, éd. de la Pléiade, 1953. Ch., *Chateaubriand et son groupe littéraire*, Garnier, 1948. L., *Causeries du Lundi*, Garnier. N. L., *Nouveaux Lundis*, Calmann-lévy. Poi., *Mes poisons*, Plon, 1926.
1. J. D., p. 26. — 2. J. D., p. 41. — 3. L. d'A., p. 27.

sourcils noirs qui *se fondent ensemble* [4] ", — ou cette rivière sensuelle, la chevelure :

> Sur un front de quinze ans les cheveux blonds d'Aline
> Baignent des deux côtés ses tempes gracieux
> Comme un double ruisseau descend de la colline [5].

Cet écoulement peut même être rêvé, de manière plus troublante encore, comme un soudain laisser-aller : pluie charnelle, chaude bouffée d'amour. Ainsi dans le geste du cheveu dénoué — si important, on le sait, dans la mythologie sensuelle de l'aventure Adèle-Sainte-Beuve :

> Et sous tes doigts *pleuvant*, la chevelure immense
> *Exhalait* jusqu'à moi des senteurs de semence [6].

Mais nous n'en sommes encore qu'aux premières approches du désir. Les symptômes de liquéfaction charnelle vont se préciser et se multiplier dès que le corps ne sera plus seulement imaginé comme l'objet d'une concupiscence extérieure à lui, mais qu'il se sentira lui-même traversé, saisi par un mouvement profond de sensualité. Le désir de fusion s'y trahit alors à travers les indices humoraux les plus divers : tantôt c'est un " beau sein " que l'on soupçonne de " nager dans les délices [7] ", tantôt des " yeux brillants " dont on devine " les humides calices Tout prêts à déborder [8] ". Dans le tissu même de la chair ce débordement se fait, de manière à la fois fluide et enflammée, excrétion, sueur (" une molle sueur embrase chaque joue [9] "). Tout annonce le contact amoureux, contact lui-même rêvé sous le mode de l'effleurement liquide, " molle caresse [10] " ou " humide [11] ". Mais il est vrai que la communication lointaine avec l'autrui aimant et désiré avait déjà été décrite sous les aspects d'une relation fluide : bain distant d'intimité (" Je nageais chaque soir en ses tièdes pensées [12] "); chaud ruissellement d'un langage amoureux (" Propos doux comme une onde, ardents comme une flamme [13] "); lien coulant noué de corps à corps, d'âme à âme (" L'invisible courant d'elle à moi répandu... Une onde mutuelle en silence établie...

---

4. J. D., p. 95. — 5. J. D., p. 56. — 6. L. d'A., p. 68. — 7. J. D., p. 45. — 8. *Ibid.*
9. J. D., p. 108. — 10. L. d'A., p. 166. — 11. J. D., p. 119. — 12. L. d'A., p. 110. —
13. J. D., p. 44.

Un pur flot continu [14] "). On conçoit qu'au terme de tels échanges
la jonction physique elle-même ne puisse être pensée que comme
la rencontre de deux liquidités complices, mélangées, bientôt,
et triomphalement, ruisselantes. C'est le sens de cette injonction
à Adèle :

> Ouvres-y les trésors de tes *sources secrètes*
> — Oui, — pourvu qu'*entraînant* et *torrents* et *ruisseaux*
> Notre amour soit le *fleuve unique aux larges eaux* [15].

La lecture de *Volupté*, — livre où la rêverie se donne plus
libre cours que dans les divers recueils de poésie — va nous permettre de mieux pénétrer les mécanismes d'une telle imagination.
Nous y retrouvons des mises en scène érotiques dont le détail
nous est désormais familier. La femme aimée y est complaisamment
représentée en des situations de faiblesse, ou, mieux encore, de
cette faiblesse spécifiquement humide, la *mollesse*. Ses " yeux
nagent "; ses " bras retombent "; tout son corps " s'oublie en
d'incroyables postures [16] ". Mais ce sont les cheveux ici encore,
sous leur double aspect odorant et ruisselant (ou sur le point de
ruisseler) qui contiennent la charge charnelle la plus lourde. On
dirait, écrit Sainte-Beuve de son héroïne, que ces cheveux " négli-
gemment amassés sur sa tête, vont se dénouer ces jours-là au moindre soupir et vous noyer le visage; une volupté odorante s'exhale
de sa personne comme d'une tige en fleur [17] ". Imminence d'un
don rêvé — et redouté — comme une sorte d'inondation as-
phyxiante.

Or nous comprenons bientôt, à lire les scrupuleuses auto-
analyses d'Amaury, qu'une telle noyade n'affecte pas seulement
ici le corps gagné de volupté; elle intéresse aussi, et plus encore
peut-être l'âme du voluptueux, sa substance intérieure dont elle
attaque perfidement l'architecture, dont elle dissout peu à peu
l'intégrité. Psychologiquement le besoin de volupté s'interprète
à travers tout le roman comme une lâcheté spirituelle, un laisser-
aller à la langueur, une déliquescence. Sous la pression dissolvante du désir les structures sensibles s'attendrissent, se fondent
les unes dans les autres; les repères spirituels s'égarent; toutes les

14. L. d'A., p. 163. — 15. L. d'A., p. 45. — 16. V., p. 63. — 17. *Ibid.*

certitudes antérieures se diluent; l'intériorité n'est plus alors que l'espace d'une fluidité confuse, honteuse, déjà tout ouverte à l'aventure :

" Ici, dans la chasteté illusoire, par l'effet de cette liquéfaction prolongée qu'elle favorise, les fondements les plus intimes se submergent et s'affaissent; l'ordonnance naturelle et chrétienne des vertus entre en confusion; la substance propre de l'âme est amollie. On garde le dehors, mais le dedans se noie [18]. "

Revoici, mais intérieure, la noyade amoureuse. Amaury n'a plus alors qu'à succomber à la logique de cette dilution multiple, qu'à se baigner, dit Sainte-Beuve, " dans le lac débordé de ses langueurs [19] ".

Et c'est bien en un lac qu'aboutit en effet le plus souvent la double effusion amoureuse. Les écoulements lointains s'y mêlent, ils s'y calment aussi, s'y arrêtent dans le nappé bientôt engourdi d'une possession réciproque :

Si deux sources d'eau vive en naissant égarées
Arrivant au hasard de lointaines contrées...
Peuvent en un *lac bleu se fondre et s'endormir* [20],

elles ne seront pas loin du parfait bonheur rêvé par Sainte-Beuve. Car elles y trouveront aussi le principe d'une accumulation voluptueuse, d'un recommencement éternel, et paisible, du plaisir. C'est ce que Sainte-Beuve souhaite réaliser avec Adèle :

Je veux un lac sans fond où rien ne diminue...
... Et ses glorieux dons y vont incessamment
Grossir mes biens cachés et mon butin d'amant [21].

Au bout de la défaillance liquide, de l'amollissement sensuel des chairs et des énergies, se situe ainsi l'utopie d'une sorte de stase : le ruissellement s'y arrêterait en soi; la fusion cesserait d'y être troublante et égarante ; sans rien y perdre de sa puissance mélangeante l'union s'y approfondirait sans fin.

Ne nous étonnons donc pas de voir Sainte-Beuve aimer et fréquenter les lacs : lac de Genève, lié à l'image d'Ampère; lacs

18. V., p. 50. — 19. V., p. 51. — 20. J. D., p. 77. — 21. L. d'A., p. 105.

du Jura, complices sensibles de Jouffroy; lacs des Quatre-Cantons, voisins des Ollivier; lacs d'Irlande surtout, non connus, mais rêvés à travers Mme de Couaën. Attention cependant : l'attrait qu'il éprouve à leur endroit est double. Images de la fusion charnelle, ils peuvent aussi bien et plus souvent peut-être, supporter une certaine intuition de la réalité mentale. Ce lac où Sainte-Beuve rêve l'union de deux chairs mélangées, où son regard croit voir " naître et fuir de beaux corps [22] ", il lui apparaît aussi à d'autres moments comme le thème le plus certain de l'*âme* :

> L'âme ressemble au lac immense,
> De rocs sublimes entouré... [23]

On aura reconnu, dans ces deux vers de *Joseph Delorme*, l'origine du célèbre paysage symbolique de *Volupté* où Mme de Couaën est figurée par une nappe d'eau tranquille, entourée par une barrière de rochers dressés — thème, celui-ci, d'extrusion, d'énergie sauvage, expressif de M. de Couaën. Mais c'est partout, dans l'œuvre de Sainte-Beuve, que le lac va suggérer la dimension de l'*autre*, d'un autre non plus comme tout à l'heure fondu à moi, mais retiré, offert et retiré, dans l'espace de sa particularité la plus jalouse. A travers l'eau lacustre surgissent en effet des attributs nouveaux : ils signalent la transparence d'une conscience (" Ne précipitez plus ce flot noir et rapide A travers le cristal de votre lac limpide ", écrit Sainte-Beuve à Hugo [24]); ou bien ils indiquent le recueillement en soi, en un soi transcendant dont on n'aperçoit pas le fond; mais ils expriment aussi son ouverture à la largeur du monde, son invasion par l'infini d'un ciel que son plan sert encore à refléter :

> Votre âme, comme un lac enfermé dans ses grèves
> Réfléchit un ciel bleu [25]

dit Sainte-Beuve au jurassien Jouffroy. Et d'Adèle, imaginée cette fois loin de toute concupiscence :

> Les lacs, les cieux profonds, leur lumière éternelle
> Se mêlaient sans étreinte à sa vague prunelle [26].

22. J. D., p. 97. — 23. J. D., p. 53. — 24. *Consolations*, P. C., p. 40. — 25. J. D., p. 87. — 26. L. d'A., p. 40.

233

Plus d'étreinte rêvée désormais dans la profondeur lacustre. Sa pureté, son immobilité vivante, son éternité continuent certes à séduire, mais d'une séduction qui a changé de nature. De sensuelle, elle est devenue spirituelle.

Cette nouvelle intimité spirituelle, comment l'aborder, puis la pénétrer, la posséder ? Ici commencent les difficultés. Car à l'inverse des fusions amoureuses, où la liquidité était toujours rêvée comme à la fois coulante et ardente, le lac ne s'offre pas; son eau n'admet aucune effervescence. Recueillie sur elle-même, elle dort, — et semble vouloir ignorer l'extérieur. Chez Mme de Couaën, par exemple, type de la femme-lac, Amaury remarque " une masse de sensibilité profonde, le plus souvent flottante et sommeillante [27] ". Pour émouvoir cet engourdissement on ne saurait compter sur aucune intervention externe : pas de vents, pas de vagues donc, " le lac était uni, gracieux, sans fond, sans écume ", " sans zéphyrs [28] ". Cette atonie peut facilement être interprétée alors comme une rétractilité, un refus silencieux opposé à tout désir. Et ce n'est point hasard si un autre attribut de l'eau lacustre est encore la *fraîcheur*. Évoquant, à propos de Jouffroy, son analogue sensible, le lac de Nantua, Sainte-Beuve décrit ce " miroir d'une sérénité admirable, quoiqu'un peu glacée ", et va jusqu'à noter que " tout lac, en reflétant les objets, les décolore, et leur imprime une sorte d'humide frisson conforme à son onde, au lieu de la chaleur naturelle de la vie [29] ". La froideur sensible, le grelottement deviné de l'eau lacustre fait donc écho à son peu de générosité sentimentale. La fluidité s'y est si bien reposée en elle-même qu'elle s'y est immobilisée, glacée. Elle se suffit dès lors à elle-même, et se referme sur son quant-à-soi. Ambiguïté de la profondeur lacustre : elle m'attire et elle me repousse, elle me séduit et elle me décourage. Tout lac m'est un miroir à la fois vertigineux et clos. Amaury réussit-il jamais à réellement *toucher* Mme de Couaën ? " Et moi, il me semblait souvent, avec un découragement mortel et une sorte d'abandon superstitieux, que je glissais sur une onde qui ne s'en apercevait pas, qui ne me réfléchissait pas [30] ! "

Avec cette matité, avec cette inertie pourront alors s'imaginer

27. V., p. 116. — 28. p. 113. — 29. P. L., I, p. 921. — 30. V., p. 113.

bien des rapports : ils demeureront toujours à sens unique. Amaury choisira par exemple la relation épidermique : " J'aimais m'avancer, ramer au large lentement dans le lac sans zéphyrs [31] ". Ni la barque ni la rame ne déchirent vraiment le tissu lacustre, et le navigateur peut alors s'avancer sur les eaux endormies, désespérant d'obtenir jamais une réponse, à demi satisfait pourtant du plaisir d'effleurement que lui donne son parcours. Mais à d'autres moments le désir s'impatiente, la simple caresse de surface apparaît dérisoirement insuffisante : puisque cette eau ne fait rien pour s'accorder, pourquoi ne pas en pénétrer de force, ne pas en violer la profondeur ? C'est, succédant aux joies modestes du *rameur*, la tentation frénétique du *plongeur*, décrite en un curieux poème de *Joseph Delorme*, *l'Enfant rêveur*. Sainte-Beuve y évoque un enfant, " amoureux de suaves murmures ", vivant dans l'enchantement " d'un lac où il se mire ", et dans les eaux duquel il voit " naître et fuir de beaux corps ". " Brûlant, plein de rougeur ", poussé par un désir de nature à la fois charnelle et spirituelle, il plonge alors dans l'eau, " du haut de son rocher ". Mais c'est pour y découvrir aussitôt le plus horrible paysage :

> Pauvre enfant qui plongeais avec une foi d'ange...
> ...Qu'as-tu vu sous les eaux ? précipices sans fond,
> Arêtes de rocher, sable mouvant qui fond,
> Monstres de toute forme entrelacés en groupe,
> Serpents des mers, dragons à tortueuse croupe,
> Crocodiles vomis du rivage africain,
> Et, plus affreux que tous, le vorace requin [32].

Châtiment épouvantable infligé à notre curiosité des profondeurs. Ce fourmillement tératologique porte bien en tout cas les signes d'un tabou. Certes, comme l'indique la " moralité " de notre poème, " malheur à qui sonda les abymes de l'âme [33] ! " Mais malheur surtout à qui osa s'attaquer si brutalement à l'intimité d'un autre. Nulle part mieux qu'en ce maladroit poème de jeunesse Sainte-Beuve n'a exprimé sa cor.damnation de l'attaque psychologique franche, sa crainte de la pénétration directe : interdiction par lui-même à lui-même infligée, et que respectera, nous

---

31. *Ibid.* — 32. J. D., p. 99. — 33. *Ibid.*, p. 100.

le verrons, toute la suite de son activité critique et romanesque. Prétendre s'enfoncer de force dans l'espace personnel de l'autre serait risquer le pire des désastres : voilà le *credo* beuvien. Même si l'autre se refuse, même si son eau se referme froidement sur elle-même, si sa liquidité — qui nous semblait d'abord toute donnée — semble devoir nous écarter et nous exclure, nous devrons respecter cette défense. Faute d'une initiative de l'être désiré, faute aussi de pouvoir, ou de vouloir assumer lui-même aucune initiative, Sainte-Beuve en est réduit à toujours désirer : à ne jamais se baigner franchement dans les lacs (réels ou littéraires), à se promener seulement en leur surface, à rêver sur leurs bords.

Tel serait, assez peu satisfaisant en somme, le schéma de son contact premier avec les êtres. Interrogerons-nous sa relation avec les choses ? Elle nous apparaîtra de la même nature, et tout aussi peu comblante. Car il existe un paysage beuvien originel : mais il se caractérise par une foncière *pauvreté*. L'objet n'y atteint jamais à l'état de rayonnement ou de plénitude. Devant nous, loin de nous, il y reste toujours étriqué, indigent, asthénique. Regardons par exemple l'une de ces zones faubouriennes qu'habitait Sainte-Beuve et qu'aimait à fréquenter Joseph Delorme; régions incertaines, privées tout à la fois de la pureté de l'éclat urbain et de la santé des sèves campagnardes,

> une morne étendue,
> Sans couleur; çà et là quelque maison perdue,
> Murs frêles, pignons blancs en tuiles recouverts;
> Une haie à l'entour en buissons jadis verts;
> Point de fumée au toit ni de lueur dans l'âtre;
> De grands tas aux rebords des carrières de plâtre;
> Des moulins qui n'ont rien à moudre, ou ne pouvant
> Qu'à peine remuer leurs quatre ailes au vent...
> ... Et sur des ceps flétris des échalas brisés [34].

La faiblesse ontologique se traduit dans ce décor sensible par de multiples traits de privation ou d'impuissance (pas de fumée,

34. *La Plaine*, J. D., p. 125.

pas de lumière, rien à moudre dans le moulin, presque pas de vent). Mais elle se signale aussi par l'absence de toute conviction enflammée ou colorée, par le thème de la dispersion hasardeuse, liée à une rareté (le *çà et là*, les maisons *perdues*). Tout ceci respire le désordre, l'informité : inorganisation qui va jusqu'à se traduire sur le mode du *rebut* dans le vers si typiquement beuvien : " De grands tas aux rebords des carrières de plâtre "... Vers tout d'ingratitude certes, mais dont la vibration réussit pourtant à suggérer sourdement une certaine qualité brute, écrasée, et comme humiliée de la matière.

Dans un tel paysage — et dans plusieurs autres qui lui ressemblent — la sensibilité est surtout affectée par les attributs sensibles qui disent fatigue ou déchéance : ainsi le *frêle*, fonctionnellement et phonétiquement lié au *grêle*, au *mince* (au non-touffu : ainsi ailleurs " un vent frais agitait une grêle ramure [35] "); le *fané* (des buissons " jadis verts "), le *flétri* ou le *desséché*, parfois même le *poussiéreux*, produit immédiat d'une sorte d'usure existentielle (" quelque sentier poudreux qui rampe et qui s'enfuit [36] "; des " ormes gris de poussière [37] "), ou le *brisé*, à travers la suggestion duquel la fatigue se fait agression cassante, déchirure. Voilà formée une constellation presque parfaite de l'infécondité. Et tout cela manque en outre de pittoresque, de relief : ces traits se reproduisent sans variation aucune, d'où le thème de la monotonie, du *morne* (" tristes allées monotones [38] ", " morne étendue "). Une caractéristique finale résume peut-être en elle toutes les autres, c'est la *chétivité* : faiblesse d'un univers sans verdeur, ou simplement marqué par " l'ignoble verdure des jardins potagers [39] ", sans fleurissement, atonie d'un monde où les vents ne soufflent presque pas, et où l'homme lui-même semble éprouver du mal à se dresser, à se mouvoir sur ses deux pieds : " Quelque vieille accroupie au bord d'un fossé; quelque invalide attardé regagnant d'un pied chancelant la caserne [40] ", quelque ivrogne en goguette, tels sont les principaux occupants de ce décor déshérité. A la limite le chétif, déjà ici associé au sénile et à l'infirme, dégénère en *malsain*, il débouche sur le *maladif*, voire sur le *morbide*. Bien avant *les Fleurs du mal* Sainte-Beuve choisit de célébrer comme sienne la

35. J. D., p. 79. — 36. J. D., p. 79. — 37. J. D., p. 10. — 38. *Ibid.* — 39. *Ibid.* — 40. *Ibid.*

muse *pulmonaire* : reconnaissant explicitement ainsi dans le rongement vital, dans le manque d'être, l'un des éléments les plus actifs de son inspiration.

Pas plus que l'*autre* l'objet beuvien ne consent ainsi à s'ouvrir vers nous, à s'accorder. Situation antiromantique par excellence : les choses n'ont pas ici de profondeur, ou, si elles en ont une, celle-ci reste stérile, inerte, close à la poussée de mon désir. Ainsi se comprendra le réalisme familier de Sainte-Beuve. Il sort de la constatation que le contact avec le monde est fondamentalement ingrat. Si toute manifestation sensuelle, tout approfondissement imaginaire s'y avèrent impossibles, il faudra se résigner à la prise d'un univers à fleur de terre. Cet univers, Sainte-Beuve le reconnaît pour sien, et il n'hésite pas à l'opposer à d'autres mondes dont il admire, avec un peu d'envie, soit la somptuosité pléthorique [41] (Chateaubriand), soit la souplesse, l'ondoiement vital (Lamartine, Nodier), soit encore la puissance, le don de surgissement : c'est le cas de Hugo, témoin choisi, repère-type. Face à ces grands modèles Sainte-Beuve n'en réaffirme pas moins les droits du mat, du petit, du domestique : les droits en somme d'un paysage qui n'appartient qu'à lui et où, jamais de lui-même donné, l'objet devra être patiemment investi, avant de se trouver, peut-être, dévoilé, puis possédé.

Car le moi ne saurait ici se résigner à la solitude. Ni de ces autruis rétractiles, ni de ces objets asthéniques il ne peut accepter de se sentir coupé. Il reste trop spontanément sensible à leur présence pour choisir de se détourner d'eux [42]. Simplement il les interrogera d'une autre manière, il décidera de ne jamais les forcer, il respectera leur maussaderie ou leur silence : il espérera qu'à travers cette négativité même quelque chose de leur être finira par se manifester à lui.

Et c'est ce qui se produit en effet. Car si le réel ne s'exprime jamais ici directement, il peut quelquefois se prêter à l'effort d'une

41. *Promenade*, J. D., p. 78. — 42. " Dès mon enfance je pénétrais les choses avec une sensibilité telle, que c'était comme une lame fine qui m'entrait à tout instant dans le cœur " (Poi., p. 5).

divination seconde. Son mutisme n'est pas sans rémission. De son renfrognement nous arrivent parfois des messages. Soit signes pelliculaires : ainsi léger frisson d'une superficie liquide, vibration, sous le vent, d'un maigre manchon de feuilles. Soit, et plus précieux encore, indices vaporisés d'une intériorité vivante. De ces émanations la plus insistante est le *parfum*. Il a pour fonction de nous transmettre, de manière physique, le secret évanescent de l'autre. De la personne de Mme de Couaën s'exhale ainsi une " volupté odorante ", comme " d'une tige en fleur " : parfum associé à celui des " pots d'œillets [43] " qui embaument son espace domestique. De tels détails manifestent à la fois le charme sensuel et l'inaccessibilité de cette femme; elle se dit lointaine dans le message même dont elle nous enveloppe et nous caresse. Comme bientôt chez Baudelaire le parfum nous donne ici l'être, mais seulement sur le mode de l'absence : engendrant alors en nous une mélancolie du recélé, du suranné, voire de l'exotique (l'Irlande) [44]. La femme odorante se rapproche-t-elle ? Son émanation s'alourdit-elle d'un rappel plus immédiatement charnel ? Nous ne la saisirons encore que dans son prolongement volatil, à travers cette arrière-bouffée sensuelle et impalpable : l'air de sa respiration. A défaut de toucher la femme aimée, j'ai la ressource de " souvent mêler mon haleine à la sienne [45] ". Mélange de deux atmosphères per-

---

43. Passages cités et heureusement commentés par M. Regard, *Sainte-Beuve*, Hatier, p. 74-75.

44. La critique beuvienne s'appuiera ainsi sur l'ambiguïté révélante du parfum. La métaphore olfactive y interviendra fréquemment pour nous signaler un être tout à la fois donné et refusé dans l'acte de son don. Ainsi " la flamme profane " qui chez Chateaubriand " transpire " voluptueusement comme " un parfum d'oranger voilé " (*Cb.*, I, p. 82) à travers l'idée religieuse, ou la douceur contagieuse de Fénelon et de La Fontaine : " Il émane de leurs écrits comme un parfum qui prévient et s'insinue " (L., 2, p. 2); ou le secret même de l'intériorité créatrice : " Le difficile est de récidiver lorsqu'on a dit ce premier mot si cher, lorsqu'on a *exhalé sous une enveloppe* plus ou moins trahissante ce *secret qui parfume en se dérobant* " (P. L., 2, 1031). Le thème du *parfum* s'y apparente souvent à celui du *sourire* (" l'amoureux sourire intérieur ", V., p. 83), aveu profond, signe pudique (et donc insaisissable) d'un être reconnu. Il s'y lie aussi à celui de la poésie : ainsi dans *Le Livre d'amour*, p. 100 : " Poésie odorante immobile et pâlie. " L'*immobile*, le *parfumé*, le *pâle* font partie d'un même réseau imaginaire du *lointain vivant* (qui comprend aussi le poétique); leur réunion indique une asthénie devenue positivement charme, presque volupté : " Mme R. était bien touchante et pardonnée quand elle disait ces choses, le front soyeux et tendre, penchée sur ses pâles hortensias " (V., p. 240). Sur le *penché*, cf. plus loin, p.243.

45. L. d'A., p. 30.

sonnelles qui, sans évidemment procurer la volupté d'un contact vrai, garantit du moins le bonheur préservé d'une presque innocence : " J'allais à elle, je l'entourais de moi, je vivais activement de l'air qu'elle respirait, et ma pensée attendrie restait pure encore [46] ".

Tous ces effluves finissent par former autour de l'objet comme une sorte de buée à la fois voilante et révélante. Le *feutré* est bien l'une des grandes catégories beuviennes. C'est pourquoi l'œil ne souhaite rencontrer ici devant lui aucune netteté, aucune écorce trop brillante. L'éclat le gêne, voyez les rapports de Sainte-Beuve avec Hugo; la nudité le choque. Son espace favori ce serait plutôt la *brume*, où l'ardeur s'endort sans toutefois s'éteindre (" Oh oui, c'est là ma vie, amoureuse et stagnante, Calme sous son brouillard et si peu rayonnante [47]. "); ou bien le nuage : " Heureuses les âmes qui passent ici-bas de la sorte sous un rayon voilé, et chez qui l'amoureux sourire intérieur anime toujours et ne dissipe jamais le perpétuel nuage [48] ! " Nuage sans cesse réactivé, mais jamais déchiré, c'est là l'essentiel, par la vie intime, le " sourire ", qui en constitue la source sous-jacente. Sainte-Beuve aime donc la " vapeur suspendue ", la " tiède nuaison [49] ". Il célèbre le *voile*. Il cultive " l'horizon un peu borné de certains tableaux [50] ", la fermeture des ciels, l'étouffement des lointains. Mais cet étouffement est en réalité pour lui un moyen de mise en vibration du sens; le voile a encore fonction de médiation. Retranché derrière toutes ses défenses nébuleuses, l'objet nous parlera du fond de sa distance même. A travers le brouillard nous atteindra, faible, mais perceptible, la voix des intimités recluses.

Dans mon rapport avec de semblables paysages tout va donc reposer sur une stratégie des enveloppes. Car comment traverser ces vapeurs protectrices ? S'enfoncer brusquement dans leur tissu ? " Déchir(er) la trame [51] ? " Ce serait risquer un drame aussi terrible que celui du plongeur. Non. Il faudra se glisser en elles avec la discrétion — c'est là une métaphore favorite — d'un rayon luisant dans le brouillard : " Rayon perçant le brouillard [52] ", " rayon mouillé ", comme le " soleil dans l'eau [53] ". " pâle rayon " brillant sur un " front de verdure à demi dessé-

46 V., p. 112. — 47. L. d'A., p. 116. — 48. V., p. 83. — 49. L. d'A., p. 82. — 50. J. D., p. 26. —51. L. d'A., p. 57. — 52. J. D., p. 47. — 53. J. D., p. 122.

ché [54] ", ou reflets de lumière " dont on suit l'avancée " à travers
les rosiers [55] ", ou même, comble de discrétion énergétique,
" rayons qui s'éteignent en chemin [56] "... L'idéal de la présence
lumineuse, c'est " le rayon de poésie " qui m'arrive " dans une
petite chambre bien sombre, à travers une vitre dépolie [57] ". Ou
c'est le sentiment qui luit, en moi à la façon d'un tel rayon : " un
sentiment voilé, puissant dans sa langueur, transpirant, se retrouvant en chaque point : le désir sans espérance, la lampe sans éclat, —
mon amour [58] ! " La nuance commune de tous ces rayonnements,
c'est la modestie, la rétention. Pour teinte caractéristique ils ont
le jaune : non pas le jaune victorieux des levers de soleil ou des
midis royaux, mais celui à demi ranci et presque maladif des
Rayons jaunes, chanté en un célèbre poème de *Joseph Delorme* [59] :
jaune des fins d'après-midi mélancoliques, jaune des chairs dou-
teuses, des cierges d'église, des linceuls, des fleurs de cimetière...
Jaune en lequel se symbolisent tous les modes possibles de l'échec :
mais dans lequel se dit aussi la poussée sourde de la vie, d'une vie
qui s'exprime par la médiation même de l'impuissance, qui se
parle à travers le paradoxe de l'échec.

Ainsi soigneusement mesuré dans sa force, le rayon jaune le
sera tout autant dans sa direction. Point d'énergie excessive, mais
point non plus d'attaque frontale, d'assaut perpendiculaire aux
surfaces objectales. Cette impossibilité vitale du vertical s'illustre
en une curieuse scène de *Volupté*. Amaury s'y promène avec Mme R.
en un paysage possédant la plupart des caractéristiques (nébulosité,
velouté, clôture) qu'on vient de reconnaître : " On était sur la
fin d'avril, et il faisait un doux ciel de cette saison, à demi voilé
en tous sens d'un rideau de nuages floconneux et peu épais, un
ciel très bas, légèrement cerné de toutes parts à l'horizon comme
un dais enveloppé, mais diminuant d'opacité et de voile à mesure
qu'on approchait du centre... " En ce centre descend en effet une
lumière directe auquel répond symboliquement le surgissement
d'un petit monticule : " Là seulement tout à fait dégagé au milieu ",
ce paysage, " à l'endroit où les rayons verticaux de l'astre avaient
la force de percer, un vrai ciel de demi-fête et d'espérances nais-
santes. " Mme R. était donc à " admirer le reflet de cette unique

54. J. D., p. 125. — 55. P. C., p. 81. — 56. J. D., p. 71. — 57. Poi., p. 25. —
58. V., p. 162. — 59. J. D., p. 68.

chute de lumière et son jeu magique sur le petit tertre verdoyant ". A. la prend alors par la main, et tous deux courent " comme deux enfants " pour gagner l'endroit où tombe la lumière. L'eussent-ils atteinte, cela eût voulu dire la possibilité d'un contaét direét d'âme à âme, la rencontre du surgi et de l'offert, la joie d'une possession immédiate et réciproque. Mais la rêverie beuvienne s'interdit, on le sait, un tel dénouement. D'où la conclusion, fatale et brutale : " Mais avant que nous fussions à mi-pente, l'éclair du sommet avait disparu [60]. "

Point donc d'éclair chez lui, point d'incisivités sentimentales ni lumineuses. La figure beuvienne type de la pénétration, c'eét l'*oblique*. Car au lieu d'entamer franchement les épidermes, il les affeéte de manière glissante, latérale. Il possède sans plonger, s'introduit sans heurter. Cantonné dans les franges les moins névralgiques de l'objet, il exclut toute déchirure véritable de la " trame ". Le rayon jaune eét ainsi un " oblique sillon " illuminant dans l'air un " flot d'atomes d'or [61] ". Notation bien significative : car nous y voyons l'obliquité, choisie d'abord pour son respeét des enveloppes, y prendre vis-à-vis de l'objet un curieux pouvoir de dévoilement. Bien mieux qu'un éclairage vertical elle indiquera la nuance d'une atmosphère, elle signalera le grain ou la modulation précise d'un relief. Un curieux sonnet, adressé *A un peintre* [62], théorise cette propriété. Si vous voulez bien voir la campagne romaine, y conseille Sainte-Beuve, " Ne montez Albano qu'au déclin d'un beau jour ", aux " heures inclinées " où " l'œil aux objets glisse avec plus d'amour ", et où les " lignes dessinées " prennent " mieux leur contour " :

> Quand baisse le rayon, c'eét alors qu'on commence
> A bien voir, à tout voir dans la nature immense
> Midi superbe éteint les lieux tout blanc voilés
> De même dans la vie on voit mieux lorsque l'âge
> Trop ardent a fait place à cette heure plus sage,
> Aux *obliques rayons*, hélas ! d'ombre mêlés.

De ce sonnet se dégage, on le voit, toute une philosophie de l'oblique qui intéresse non seulement les lieux et les espaces, mais

---

60. V., p. 227-228. — 61. J. D., p. 69. — 62. P. C., p. 314.

aussi les temps, les heures, les gestes. Car à l'idée d'inclinaison s'associe fatalement celle de déclin. L'oblique, c'est aussi ce qui n'a plus la force de la verticalité, ce qui succombe lentement à une fatigue, ou à une vieillesse. Le soleil penchant appelle le corps courbé :

> On s'incline au soleil, on jaunit sous ses feux [63].

Même inclinaison chez le prêtre des *Rayons jaunes* " courb(ant) son front jauni comme un épi qui penche Sous la faux du faucheur [64] ". C'est aussi la posture caractéristique de Joseph Delorme : il va, " chemin(ant) à pas lents, voûté comme un aïeul [65] ". Ce voûtement exprime directement la déchéance (" Soit que je lève enfin, soit que je courbe encore Ce triste front jauni [66] "); il annonce de manière concrète la chute terminale (" il se ride, il jaunit, il penche vers la tombe [67] "). Rapprochés les uns des autres, mis en convergence, le déclinant, l'incliné, le jauni, le courbé constituent ainsi une redoutable constellation rêveuse. Affaissement et entropie : tel est le régime le plus courant de l'objet beuvien.

Mais ces rêveries, pour décourageantes qu'elles puissent apparaître, comportent aussi quelque douceur. Rien en effet de plus savoureux, de plus instructif aussi que les derniers instants d'une existence décadente. Comme encore Baudelaire Sainte-Beuve associe l'amour, ou du moins l'un de ses modes, au fané troublant de l'être aimé. Car il y a " dans le lent déclin d'une beauté qu'on aime, dans les mille souvenirs qui s'attachent à cet éclat demi-flétri, il y a là une douceur triste [68] " qui vaut tous les triomphes amoureux. L'être déclinant s'y donne à travers son usure même. L'épaisseur de durée dont il est si visiblement porteur lui est comme le voile derrière lequel se retirer mais aussi s'exprimer, se dire. Dans son nuage temporel, au fond de ce passé où je le sens encore vivre, il m'est toujours donné de le rejoindre mémoriellement en sa fraîcheur. Mais il faut pour cela suspendre un instant la logique déclinante et savoir arrêter, ou même retourner sur soi le cours du temps. C'est parce qu'elles facilitent en nous la nostalgie que Sainte-Beuve a le goût des saisons transitives — et plutôt

63. J. D., p. 74. — 64. J. D., p. 69. — 65. J. D., p. 10. — 66. J. D., p. 87. — 67. J. D., p. 105. — 68. V., p. 158.

finissantes que commençantes, plutôt automne que printemps —,
l'amour aussi des heures incertaines (crépuscule, aube), de tous
les entre-deux où la durée semble hésiter sur son orientation :

> Au déclin de l'automne, il est souvent des jours
> Où l'année, on dirait, *va se tromper de cours...*
> ... Le soleil au penchant *se retourne pour voir*
> La nature confuse a pris un nouveau charme,
> Elle *hésite un moment,* comme dans un adieu [69].

Mouvement de confusion qui se lie, en un autre poème, au thème
de la brume voilante, et à celui d'une illumination par l'obliquité
automnale :

> L'automne, du plus haut des coteaux qu'*elle dore*
> *Se retourne en fuyant,* le front *dans un brouillard* [70].

A la limite, et à force de s'incliner ou de se suspendre, le mouvement oblique s'aplatit tout à fait, il devient mouvement rasant.
Le déclin se mue en tangence. On n'essaiera plus alors d'entamer,
fût-ce de biais, et avec la légèreté la plus précautionneuse, la surface des choses : on se contentera de la longer, de faire courir
au-dessus d'elle, et le plus près possible d'elle, le mouvement
continué d'une interrogation. C'est, plus satisfaisante que l'image
du plongeur (il viole l'eau du lac), ou même que celle du rameur
(il la blesse encore, de sa quille ou de ses rames), la figure de l'oiseau frôlant de son aile l'immobilité liquide : l'eau verte que
" rasent parfois de leur vol lourd et lent Le cormoran plaintif et
le gris goéland [71] ". Ce type de contact, à la fois effectué et éludé,
va jusqu'à refuser l'insistance seconde du reflet. L'oiseau parfait,
c'est celui qui, " passant à la surface, en l'effleurant presque de
l'aile ", n'y jette pas " son image [72] "... Mais il existe d'autres
formes rêveuses de contiguïté non adhésive : celle du vent (" l'aile
du vent qui rase l'onde unie [73] "), celle plus encore de la lumière.
D'autant plus éclairante de l'étendue qu'elle renonce à la parcourir
verticalement, ou même obliquement, au profit d'une révélation
pleinement horizontale :

---

69. J. D., p. 115. — 70. J. D., p. 125. — 71. J. D., p. 83. — 72. V., p. 113. — 73.
J. D., p. 77.

Et le soleil, *rasant de plus en plus l'arène*
Y *versait à pleins flots* sa course souveraine.
L'horizon n'était plus qu'un *océan sans fond* [74].

Tel est le pari beuvien : il consiste à vouloir illuminer l'horizon des choses et des œuvres à partir d'une saisie volontairement limitée, toute superficielle. Il prétend transformer une impuissance originelle en un moyen de connaissance, voire — car l'effleurement est aussi caresse — en un élément de jouissance [75]. L'intériorité se déclarant d'abord barrée, il décide d'en induire l'espace refusé à partir d'une série de mouvements et de démarches dont le projet semblerait ne concerner en rien une investigation des profondeurs. Ce qu'il sait ne pouvoir appréhender en son dedans, il va l'investir par ses dehors : heureux si l'en-dessus lui donne finalement quelque soupçon vivant de l'en-dessous.

Distinguons cependant : entre l'objet concret et l'objet d'art se dessine pour Sainte-Beuve une différence décisive. Autant il éprouve la réalité sensible sur le mode de l'atonie et de la clôture, autant le monde de l'art se définit dès l'abord pour lui par la qualité de sa présence, par la puissance de son expression. A lire les grandes œuvres il a l'impression naïve qu'elles se tournent d'elles-mêmes vers lui, qu'elles lui parlent. Et ce langage, si étrangement positif, le console aussitôt des preuves trop connues de sa propre négativité :

74. P. C., p. 318.
75. Ce pari semble avoir intéressé le domaine de la relation amoureuse elle-même. Sainte-Beuve en altère cependant la rigueur avec la curieuse théorie exposée dans *le Clou d'or*, qui postule, avant tout effleurement sentimental ou amical, un premier acte quasi symbolique de possession profonde. Mais une fois cette " marque " effectuée, on en revient à la simple caresse : lettres, causeries, etc. Dans *Joseph Delorme* la conversation tendre, les plaisirs tout superficiels du flirt (ou de la danse) tiennent un rôle essentiel dans l'érotique beuvienne. Dans *Volupté* le plan de la possession réelle (anonyme, condamnée) se sépare absolument de celui de la passion (personnelle, positive — mais toujours côtoyante et platonique). Seule la scène finale (confession de Mme de Couaën mourante à Amaury prêtre) opère — mais à travers quels déguisements, quelles précautions ! (rituelles religieuses, spirituelles) — une sorte de don existentiel, de communication en profondeur.

Et quand je suis bien las de fouiller dans mon âme,
D'y remuer du doigt tant de cendres *sans flamme*,
Tant d'argile *sans or*, tant de ronces *sans fleurs*,
J'ouvre un livre, et je lis, les yeux mouillés de pleurs
Et mon cœur, tout lisant, s'apaise et se console
Tant d'un poète aimé nous charme la parole [76] !

C'est qu'à travers cette parole, à condition bien sûr qu'elle soit belle, s'exerce l'action d'une sorte de puissance originelle : de cette force créatrice et spontanément expansive que Sainte-Beuve va nommer *génie*.

Qu'est-ce au juste que le génie ? Comment s'en construisent en Sainte-Beuve l'idéologie, la mythologie particulières ? Proche de l'imagerie romantique, elles n'en restent pas moins, et c'est ce qui nous intéresse, marquées de traits fort personnels. On y retrouve à l'œuvre par exemple cette rêverie de la liquidité dont on a déjà reconnu l'importance. Mais il s'agira désormais d'une liquidité émue, active, tournée vers le dehors : non plus celle du *lac*, mais celle du *fleuve* — quelquefois issu des eaux du lac... Ainsi le talent de Joseph de Maistre sort " tout brillant et coloré du milieu de ses fortes études, comme un fleuve déjà grand s'élance du sein d'un lac austère [77] ". Cette même métaphore, empruntée à Werther, est reprise à propos de Diderot : " Fleuve abondant, rapide, aux crues inégales, aux ondes parfois débordées [78]. " A travers le fleuve nous saisirons ainsi deux attributs de la création géniale : son abondance — l'eau fluviale est toujours renouvelée, pas de génie pauvre; et sa qualité de déversement — elle ne cesse de ruisseler vers nous, pas de génie avare. Le génie-fleuve pourra connaître d'ailleurs des régimes fort divers : à l'irrégularité capricieuse d'un Diderot s'opposera par exemple l'écoulement calme et large d'un Bossuet : " Parole puissante, abondante, qui se verse d'elle-même et tombe comme les fleuves du sein de Jupiter. " Ou mieux encore du sein de cette réserve infinie, de ce lac primitif d'images et de mots, la Bible. " Le fleuve naissant l'avait reconnu comme son haut réservoir natal et son berceau [79]. "

Dans le phénomène du ruissellement la rêverie a tendance en

76. *Consolations*, P. C., p. 60. — 77. P. L., II, p. 391. — 78. P. L., I, p. 355. — 79. N. L., II, p. 342-343.

effet à remonter vers son en-deçà, son origine. Ce qui, dans le génie, fascine, c'est sans doute d'abord l'énigme de son commencement, c'est le mystère, toujours liquide, de sa *source* : sorte d'avènement d'être qui se trahit soudain aux surfaces les plus mortes, " lenteurs mystérieuses d'eaux aux flancs du rocher [80] ". Chez Mme de La-fayette, par exemple, Sainte-Beuve note la manière exquise dont une " sensibilité extrême et pleine de larmes reparaissait par instants, tout à travers sa raison continue, comme une source qui jaillit d'une terre unie [81] ". Dès que Sainte-Beuve évoque un génie ami nous retrouvons sous sa plume cette même source, et aussi cette brusque expansion fluide, ce *jet*, qui en est le mode d'appa-rition le plus fréquent. *Adèle*, par exemple, nous fait sentir le talent de Mme de Souza " dans son jet le plus naturel, le plus voisin de sa source, et pour ainsi dire, le plus jaillissant [82] ". Chez Mme de Staël, c'est un éloge de la conversation, manifestation immédiate du génie, joie de la " parole improvisée, soudaine, au moment où elle jaillissait toute divine de la source même de son âme [83] ". Et de cette explosion liquide de paroles l'intuition critique nous renvoie aussitôt à la nappe souterraine, au principe qui la soutient et qui la fonde : " La *vie*, mot magique qu'elle a tant employé, et qu'il faut employer si souvent à son exemple en parlant d'elle [84]. "

Cette source, ces élévations merveilleuses — ainsi " jaillissement de talent [85] " chez Chateaubriand, " jets irrésistibles qui naissent à chaque pas [86] " chez Heine, bonheur de ceux comme Benjamin Constant, " qui se sont élevés d'un jet à l'idéal d'eux-mêmes [87] " — la rêverie pourra tenter aussi de les appréhender en deçà de leur niveau visuel d'apparition : elle s'enfoncera à l'étiage secret où la source s'amasse, où le jet se prépare, là où réside vraiment le principe génial de mobilisation. C'est le " foyer véritablement sacré [88] " qu'évoque Sainte-Beuve à propos de Molière, et qui nous permet de surprendre un relais des images de l'eau, par celles, plus actives encore, du feu, Car le génie, chez Saint-Simon par exemple, se rêve aussi comme un embrasement intérieur, une " ardeur de curiosité ", une " verve " qui le jette vers l'objet social, et à laquelle répond aussitôt cette sorte de crise ignée :

80. P. L., II, p. 391. — 81. P. L., II, p. 1226. — 82. P. L., II, p. 1030. — 83. P. L., II, p. 1062. — 84. *Ibid.* — 85. Ch., II, p. 91. — 86. P. L., I, p. 553. — 87. P. L., I, p. 891. — 88. P. L., II, p. 20.

l'écriture. " Ce qu'il avait comme arraché avec cette curiosité
acharnée, il le rendait par écrit avec le même *feu*, avec la même
ardeur, et presque avec la même fureur de pinceau [89]. " C'est là,
dans son premier feu, dans son premier jet, qu'il importe de saisir
l'originalité géniale. Diderot par exemple, tout à l'heure liquide,
se définit plus profondément peut-être encore par un certain pouvoir intérieur d'incandescence. Sa subjectivité est comme le creuset
où viendrait se consumer, indistinctement, la réalité du monde :
" Animant, embrasant tout ce qui y tombe, et le renvoyant au
dehors, dans des torrents de flamme, et aussi de fumée [90]. " La
même qualité d'inégalité, de confusion au sein de la fécondité,
qui se disait tout à l'heure à travers le régime irrégulier du fleuve,
s'exprime ici, en un autre registre imaginaire, par un mélange de
feu et de fumée. Psychologiquement, à quoi correspond ce feu
de la création géniale ? A la vie des passions, bien sûr, à l'effervescence profonde du sentiment, à cet " orage naturel " du " talent
porte-foudre " qui s'agite naturellement " au-dedans de lui aux
heures de parole ou de composition [91] ". Une nuance de vitalité
électrique enrichit ici l'ardeur géniale. L'important c'est que cette
inflammation profonde de l'être puisse lui permettre d'extraire
de lui, et de reconnaître, en deçà de toute anecdote, les grandes
figures de son univers personnel : " Quoiqu'on ait dit que le type
du Giaour et du corsaire avait été suggéré par Trelawny lui-même,
j'ai peine à croire que ces types profonds ne préexistaient point
dans l'âme du poète, et qu'ils ne surgissent point immédiatement
de l'orage de ses propres passions [92]. "

A partir de cet orage, passionnel ou génial, se produira une
sorte d'exaltation physique du monde et du langage. Tout l'essor
auquel l'objet sensible refusait de se prêter — cantonné qu'il se
voulait dans son mutisme et dans sa platitude —, l'objet littéraire
va s'y livrer frénétiquement sous les yeux, ou plutôt dans l'esprit
de son lecteur. C'est comme une poussée profonde qui hésiterait
d'abord sur son point d'application et de percée. Ainsi, chez
Ampère, " le soulèvement s'essayait sur tous les points. et ne se
faisait jour sur aucun [93] ". Mais bientôt la surface se plisse, se
hausse au-dessus d'elle-même : c'est le phénomène de la *saillie*.

89. L. II, p. 5. — 90. P. L., I, p. 871. — 91. P. L., I, p. 544. — 92. P. L., I, p. 509.
— 93. P. L., I, p. 952.

Apparition, par exemple, chez Du Bos de " l'idée active, saillante et nécessaire [94] ", chez Picard de la " saillie et jet naturel [95] ", chez Saint-Simon d'une verve qui se donne " trop de saillie [96] ", chez Molière surtout d'une " saillie montée au délire [97] ", et au plus aigu de laquelle il ne lui reste plus qu'à mourir. Est saillant tout ce qui dépasse du commun niveau, tout ce qui s'élève, au-dessus de la banalité, vers le relief, presque nécessairement insolent, d'une expression nouvelle. Chez Chateaubriand, en particulier, les " jaillissements de talent " aboutissent à une " élévation extra-ordinaire [98] " qui jette hors du connu. L'explosion géniale devient alors comme un violent épanouissement de l'être, comme l'ouverture d'un moi lancé à la conquête de l'espace : chez Heine " mille perles à tout instant, de réminiscences colorées [99] ", des " jets irrésistibles ", une " efflorescence ", chez Molière un " rire des dieux suprême, inextinguible ", des " fusées... d'éblouissante gaîté [100] ". Ces images florales ou pyrotechniques disent bien le triomphe d'une force que rien n'arrête plus dans son élan.

Cette force ne s'égare jamais. Ouverte, elle reste toujours aiguë : l'un des grands privilèges du génie c'est, au bout de la saillie, la *pointe*, cette " pointe généreuse [101] " qui lui permet à la fois de surgir au-dessus des platitudes et de venir nous frapper en plein cœur. Au don d'essor (Chateaubriand-condor [102]) se joint en lui l'acuité, la qualité de resserrement, de densité, et comme la trempe particulière d'un métal. C'est la " concentration nécessaire au génie qui, si élargi qu'il soit, tient toujours de l'allure du glaive [103] ". Ce glaive s'élève dans l'espace, s'enfonce dans l'objet : car tout génie heurte et entame; il lui faut tailler sa route dans la résistance d'un dehors. Cette vertu nécessaire de *tranchant* nous la retrouvons dans la métaphore voisine de l'*abrupt* : tranchant cette fois-ci d'une paroi, d'un espace dressé. C'est par exemple le " génie à pic [104] " de Shakespeare. L'œuvre géniale s'érige sous nos yeux comme un mouvement inaccessible : ainsi la " maudite tour [105] " shakes-pearienne, mille fois plus importante aux pauvres gens que ne l'était à Boileau celle de Montlhéry, — bâtisse qui inscrit sur l'espace

94. P. L., I, p. 932. — 95. P. L., I, p. 911. — 96. L., II, p. 5. — 97. P. L., II, p. 38. — 98. Ch., II, p. 91. — 99. P. L., I, p. 553. — 100. P. L., II, p. 37. — 101. P. L., I, p. 932. — 102. Ch., II, p. 91. — 103. P. L., I, p. 922. — 104. P. L., I, p. 723. — 105. Ch., p. 724.

le profil dressé d'une sauvagerie, d'une violence inapprivoisables, et qui s'oppose dans la rêverie aux contours plus assimilables d'un Versailles racinien. Ou bien la ruine rhénane dira le don hugolien de verticalité, de surgissement existentiels. Ou c'est encore, dans le paysage littéraire de Chateaubriand, René, " tour solitaire [106] ", qui se hausse au-dessus de tout le reste de l'œuvre, et " monte dans la nue ". Figure parfaite du génie qui se définit toujours plus ou moins ici par sa présence exceptionnelle, sa hauteur active, son don d'extrusion.

Attention cependant : un tel activisme ne signifie pas que l'élan génial puisse être facilement appréhendé, ni même deviné du dehors par la sensibilité critique. Toute lecture un peu attentive permet certes d'en ressentir en soi-même la poussée, mais il y a loin de ce sentiment à une saisie véritablement interne. Comment coïncider avec l'énergie propre du génie, comment en reproduire en soi l'impact, la nuance, le rythme, la tonalité particulière, voilà bien le problème clef de Sainte-Beuve. Pour résoudre ce problème, on pourrait être tenté de faire appel à un acte d'intuition lointaine, d'*empathie*. On recueillerait ce que Sainte-Beuve nomme l'*étincelle*, c'est-à-dire la projection directe, le signe éclaté du feu génial. L'étincelle " rapide et de foudre mêlée [107] ", le plus souvent issue d'une vision (les " rapides étincelles du regard " [108]), m'atteint en effet en une abolition fulminante des espaces et des obstacles (" Le propre de certaines prunelles ardentes est de franchir du regard les intervalles et de les supprimer [109] "). Mais l'étincelle est une sorte de grâce, tout le monde n'en a pas reçu le don. Et ceux même qui le possèdent risquent tôt ou tard de le voir se retourner contre eux. Regardez par exemple Michelet : il a voulu " faire de l'histoire non une narration, comme Augustin Thierry, non une analyse comme Guizot, mais une résurrection : il a voulu y apporter la vie, l'*étincelle directe*, l'amour. Il a voulu que " d'un premier et d'un seul coup de baguette ", le passé " se mette à re- vivre devant lui ". Mais il a couru par là même le risque de voir

106. P. L., I, p. 891. — 107. L. D'A., p. 66. — 108. P. L., I, p. 855. — 109. V., p. 262.

ce passé lui désobéir, demeurer mort, sans étincelle ; et de n'apparaître alors lui-même que comme un faux prophète de l'éclair, une sorte de charlatan, un " Appolonius de Tyane, ou un Cagliostro [110] ".

A la magie toujours un peu inquiétante de ces possessions instantanées — auxquelles fait écho le style même de Michelet, tout de crispations électriques, d'élans et de ruptures — Sainte-Beuve oppose alors son propre mode de saisie, défini par la continuité et la patience : " Un art infini et des lenteurs, des préparations externes, ... des analyses rapprochées, des témoignages rapportés, des narrations sincères, lucides, fidèles [111] ", voilà ce qui rendra le mieux compte de la vérité intime, qu'elle soit individuelle ou historique. Aucune hardiesse de pénétration : il n'est pas question de se projeter d'un seul coup au cœur de la vibration géniale. Malgré toute la différence de vitalité qui sépare l'objet sensible de l'œuvre littéraire, et bien que la densité ontologique, si chichement mesurée au premier, soit beaucoup plus généreusement dispensée à la seconde, Sainte-Beuve, passant de l'un à l'autre, varie peu son style de contact. Dans le registre de la lecture comme dans celui de la perception il s'en tient, à la fois par nécessité et par principe, peut-être par une nécessité faite principe, à l'exploration des enveloppes. Le dedans existe ici, et vigoureusement : mais nous ne l'éprouverons encore qu'en son dehors.

Vers l'œuvre ne sera donc tenté aucun enfoncement, ni même aucune pression trop vive. " Vous qui aimez à vous jouer dans toutes les profondeurs... " écrivait Baudelaire à Sainte-Beuve. Mais Sainte-Beuve, qui n'est pas l'auteur des *Fleurs du Mal*, ni même celui de *l'Art romantique*, lui avait déjà d'avance répondu : " La meilleure et la plus douce critique est celle qui s'exprime des beaux ouvrages non pressés au fouloir, mais légèrement foulés à une libre lecture [112]. " Foulage, effleurement à travers lequel s'opère, ou devrait s'opérer une sorte de possession discursive du profond. Ou bien intervient la métaphore de la promenade, du voyage (le critique Juif-errant), du parcours fluide opéré autour de grands reliefs géniaux. Pour qualifier l'originalité de ce parcours resurgissent souvent les images de la liquidité. Et cela ne saurait surprendre : car comprendre, ici, c'est bien glisser tout au long de

110. N. L., II, p. 152. — 111. *Ibid.* — 112. Ch., I, p. 190.

l'objet à comprendre, c'est se mouler sinueusement sur lui en une " versatilité perpétuelle ", en une " appropriation à chaque chose [113] ", mais aussi en un détachement et une désappropriation constante puisque l'intelligence critique doit toujours se porter vers de nouveaux objets, vers d'autres œuvres à parcourir et à interroger. Cette fidélité, cette infidélité, — cette adhésion et cette fuite qui les dirait mieux que l'eau courante ?

Et en effet, alors que la création géniale peut " se représenter aux yeux " par quelque thème d'extrusion, " quelque château antique et vénérable que baigne un fleuve ", " un monastère sur la rive ", ... " un rocher immobile et majestueux ", la critique " dont la loi est la mobilité et la succession, circule comme le fleuve à leur base, les entoure, les baigne, les réfléchit dans ses eaux, et transporte avec facilité de l'un à l'autre le voyageur qui les veut connaître [114] ". Nouvelle association du surgi et du coulé, du roc et de la rivière : l'horizontalité de l'une sert désormais à révéler la verticalité de l'autre; son trajet unifie en outre activement, relie du dehors les uns aux autres les grands accidents géniaux — et toujours solitaires — d'un paysage culturel. Avec quelques génies la nappe du discours critique fabrique ainsi une littérature. Et ces génies eux-mêmes elle les interroge comme autrefois les choses. De même que l'éclairage le plus efficace était, on s'en souvient, fourni par les lumières obliques ou rasantes, la compréhension critique est bien une effusion, mais qui reste parallèle à son objet. Non point si lointaine donc de la fusion proprement érotique ou sensuelle : simplement différente en son orientation, désireuse non plus de se perdre *en* un autre, mais de l'entourer, de l'épouser en tous ses replis signifiants. A travers l'exercice de l'intelligence critique le geste primitif de désir se conserve donc bien, mais il se modifie aussi, il se retient et il s'étale. Il devient l'instrument — toujours voluptueux d'ailleurs — d'une possession distante, d'un savoir.

Ce savoir, sur quoi va-t-il exactement *porter* ? Quelles sont, hors de toute métaphore, les enveloppes diverses du génie ? Du

113. P. L., I, p. 980. — 114. P. L., I, p. 536.

génie, entendons-le bien, né en une intériorité humaine, et manifesté en un langage. Car la perspective beuvienne n'autorise à
établir aucune séparation entre les deux pôles plus tard ennemis :
l' " homme " et " l'œuvre ". L'homme, pour Sainte-Beuve, c'est
ce qui, c'est celui qui se parle dans l'œuvre, c'est, à la limite, le
langage même de cette œuvre; l'œuvre c'est la parole, c'est l'avènement verbal de quelqu'un. A partir de cette conscience parlante
pourront se déployer trois types essentiels d'enveloppes. La
première, charnelle, dispose autour du moi comme un manchon
de signes vitaux et humoraux : c'est la *physionomie*. La deuxième,
plus proprement sémiologique, forme la surface sensible, l'espace
à la fois intelligible et tactile de ma découverte des œuvres : c'est
l'*écriture*. Enfin, dans l'ordre temporel de la lecture, — lecture d'une
œuvre, lecture de plusieurs œuvres les unes après les autres — il
existe une sorte de pellicule immédiate au-dessous, tout au long
de laquelle le moi se développe, se succède à lui-même : cette
enveloppe où s'inscrit la dimension diachronique du génie, c'est
sans doute la *biographie*. Mais physionomie, biographie, écriture
n'ont d'intérêt pour le critique que dans la mesure où elles lui
permettent d'aller au-delà d'elles. Champs d'une sorte de déchiffrement existentiel, elles doivent se prêter au dépassement herméneutique. Assez consistantes pour supporter le poids de la lecture,
il leur faut être en même temps poreuses, et comme perméables à
la poussée interrogeante de l'esprit. Point de grand critique, dit
Sainte-Beuve, sans un certain pouvoir de trans-lucidité : " Il
est certains animaux chez qui la transparence des tissus laisse
voir à l'œil nu les veines courantes et le sang et mille nuances.
Par suite d'une maladie singulière de l'esprit et des yeux, j'ai reçu
le don de cette vue pénétrante : pour moi tous les hommes sont
des caméléons [115]. "

---

115. Poi., p. 11. La métaphore de l'enveloppe s'expose ici dans le registre physiologique à travers l'opposition chair épiderme. Elle pourra se dire aussi à travers l'antithèse corps nu/ vêtement qui le recouvre : le projet critique, c'est de " faire partout
sentir le nu et les chairs sous les *draperies*, sous le *pli* même et le faste du *manteau* "
(N. L., II, p. 17). Dans *Volupté*, livre d'intention mystique, le thème de l'enveloppe
se donne une garantie explicitement théologique, en se rattachant aux théories de
saint Martin. Le don de spiritualité, point tellement différent du don critique, " consiste à retrouver Dieu et son *intention vivante* partout, jusque dans les moindres détails
et les plus petits mouvements, à ne perdre jamais du doigt un certain ressort qui
conduit. *Tout prend alors un sens*, un enchaînement particulier, une *vibration infiniment*

Cette " vue pénétrante " pourra s'exercer sur son objet de deux manières assez différentes. Tantôt le regard essaiera de traverser les enveloppes en un point élu de leur surface; il cherchera sur elles des prises isolées, discrètes; tantôt il choisira de glisser sur la continuité des épidermes, préférant alors la pratique d'une préhension globale, totalitaire.

Exercé, par exemple, dans le registre des physionomies, le premier type d'approche y donne lieu à la recherche si caractéristique du *symptôme* : signe tout biologique à travers lequel s'avoue un moi. " Le tic familier, le sourire révélateur, la gerçure indéfinissable, la ride intime et douloureuse qui se cache en vain sous les cheveux déjà clairsemés [116] ", voilà pour le regard autant de points physiques d'insertion. Ce sont des failles de l'apparence personnelle — souvent d'ailleurs aussi des signes de faiblesse ou de fatigue, de moindre résistance, à travers lesquelles s'indique un brusque accès à l'intériorité. Leur puissance révélatrice sera d'autant plus forte que nous apparaîtra petite et fuyante leur surface. Comme plus tard chez Proust le caractère minuscule du symptôme dénoncera l'ampleur de la nature, et la réussite du dévoilement tiendra à la disproportion de ses deux termes. Cette infimité se lie souvent aussi à une vitesse : le plus signifiant, ce sera quelquefois le tic le plus mobile, le plus difficilement fixable, le plus emporté dans la modulation émotive d'un visage. Ainsi " la lèvre qui s'amincit et se pince, une rougeur rapide à une joue qui soudain pâlit ", " premier mouvement susceptible ", se charge de dire chez Jouffroy " froideur et hauteur ", toute " l'aristocratie du penseur et du montagnard [117] ". Le champ privilégié de cette recherche sera bien entendu la face humaine, et, dans celle-ci, certaines zones cruciales où se trahit de préférence le secret intime. Soit zones de concentration expressive, ainsi yeux ou lèvres; soit, et ceci est plus curieux, zones de transition, espaces chargés de

subtile qui avertit, un commencement de nouvelle lumière. La *trame invisible*, qui est la base spirituelle de la Création et des causes secondes, qui se continue à travers tous les événements et *se fait jour en elle comme un simple épanouissement de sa surface*, ou si l'on veut comme des *franges pendantes*, cette trame profonde devient sensible en plusieurs endroits, et toujours certaine là même où elle se dérobe " (V., p. 320). Lire le sens, c'est passer de l'avers au revers de cette " trame ". Comme la métaphysique, la critique sera une opération essentiellement *symbolique*.

116. P. L., I, p. 867. — 117. P. L., I, p. 939.

relier les uns aux autres les éléments principaux du visage : l'observateur a l'impression que les défenses personnelles s'y relâchent,
que les épidermes s'y amincissent, il espère que l'insistance du
regard y trouvera donc ses plus fortes chances. C'est le cas, par
exemple, de la région frontière qui s'étend entre crâne, front,
yeux et joues : les tempes. Sainte-Beuve a évoqué à plusieurs
reprises ce " point de défaut des tempes et des paupières ", où
" comme à une vitre transparente ", son " œil va lire d'abord
l'état vrai d'un ami [118] ". Les rides qui s'y creusent nous paraissent
directement issues d'une intériorité, on les sent " nées du dedans
à leurs racines attendries et à leur vive transparence [119] ". Ou bien
c'est le sang lui-même qui se met à y parler : chez Lamartine " on
compte les pensées du poète comme les battements de l'artère à sa
tempe [120] ".

Transporté dans l'ordre stylistique, le symptôme humoral y
devient procédé d'écriture, grimace ou relief singulier d'expression.
Il se repère à la fois par son originalité, par ce qui le fait saillir
au-dessus du niveau ordinaire de la langue, et par sa répétition :
comme les stylisticiens modernes Sainte-Beuve est sensible, de
manière toute subjective bien sûr, au critère des fréquences, et
même des fréquences relatives. Une fois isolé le tic stylistique
permet, tout comme le signe physionomique, un accrochage de
l'interprétation, puis une victorieuse irruption dans l'espace de la
profondeur géniale. Ainsi l'une des " expressions favorites " de
Joseph de Maistre, " et qui lui revenait bien souvent, était : *à
brûle-pourpoint*. C'était le secret de sa tactique qui lui échappait,
c'était son geste; il faisait ainsi, il s'avançait, seul contre toute une
armée ennemie, le défi à la bouche, et tirait droit au chef, à brûle-
pourpoint [121] ". La manie linguistique débouche directement ici,
de par son contenu même, sur l'attitude existentielle. Au rebours
d'un Spitzer, par exemple, qui induit de la découverte d'une forme
stylistique favorite, — et souvent elle aussi microscopique — toute
la structure mentale d'un auteur, Sainte-Beuve néglige, au moins
au niveau du détail discontinu, la figure propre de l'expression.
C'est le signifié du tic verbal qui le renvoie directement à un
thème significatif de l'expérience.

118. V., p. 110. — 119. V., p. 34. — 120. P. L., I, p.323. — 121. P. L., II, p. 427.

Ainsi peuvent se découvrir, dans la physionomie comme dans la parole, de brusques contractions de sens. Un élément, d'une extension généralement très faible, y condense en lui, puis y autorise à partir de lui le déploiement de toute une ampleur de conclusions. Reproduit dans l'ordre diachronique, celui de la biographie, le même phénomène y devient le procédé si souvent incriminé de l'*anecdote*. Qu'est-ce en effet qu'une anecdote sinon un moyen de faire affluer sur un seul point, sur un seul événement vécu, — et le plus souvent futile, apparemment oiseux, — toute la signification vaguement diluée au fil d'une existence ? Aucune complaisance, rien de gratuit dans l'anecdote telle que la pratique Sainte-Beuve : un geste, un mot bien choisis y doivent provoquer la cristallisation d'une vérité profonde. Le principe de disproportion entre signifiant et signifié continue à y jouer : ainsi dans l'anecdote d'Ampère enfant " surpris faisant des calculs avec les morceaux d'un biscuit qu'on lui avait donné [122] "; cette historiette veut frapper en raison de l'inégalité qu'elle dessine entre ces biscuits puérils et le sérieux de la vocation qu'ils prophétisent. Ou bien l'anecdote se charge d'éveiller en nous une certaine zone d'imagination profonde : ainsi dans la scène domestique où l'on voit " aller et venir dans la pâte (d'une pâtisserie) les mains blanches et potelées et les bras nus jusqu'à l'épaule de Mlle de Liron [123] ". A partir de ces bras nus, si sensuellement liés à cette pâte, nous pourrons facilement rêver la force d'une inclination charnelle, et toute l'aventure passionnelle qui suivra. Ou de Nodier, vieilli, fatigué, mais retrouvant et criant soudain le nom de la montagne jurassienne du Cerdon, sous le porche de l'Institut où Sainte-Beuve vient de le croiser : " Le Nodier jeune et puissant était retrouvé [124]. " Toute anecdote réussie est ainsi trouvaille, retrouvaille, mise en contact soudain avec un être réveillé. Ainsi l'histoire de Jouffroy visitant en compagnie de Dubois le sommet de la Dôle, et y découvrant un pâtre méditatif, y devient comme la clef de son univers philosophique. Largeur du point de vue (" le propre de M. Jouffroy c'est de tout voir de la montagne "), intuition d'une unité de la réflexion humaine (" il y a en cette âme que voilà les mêmes pensées que dans les nôtres "), prestige d'un certain silence soutenant la

122. P. L., I, 945. — 123. P. L., II, p. 1014. — 124. P. L., II, p. 307.

méditation : cette anecdote opère analogiquement en elle comme une convergence d'allusions; elle devient la métaphore d'un génie : " Ainsi cette promenade sur la Dôle est-elle une merveilleuse figure de la destinée de M. Jouffroy [125]. "

A d'autres moments ce type d'approche se voit relayé par une compréhension plus large, plus globale. Car l'intelligence beuvienne recherche à la fois l'indice et le climat; tout autant qu'à un déchiffrement solitaire du signe elle vise à une imprégnation par les ensembles, par les formes, et mise tout alors sur la *durée*. Comment par exemple pénétrer le secret d'un visage ? En interprétant peut-être telle ride, telle gerçure : mais plus encore en faisant longtemps " poser " devant soi son propriétaire, en variant les éclairages, en multipliant les perspectives. Sainte-Beuve espère alors voir apparaître devant lui un certain relief total de la physionomie. " Je résume un peu, à bâtons rompus : patience ! la physionomie, à la fin, *ressortira* [126]. " Elle ressortira, c'est-à-dire qu'elle s'organisera peu à peu, touche à touche, comme un volume absolument personnel de sens et de lumière : " chaque trait s'ajoute à son tour et prend place de lui-même dans cette physionomie qu'on essaie de reproduire; c'est comme chaque étoile qui apparaît successivement sous le regard et vient luire à son point dans la trame d'une belle nuit [127]. " Plus ici d'illumination par le détail isolé, c'est l'addition des détails, qui se fait signifiante, *scintillante*; c'est surtout la façon dont cette addition se constitue en *trame*, tissu continu de nuit ou de visage, nappe d'une unité désormais vivante d'expression.

Même démarche dans le domaine des langages [128] : plus que

125. P. L., I, p. 928-929. — 126. P. L., II, p. 426 — 127. P. L., I, 867.
128. Le " corps " de l'œuvre littéraire peut être métaphoriquement en effet rapproché d'un corps réel. Les littératures sont des " organismes " saisissables, comme des chairs, à partir de leurs zones les plus épidermiques : " ces corps humains et vivants étaient mieux portants, à coup sûr, quand ils avaient assez de loisir et de discernement pour songer surtout à la décence de la démarche, aux parfums des cheveux, aux nuances du teint et à la beauté des ongles " (P. L., I, p. 912). *Démarche*, c'est la qualité du style. Des *cheveux* et du *teint*, on a vu le prix imaginaire. L'*ongle* est plus curieux; Sainte-Beuve y rêve quelquefois comme à un thème d'ultimité physique, donc de raffinement (" ces admirables filles du peuple... dont l'ongle même est élégant ", P. L., II, p. 8), ou inversement comme à un thème d'effleurement, de possession " du bout des doigts " : lié par exemple à la chevelure (" et l'ongle curieux Rase en glissant les bords où leur cours se dessine ", J. D., p. 56) ou à l'épiderme d'un objet (" ces jeux de l'ongle sur des écorces ", P. L., II, p. 322).

les tics d'un écrivain, c'est la " physionomie de son style [129] " qui nous renseigne sur ce qu'il est. " Il demande à être regardé de très près et longtemps : ainsi seulement on surprendra les secrets de sa manière [130]. " Qu'est-ce que la *manière* ? C'est bien évidemment l'allure propre d'une phrase, sa façon de se déployer ou de se crisper sous la lecture, sa texture plus ou moins lâche, sa plus ou moins grande force d'insistance, de happement, sa vitesse aussi, son rythme, ce que Du Bos nommera plus tard son *tempo*. Ainsi Cousin est saisi à travers une certaine vélocité particulière de son dire : " il s'emporte, il enjambe, il outre-passe ", il est " la vie au pas de course sur toute la ligne [131]. " Ce type de sensibilité critique se trouve souvent des confirmations imaginaires dans les zones d'une rêverie toute matérielle : ici par exemple, " ce n'est pas l'élément *igné* ni *volatil*, c'est plutôt l'élément *terreux* qui lui a fait défaut ". Nul doute que pour Sainte-Beuve, comme pour le critique d'aujourd'hui, la littérature ne soit d'abord affaire de langage : de langage, ajoutons aussitôt, fait pour être goûté dans sa saveur, reconnu dans son originalité formelle, qualifié dans son intention. Les surfaces du style devront donc être longuement fréquentées et parcourues. Par la lecture, par la re-lecture, le critique tentera d'en apprécier les pentes, les chemins, les reliefs favoris, — qu'il essaiera même quelquefois d'imiter dans la figure de son propre commentaire. Sainte-Beuve diffère-t-il tellement ici de son grand adversaire Proust ? N'eût-il pas aimé telles remarques sur l'imparfait, sur le *et*, sur l'adverbe chez Flaubert ? Et y a-t-il si loin du mimétisme beuvien, cet art de " revêtir [132] " l'auteur traité, à la pratique proustienne du pastiche ? Çà et là il s'agissait bien de se rendre sensible, comme en tout acte véritablement critique, à la posture révélante d'un langage : comprendre une forme c'est s'alerter en effet tout autant à sa responsabilité existentielle qu'à sa structure propre, au principe interne de son fonctionnement [133].

Du côté de la biographie, enfin, même souci d'une exploration

---

129. P. L., I, p. 703. — 130. *Ibid.*, p. 756. — 131. J. D., p. 131. — 132. Poi., p. 10.
133. La réflexion sur les formes peut servir, selon Sainte-Beuve, à nous rendre à l'appréhension des " choses ". " Et par degrés, à propos de la manière d'exprimer les choses, il se sentira bientôt rendu au sentiment des choses exprimées " (J. D., p. 151). Ceci, entendu dans le sens d'une recherche " créatrice ", s'appliquera plus encore, bien entendu, dans le champ d'une compréhension critique.

des trames. " On veut suivre dans la continuité de son tissu, on
veut toucher de la main, en quelque sorte, l'étoffe et la qualité de ce
génie dont on a déjà vu le plus brillant échantillon [134]... " Et pour
cela on racontera l'histoire de sa vie, inséparable de celle de ses
œuvres. Comprenons que cette " vie une et variée " figure, comme
le dit si bien Sainte-Beuve, une " émanation de l'âme à travers
les écrits [135] ". Elle n'est qu'une autre enveloppe du génie, une
autre manière, successive, événementielle, linéaire dont la poussée
créatrice se traduit, dont le sens se dessine en existence. Comme
l'espace charnel, le tissu biographique renvoie donc au projet,
au jet intérieur. Ne prenons pas ici la biographie pour un ordre
antérieur à la création et qui en déterminerait littéralement les
modalités. Ce serait plutôt l'inverse : la biographie, du moins dans
la pratique beuvienne spontanée, éclaire le génie comme un effet
renseigne sur sa cause, comme un nuage ou une vapeur exha-
lée nous permettent de remonter jusqu'à leur foyer premier
d'émanation. Autour du secret des profondeurs la vie quotidienne
installe ainsi comme un halo de familiarité; elle est l'atmosphère
où le critique doit faire sa demeure : " entrer en son auteur, s'y
installer, le produire sous ses aspects divers; le faire vivre, se
mouvoir et parler comme il a dû faire; le suivre en son intérieur et
ses mœurs domestiques aussi avant que l'on peut [136] ", c'est le
moyen sans doute le plus sûr d'accéder au principe actif de cette
vie, et de cette œuvre... Contre Proust il semble donc possible
de sauver, du moins en son intention, la biographie beuvienne; ce
qu'elle met à l'origine de la création, ce n'est pas le hasard ni la
superficialité d'un moi épisodique : la lente explication des vies
ne saurait être ici qu'un moyen, parmi d'autres, de faire allusion à
l'authenticité profonde. Simplement Sainte-Beuve ne croit pas
qu'entre les deux niveaux de l'existence — moi biographique,
moi génial — il se produise discontinuité, coupure. Sans posséder
encore les éléments épistémologiques — par exemple psychana-
lytiques — qui lui permettraient peut-être d'éclairer un tel passage,
il pense que l'un peut s'apercevoir en filigrane à travers l'autre.
Mais l'essentiel reste pour lui, comme pour Proust, l'origine
créatrice : cette source des corps, des langages, des vies, tout aussi

134. P. L., I, p. 892. — 135. P. L., II, p. 1063. — 136. P. L., I, p. 677.

aisée à ressentir dans telle ou telle de ses manifestations externes que difficile à appréhender dans sa spécificité jaillissante, dans son sens [137].

Cette source Sainte-Beuve la nomme " l'esprit de la personne ", ou mieux encore le " procédé de cet esprit [138] ". Ce qu'il faut définir, selon lui, chez les esprits supérieurs, c'est le " cachet qui se marque à un coin ", tandis que chez les autres c'est ' le moule qui s'applique indéfiniment et se répète [139] ". *Cachet, moule* : figures d'une originalité tantôt formelle et tantôt génétique, qui constitue bien en tout cas le signifié central de tous les signifiants épars dans les multiples surfaces jusqu'ici interrogées et parcourues. Par ce parcours est née chez le critique une " impression sensible [140] " : en tentant d'expliciter cette impression il aura quelques chances de mieux définir ce " moule " ou ce " cachet ", de décrire d'un peu près ce signifié central (la linguistique moderne le nommerait sans doute " contenu ", ou mieux " forme du contenu ") : la *qualité* géniale.

La qualité, ou plutôt *les qualités* inhérentes à ce génie : car elles sont le plus souvent multiples et s'offrent en gerbe liée à l'analyse. Elles se dégagent, comme il est très normal, sous l'aspect d'une suite d'adjectifs qualificatifs, tantôt simplement juxtaposés, tantôt groupés deux à deux par la liaison d'un *et*, parfois hypostasiés en une essence substantive. Boileau, par exemple, est " un esprit sensé *et* fin, poli *et* mordant, peu fécond, d'une agréable brusquerie [141] ". Souvent les adjectifs porteurs de la qualité se corrigent, se nuancent l'un l'autre selon la forme d'une approximation. Le talent de Fontanes, par exemple, est " pur, tendre, mélancolique et *moins* ardent *que* sensible [142] ". Ou bien un *non pas... mais...* construit, plus violemment, une figure d'opposition. Mais le plus fréquent c'est

137. Selon le point de vue d'une critique moderne cette difficulté tiendrait sans doute au fait que le sens n'est rien d'autre que l'ensemble, ou que la mise en perspective de ces manifestations elles-mêmes. L'intériorité ne s'y sépare pas de ses différentes expressions. A travers ses " enveloppes " le moi (fût-ce symboliquement) n'apparaît pas, il est.

138. P. L., II, p. 468. — 139. N. L., III, p. 30. — 140. P. L., II, p. 1063. — 141. P. L., I, p 666. — 142. P. L., II, p. 199.

le procédé selon lequel deux qualités apparemment contradictoires sont accouplées l'une à l'autre en une unité paradoxale (cette unité des termes opposés que Sainte-Beuve nomme quelque part la *trempe*). Mme Roland compose par exemple " une figure fine et hardie, grandiose et gracieuse, intelligente et souriante [143] ". Délicatesse et énergie, charme et sublimité, esprit et sourire nous suggèrent, de par leur mariage, l'idée d'une complexité où cohabiteraient heureusement tous les contraires. Loin de définir l'être intérieur à partir d'une qualité maîtresse, comme le fera Taine (et comme il sera lui-même tenté de le faire plus tard), Sainte-Beuve multiplie ici, combine, oppose les unes aux autres les qualités successivement découvertes, afin de provoquer dans son lecteur la notion d'une intériorité si riche que la vibration finale en reste irréductible à tel ou tel aspect choisi. C'est, plus explicitement encore, le cas de Benjamin Constant, dont l'essence, s'il en avait une, serait cette contradiction même : " nature contradictoire, à la fois sincère et mensongère, éloquente et aride, chaleureuse et terne, romanesque et antipoétique, insaisissable vraiment [144]... " La " nature " du génie de Constant nous échappe ainsi; elle élude la prise du concept, et cela à travers la lutte des qualités mêmes qui la constituent. On voit que la définition adjective ne fait qu'entourer, ou peut-être que cerner le secret central, le creux actif du moi; elle tend autour de lui une nouvelle enveloppe interprétative, elle ne nous en livre pas la structure essentielle.

Celle-ci devra donc être dégagée, ou plutôt recréée en nous, par d'autres moyens que ceux de l'adjectivité. Des moyens qui relèveront encore d'une stratégie de l'indirect. Il faudra de loin provoquer l'essence à se reproduire, il faudra tenter de l'incarner et de la faire resurgir en un autre registre du vécu. On aura souvent recours pour cela à cette figure d'identité distante : la métaphore. Jouffroy est ainsi " plutôt une Loue épanouie qu'un Rhône impétueux, comme elle lent, large, inégalement profond, noyant démesurément ses rives [145] " : image construite comme une opposition externe qui donne à la série des adjectifs qualificatifs le soutien matériel d'une véritable correspondance poétique. Ou bien Corneille ressemble à un arbre : " un de ces grands arbres nus,

143. P. L., II, p. 1136. — 144. P. L., II, p. 760. — 145. P. L., I, p. 938.

rugueux, tristes et monotones par le tronc, et garnis de rameaux et de sombres verdures seulement à leur sommet [146] ". Arbre, fleuve éclairent analogiquement un aspect essentiel de Jouffroy (l'effusivité, la superficialité) ou de Corneille (la sévérité, l'opposition cette fois-ci interne d'un lyrisme assez rare, " ultime ", et d'une rigueur, d'une logique austères). Comme chez Baudelaire ou Proust la métaphore devient ici la médiation à travers laquelle se dévoile une qualité vivante. Grâce à son mouvement se remettent à nous parler sur un autre plan de l'expérience, — et le plus souvent sur le plan de l'expérience sensible, du *paysage*, — ce que Proust nommait des " notions sans équivalent " : chez lui par exemple la " .douceur rétractée et frileuse " de la petite phrase de Vinteuil, dans l'exemple précédent le mélange de sécheresse et de verdeur caractéristique du génie cornélien, notions qu'il nous est dès lors loisible de comprendre, ou de ressusciter en nous, mais jamais de vraiment connaître, d'immobiliser en termes de concept.

Il se peut ainsi que tout langage critique — ou du moins tout langage hérité de Sainte-Beuve, de Baudelaire, de Proust, doive se résigner à la métaphore, c'est-à-dire à un mode d'expression non littéral, *chargé*. Seul le métaphorique aura quelques chances en effet de nous égaler à la richesse devinée de l'implicite : ou plutôt il prolongera en lui cet implicite même, il en étalera dans son espace propre tous les profils entr'aperçus. Puisque l'écriture littéraire n'existe sans doute que par son épaisseur active, sa pluralité, puisqu'elle nous parle à travers le silence de toutes les significations entrelacées et sous-jacentes qui viennent équivoquement faire affluer en elle à chaque instant la présence d'un ensemble actif, puisque la littérature peut s'imaginer en somme comme une surface tenant toujours en deçà d'elle — mais aussi en avant et en arrière d'elle — quelque chose *en réserve* [147], cet en-deçà constitutif, cet horizon intérieur du sens ne seront peut-être ouverts qu'à travers un langage lui-même articulé de manière profonde, renvoyant

146. P. L., I, p. 964.

147. Cette réserve, rêvée de façon substantielle et dynamique, c'est ce que Sainte-Beuve nomme justement *génie*. Aujourd'hui on la concevrait plutôt comme négativité, absence : soit vide prospectif, soit manque originel, béance archaïque, organisant à partir d'elle le développement rhétorique, la fuite ou le jeu d'un langage. Sur le rapport du symbole critique au symbole créateur, voir R. Barthes, *Critique et vérité*, p. 71-73.

toujours à *autre chose*, dédoublé d'images, métaphoriquement
continué. Par son relief même, par sa nature allusive et suspendue,
ce langage critique se chargerait d'instaurer en nous un certain volume, ou mieux peut-être une certaine fuite de l'expression : seul
espace où pourrait librement se poursuivre, donc continuer à se déployer, à s'inventer toute l'ambiguïté des significations géniales.

Un exemple emprunté à l'un des *Portraits littéraires*, celui de
Jouffroy permettra de mieux saisir à l'œuvre l'opération d'une
telle critique [148]. L'essence d'abord intuitivement perçue dans
le génie de Jouffroy y est celle, on l'a vu, de l'*étendue*. Elle se trouve
aussitôt illustrée et soutenue par une métaphore, celle de l'*air
spacieux du Jura*, pays natal de Jouffroy. Mais il faut imaginer
maintenant la manière dont l'intelligence du philosophe occupera
toute cette étendue. Quatre adjectifs interviennent alors : Sainte-
Beuve évoque ces pages *lentes* et *pleines*, le développement *continu* et
régulier de sa parole. Ces qualités appellent une autre métaphore,
chargée de résumer en elle le rapport tout de planitude, de réverbération calme et fidèle qui unit l'intelligence de Jouffroy à la
réalité : c'est la métaphore du miroir. " Je comparerais cette intelligence à un miroir presque plan, très légèrement concave, qui
a la faculté de s'égaler aux objets devant lesquels il est placé, et
même de les dépasser en tous sens, mais sans en fausser les rapports. " Ce miroir nous apparaîtra dans sa vertu la plus spécifique,
et la plus symbolique, en s'opposant à deux autres types de
miroirs : le miroir à facettes, brillant mais partial, ne représentant
à la fois qu'un aspect de l'objet; le miroir concentrique, global,
mais trop ardent, provoquant " la flamme " et détruisant finalement la chose reflétée. Ces images s'organisant tout naturellement
en réseaux métaphoriques (par corrélation ou opposition), la
rêverie du miroir nous conduit à celle du feu, du sillon creusé par
le feu, bientôt à celle du *glaive* — symbole de l'esprit qui au lieu
de réfléchir le réel l'attaque et le traverse : " Car il y a aussi des
intelligences trop vives, trop impatientes en présence de l'objet.
Elles ne se tiennent pas aisément à le réfléchir, elles l'absorbent
ou vont au-devant, elles font irruption au travers et y laissent
d'éclatants sillons. " Ce type d'approche de la réalité s'invente

148. P. L., I, p. 920-921.

enfin un répondant vivant, Victor Cousin, adversaire de Jouffroy, marqué par l'*acies*, la *celeritas ingenii*, — acuité et rapidité.

Mais cela n'est pas tout, et le travail d'imagination critique continue. En une nouvelle métamorphose ce miroir symbolique devient, ou plutôt redevient ce qu'il avait été au début de l'analyse, *lac*, et plus spécialement lac jurassien. Après avoir en effet quelque peu brandi dans sa jeunesse le " glaive " cousinesque, glaive de l'invention, de l'incisivité active, Jouffroy a choisi de se cantonner dans la pratique de la réflexion pure, de l'étendue passive et neutre : " Le miroir en son sein est devenu plus large, plus net, plus reposé que jamais, d'une sérénité admirable, bien qu'un peu glacée, un beau lac de Nantua dans ses montagnes. " Voici qu'à travers cette eau lacustre se dégagent des qualités nouvelles qui reviennent s'appliquer sur l'idée originelle à définir : ce sont le glacé (lié, nous le savons, dans l'imagination beuvienne, à la liquidité du lac, et aussi à la montagne), l'humidité, et encore la neutralité, la presque indifférence : " Mais tout lac, en reflétant les objets, les décolore et leur imprime une sorte d'humide frisson conforme à son onde, au lieu de la chaleur naturelle de la vie. " Le génie de Jouffroy se trouve ainsi soupçonné du crime de fraîcheur, qui entraîne celui de narcissisme, d'intellectualisme : " L'intelligence exclusivement étalée décolore le monde et refroidit le tableau, est trop sujette à le réfléchir par les aspects analogues à elle-même, par les pires abstractions et idées qui s'en détachent comme des ombres. " Génie d'étalement, non de jaillissement, privé de la qualité première du génie : la *générosité* : " l'énergie des forces naturelles l'atteint peu. "

Ainsi se construit un véritable *poème critique*. Le mouvement en est double : il consiste en un aller-retour toujours repris entre la qualité abstraite (ou plutôt des couples de qualités abstraites opposées) et la réalité sensible. L'analyse essentielle s'y achève dans l'invention d'une métaphore. Cette métaphore permet la découverte d'un nouveau complexe d'attributs — à la fois sensibles et moraux — qui reviennent s'appliquer sur le terme initial à définir : permettant alors le surgissement d'une deuxième, peut-être d'une troisième métaphore. Dialectique de l'essence et de l'image qui se poursuit indéfiniment — ou du moins jusqu'à la totale organisation " idéale " de l'objet.

Un tel procédé ne suffit pourtant pas à rendre compte de tous les caractères d'une création mentale. S'offrant à l'imagination beuvienne sous la figure favorite d'une *force*, le génie sera justiciable pour elle non seulement d'une reconstruction poétique, ou d'une herméneutique des qualités, mais d'une analyse énergétique. Son dynamisme lui aussi devra être étudié et reconnu. Estimer exactement la poussée créatrice, mesurer sa puissance, définir sa structure intérieure, distinguer en somme la façon qu'elle a de se produire et de nous atteindre : voilà une autre tâche de la rêverie critique. Et cette tâche impliquera, chose nouvelle, un jugement. Comme récepteurs en effet du jaillissement génial, comme *lecteurs*, nous nous trouvons directement pris à parti par lui : et nous l'estimons alors plus ou moins agréable ou réussi, plus ou moins conforme à notre vœu, à notre humeur particulière. De par leur seul mode d'attaque certaines créations nous séduiront, d'autres nous rebuteront. A la poussée infiniment variable du génie nous opposerons la fixité de ce filtre personnel : le *goût*.

Le jugement de goût s'exercera d'abord chez Sainte-Beuve en fonction d'un certain idéal d'*intensité*. Certains génies pourront le gêner par leur *faiblesse*. Ainsi Joubert, tombé dans l'asthénie par excès de sophistication spirituelle : " il avait toute la délicatesse qu'on peut désirer d'un esprit, mais il n'eut pas toute la puissance [149]. " Chez un écrivain comme Nicole le même manque de puissance apparaîtrait plutôt comme le résultat d'une sorte de timidité morale, de naïveté, — Nicole redoute l'élan — sans pourtant jamais égarer la rectitude : " âme tremblante, timorée, et qu'on ne fait pas pourtant sortir de sa ligne; pleine d'ingénuité et de candeur au milieu de la plus sage clairvoyance [150]. " Beaucoup plus grave cette sorte d'atonie, ou de débilité créatrice, quand elle semble ressortir d'un manque fondamental de ressources. Ainsi Boileau, génie peu voluptueux, " peu fécond ", d'une " agréable brutalité [151] " se définit par une froideur qui exclut l'urgence de toute nécessité profonde. Chez d'autres cette nécessité, d'abord bien

149. L., I, p. 175. — 150. P. R., II, p. 944. — 151. P. L., I, p. 666.

existante, s'est étouffée sous le contrôle abusif d'une raison. Ainsi les poèmes de Fontanes semblent à Sainte-Beuve une " source couverte, discrète, familière, trop rare seulement... qui cherchait par amour les gazons cachés [152] ". Jouffroy, surtout, par besoin d'impartialité philosophique, en vient à réprimer, jusqu'à les annuler, tous les mouvements originels de son génie : " Son tort est... selon nous d'avoir trop combattu le génie actif [153] " qui le définissait d'abord. Sainte-Beuve regrette visiblement chez lui l' " ancien côté actif refoulé [154] ".

S'il déplore ainsi les intensités insuffisantes — leur éclat ne l'atteint pas, ne le possède pas vraiment — Sainte-Beuve proteste avec bien plus de force encore contre leur inverse, les jaillissements superlatifs et excessifs. Alors que la faiblesse peut autoriser les plaisirs du détachement complice, qu'elle engendre parfois l'exquis ou le subtil, contre la brutalité il n'est pas d'autre attitude à prendre que la clôture défensive, ou que la fuite. On sait par exemple à quel point Sainte-Beuve détesta l'intempérance agressive d'un Hugo. Mais il n'est pas moins gêné par l' " incontinence de pensée " d'un Lamennais, qui dit " tout ce qui lui passe par l'esprit [155] ", sans rien filtrer ni garder par-devers lui, ou par les ruissellements continus d'un Lamartine, débordants au point de vous noyer. A travers ces écrivains, tous romantiques on le remarquera, et quelques autres de la même école l'idée de *puissance* subit une dépréciation curieuse : déspiritualisée, rejetée dans le domaine un peu écœurant du physiologique elle devient souvent la *carrure* " cette force purement robuste de santé et de tempérament [156] " dont Balzac fournit sans doute le meilleur exemple. Ou bien, privée de tout contrôle mental, abandonnée au seul automatisme du désir, elle se transforme en *verve*, cette qualité, ou plutôt ce vice d'un Musset : la jeunesse dissolue ne " trouve rien de plus beau " dans ses vers que " certaines poussées de verve où il se donne comme un forcené ". Admirer ce jaillissement malsain, c'est prendre " l'inhumanité pour le signe de la force [157] ".

A quoi ressemblera donc la vraie force, ou du moins celle qui se trouvera le mieux en accord avec les exigences de l'humeur beuvienne ? Il faudra, on l'a deviné, qu'elle se situe en un juste

152. P. L., II, p. 219. — 153. P. L., I, p. 925. — 154. P. L., I, p. 939. — 155. Poi., p. 149. — 156. Poi., p. 50. — 157. Poi., p. 167.

milieu des deux excès ici décrits : ferme, certes, dans sa production et son élan, pour échapper aux désagréments de l'asthénie, mais toujours contrôlée, tenue en main par quelque puissance supérieure, de manière à éviter toute démesure énergétique. Cette figure de force maîtrisée correspond à une certaine mythologie classique. Et le seul problème consiste alors à imaginer la façon dont devra s'exercer la " maîtrise " souhaitée. Que le dynamisme vital soit repris par l'exercice critique d'une intelligence, et nous aurons Molière, " se gouvernant lui-même, ardent à l'œuvre, mais lucide dans son ardeur [158] ". Que ce soit un *goût* qui opère ce freinage, et nous citerons le cas de George Sand, chez qui le " côté délicat et passionné " a finalement triomphé de " l'élément plus fougueux et déclamatoire " : si bien qu' " avec les années ce beau génie, sans s'affaiblir, est allé s'épurant [159] ". Mais l'idéal serait qu'aucune puissance extérieure de censure ne vienne s'exercer sur le mouvement créateur, et que celui-ci en arrive alors à se régler lui-même en vertu d'une sorte d'harmonie due à l'interne perfection de sa structure. C'est le cas, suprêmement satisfaisant, de Racine, " auteur sans tourment ", " toujours le même Racine, avec ses traits nobles, élégants et choisis, recouvrant sa force et sa passion ". " Il y a un tel équilibre dans les facultés de Racine, et il a de si complètes facultés rangées sans tumulte sous sa volonté lumineuse, qu'on se figure aisément qu'une autre quelconque de ses facultés eût donné avec avantage également et gloire, et sans que l'équilibre eût été rompu [160]. "

Critère axiologique situé au centre de cette rêverie de l'intensité retenue ou débordante, l'idée d'équilibre va se retrouver au cœur d'un autre registre imaginaire intéressant le développement énergétique : celui de la concentration ou de la dissémination des forces créatrices. Car il est des génies qui éparpillent et donc gaspillent leur ressource dans des directions par trop divergentes; il en est d'autres qui la resserrent à l'excès sur elle-même : double erreur, également condamnée par Sainte-Beuve. Il déplore par exemple la passion de l'excentrique qui semble posséder Nodier : toujours jeté, celui-ci, " par les précipices ou sur les lisières, à droite ou à gauche de ces grandes lignes où convergent en définitive les seules

158. P. L., II, p. 51. — 159. P. L., II, p. 1078. — 160. P. R., III, p. 566.

et vraies figures du poème humain comme de l'histoire ". D'où l'abandon du foyer vivant pour de décevantes curiosités périphériques : " Par un généreux mais décevant instinct, il s'en alla accoster d'emblée, en littérature comme en politique, ceux surtout qui étaient dehors et qui lui parurent immolés, Bonneville ou Granville, comme Oudet et Pichegru [161]. " Tropisme de la dispersion, que soutient un style de la liquidité expansive, du déploiement filé. Une tendance un peu semblable s'observe encore chez Ampère, avec la circonstance aggravante que la dissémination énergétique s'accompagne chez lui d'une absence de contrôle, d'une possession aveugle par chaque sentiment ou chaque idée. A la fois savant, érudit, amoureux, poète, philosophe, il réunit ainsi en lui versatilité et irresponsabilité : " changeant, remuant, déplaçant sans cesse les idées [162]. " Mais quand " une idée possède cet esprit inventeur, il n'entend plus rien ni autre chose, et il va au bout dans tous les sens de cette idée comme après une proie, ou plutôt elle va au bout de lui, se conduisant elle-même, et c'est lui qui est la proie [163] ".

Parmi les génies les plus grands cette tendance à l'excentricité pourra se manifester encore, mais en faisant des ravages bien moindres, car elle sera toujours corrigée par le rappel d'une vocation focale. Joubert par exemple, " hardi d'élan ", " excentrique de rayons " ne cesse jamais de se comporter en " parfait homme de goût [164] ". Montaigne, surtout, épand dans les directions les plus diverses la richesse sinueuse de ses curiosités : et ce n'est pas sans risquer parfois de s'égarer dans la multiplicité, dans l'oiseux, dans l'univers obsédant et stérile du détail. Mais il revient toujours aussi au centre, et c'est même cette alternance, c'est ce passage continuel du centre à la périphérie qui constituent pour Sainte-Beuve le plus pur de son originalité. " Ainsi il vit, actif et dégagé, faisant des pointes perçantes dans chaque chose, et rentrant à tout instant dans une sorte d'oubli, dans l'état naturel et libre des facultés, pour se retremper à la source même [165]. " Chercherons-nous un exemple de la figure inverse ? C'est vers Pascal, bien sûr, que nous nous tournerons : l'imagination de Sainte-Beuve reconstruit celui-ci comme un doublet antithétique de Montaigne. A l'éparpil-

161. P. L., II, p. 311. — 162. P. L., I, p. 971. — 163. P. L., I, p. 944. — 164. P. L., II, p. 283. — 165. P. R., I, p. 837.

lement voluptueux dans la nature, que pratiquait si bien Montaigne, s'oppose en effet chez Pascal le repliement, vigoureux et ascétique, sur sa propre conscience, et même sur le plus actif, le plus décisivement central de celle-ci : " au sommet de la pensée proprement dite (*arx mentis*). " Cette pensée dans laquelle Pascal s'enferme va posséder alors une " intensité rigoureuse et circonscrite " — rigoureuse, dirions-nous, parce que circonscrite : intensité tout entière tournée vers le rapport intérieur qui réunit le moi à son origine transcendante. On conçoit que cette " énergie violente de salut " méprise les facilités de la communion panthéistique. Elle reste toujours quasi militairement resserrée sur elle-même, ce qui assure d'ailleurs son pouvoir verbal d'impact sur le lecteur. La religion va jusqu'à lui fournir un symbole admirable — et tragique — de condensation spirituelle : chez Pascal " on retrouve toujours " dit Sainte-Beuve, " comme sur son cachet, le regard qui se contient et s'enferme dans *la Couronne d'épines* [166] ".

Mais plutôt que cette couronne d'épines, sans doute à son gré un peu trop crispée et déchirante, Sainte-Beuve aimera les épanouissements géniaux à la fois ouverts et denses. La *largeur* : telle est peut-être la caractéristique la plus précieuse du génie. Elle suppose la générosité d'un talent librement déployé, riche en œuvres, capable de féconder hors de lui une ampleur découverte d'expérience, se possédant pourtant lui-même, ne s'égarant jamais aux frontières de son expansion. En opposition à Montaigne encore, c'est Molière que la rêverie de Sainte-Beuve charge de soutenir cette figure heureuse. Face en effet aux minuties de Montaigne, à son éparpillement en " maintes bagatelles ", et aussi à son narcissisme parfois un peu suspect, au " repliement presque maniaque " de son moi sur lui-même, le génie moliéresque réalise une parfaite ouverture sur le monde; il étale également sur tout objet la simplicité active de sa flamme, et ne garde rien par-devers lui : " Molière nous rend la nature, mais plus généreuse, plus large, plus franche, dans un train d'action, de pensée forte et non repliée, d'ardente contemplation sans jamais de curiosité menue et puérile... On sent à chaque pas une force féconde et créatrice, qui se sait elle-même et ses moindres ressorts, mais sans s'y arrêter, sans tout régler par le calcul [167]. Autorégulation instinctive que nous

166. P. R., II, p. 120-121. — 167. P. R., II, p. 258.

retrouverons aussi chez ce Molière mineur, La Bruyère. Le grand écrivain classique c'est bien pour Sainte-Beuve celui dont le génie reste vigoureusement concentré en soi, tout en s'ouvrant à un dehors, en répartissant harmonieusement sa force aux surfaces épanouies d'un style.

Toute cette énergétique du génie aboutit naturellement en effet à une classification et à une estimation des styles. De même que certains génies sont acceptés, et d'autres refusés par l'humeur beuvienne, certaines formes, à eux liées, seront admises et goûtées, d'autres seront refusées. Le goût, " qui implique le choix et l'exclusion [168] ", opère ici encore le triage. On en comprendra assez vite le besoin si l'on se souvient que la surface stylistique constitue pour Sainte-Beuve l'enveloppe la plus sensible, le lieu même de son contact avec la force créatrice. Toute lecture étant pour lui parcours, côtoiement, habitation, épreuve personnelle d'un style, c'est bien à ce niveau que se déclareront sympathies ou allergies. De cette réaction, d'abord toute humorale, puis intellectualisée, et même moralisée, il n'est pas difficile d'apercevoir les grands critères : ils seront d'accord avec toute la thématique beuvienne de l'objet et de la littérature. Pour qu'une forme littéraire satisfasse Sainte-Beuve il faudra qu'elle réponde à deux exigences essentielles : elle devra d'abord lui permettre de ressentir, comme en dessous d'elle, la présence et le soutien d'une nécessité vitale; il lui faudra être visiblement lestée de sens et d'être. Mais il faudra aussi que sa surface soit facilement accessible et parcourable, que rien n'y vienne gêner le glissement quasi reptilien de la lecture. Réserve, verticale, de créativité géniale; étalement, horizontal, de cette force dans le nappé d'un lisse, d'une continuité : voilà les deux qualités de la forme idéale.

A partir de là se décrivent facilement les défauts de la *mauvaise forme* : et par exemple l'éclat excessif, la dureté. Ainsi chez Hugo, victime préférée de Sainte-Beuve, le brio tout épidermique de l'expression repousse le lecteur plus qu'il ne le séduit, c'est " un

168. P. L., II, p. 470.

éclat brillanté qui blesse ''. Le style hugolien déchire en raison de
son manque de progressivité, de sa violence cutanée : " nulle
gradation de couleurs, nulle science des lointains. " Dans le style
même aucune fluidité liante, mais une sorte de légalisation de la
rupture, " non pas cette harmonie attentive qui lie habilement les
mots entre eux, mais celle qui marque le mouvement en cadence,
la période [169] ". Cette absence de souplesse renvoie alors la rêverie
à l'idée d'une sorte de ténacité mauvaise des surfaces : d'enveloppe,
la forme se fait *écaille* (" Oh, repris-je l'écaille est fameuse, elle est
bien luisante, mais elle n'est pas commode. "), et même *carapace*,
cuirasse (" Oh, s'écrie-t-il en riant, il est carapaçonné de pied en cap,
quel cuirassier ! "). A la limite de cette imagination semiplaisante,
Hugo devient poète-crocodile [170]. La vertu coruscante de la forme
réussit donc seulement ici à nous écarter d'elle : cette dureté exclut
l'effleurement voluptueux, à plus forte raison la pénétration; elle
n'est pas même sans nous inquiéter un peu.

Car à ce défaut de viabilité s'en ajoute tout naturellement un
autre, bien plus grave : c'est la saillie brutale de cette carapace,
l'accentuation de ses reliefs, en somme son gonflement vers le
dehors, sa turgescence. Ainsi Hugo, " découvrant souvent ce qui
est bien, ce qui est lumineux et éclatant ", part de là pour " redou-
bler, et pour pousser à l'exagéré, à l'éblouissant, à l'étonnant [171] ".
Chez lui le Parthénon devient Tour de Babel, le crocodile se fait
monstre, ses truquages mêmes s'affichent sans pudeur : " malices
cousues de câble blanc [172] ". C'est le péché d'inflation qui nous
mène tout droit à la bigarrure, à l'énorme, au tumulte (Hugo
" tapageur pindarique "). A cette forme emphatique Sainte-Beuve
ne saurait mesurer assez sa méfiance. Elle est même à ses yeux
justiciable de trois chefs assez différents d'accusation.

Il pourra d'abord soupçonner, et refuser en elle comme une
agressivité déguisée de l'intérieur. Ces gonflements l'attaquent,
ils mettent en danger la simple intégrité de sa lecture. La forme
volcanique ne peut être ni goûtée ni lentement caressée et contrôlée, comme l'exigerait l'exercice normal de la critique. Loin de
se laisser apprivoiser par le regard, ce type de phrase ne cesse de
le déconcerter, de le bousculer. C'est le délit de *brutalité*, lié, chez

169. P. L., I, p. 604. — 170. Poi., p. 43. — 171. Poi., p. 36. — 172. Poi., p. 46.

Hugo par exemple, au manque de subtilité et à l'idée d'*attaque* :
" Pour Hugo... plus le monde deviendra *indélicat* et *grossier*, plus
il a de chance qu'on l'admire. C'est alors qu'on pourra dire que
ses qualités *sauteront aux yeux* [173]. " Hors même de toute grossiè-
reté directement incriminable, Sainte-Beuve déteste l'excessive
acuité de l'expression : il y voit l'assaut, presque le viol d'une
crudité existentielle (c'est au fond son grand grief contre Baudelaire), ou d'une " obscénité " d'ordre physiologique (de là sa
répugnance pour Balzac). A ces gonflements ou ces saillies sauvages
comment apporter un peu honnêtement son adhésion ?

Mais il peut les récuser aussi pour une autre raison, presque
opposée à celle-ci : derrière la forme emphatique ou cuirassée il
pourra soupçonner non plus [174] l'assaut d'un dedans indécent
et agressif, mais l'absence même de tout dedans, le vide. La surface
éclatante lui apparaîtra comme un pur décor chargé de dissimuler
le creux de l'intérieur. Le gonflement voudra donner le change ;
il sera la figure retournée d'une platitude ; son hystérie provocante
et tout artificielle camouflera la pauvreté réelle de l'inspiration.
C'est la catégorie de la *prétention*, ou du *théâtre* dans laquelle la
sévérité de Sainte-Beuve voit tomber, peu ou prou, tous les modernes. Si " rien ne ressemble à un creux comme une bouffissure[175] ",
il suffira en effet de retourner tout gonflement verbal en simple
enflure pour en dénoncer aussitôt la fausseté sous-jacente, le néant.
La surface formelle apparaît alors comme un écran que se propo-
serait de percer la pointe d'une sagacité critique. Ainsi chez Ville-
main : " Crevez le papier et derrière il n'y a rien [176] ". Ou chez
Dumas : " Il y a du jeu, de la mise en scène, mais où est le fond [177] ? "
Quelquefois même cette opposition du fond creux et de la forme
bouffie se présente sous le mode moral ; ce que suggère malgré
lui le style distendu, c'est non seulement un vide, mais un vice :
" Je me défie du cœur de ceux dont les vers sont si enflés et ampou-

---

173. Poi., p. 52.
174. Ou non plus seulement. Car, de façon paradoxale, ce grief peut fort bien
coexister avec le précédent. Chez Hugo par exemple, Sainte-Beuve accuse à la fois
l'excès de l'assaut vital et l'importance interne de cette vitalité. Son génie lui est
insupportable aussi bien par son *trop-plein* que par son *creux*. La plénitude vide : c'est
sans doute l'image à travers laquelle Sainte-Beuve essaie de penser, ou mieux de rêver Hugo.
175. N. L., III, p. 29. — 176. Poi., p. 62. — 177. Poi., p. 29.

lés [178]. " A ce type de défiance les plus grands eux-mêmes n'échappent pas : ainsi Chateaubriand, qui a l'imprudence de nous faire voir une fois " le revers de la toile ". " Même là où l'on ne sait pas, on est tenté désormais d'agiter la tapisserie magnifique, et de dire : il y a du creux [179] ". Toute grandeur moderne nous devient ainsi sujette à caution. Nous entrons aujourd'hui dans la saison des impostures, dans l'époque où les langages ne sont plus automatiquement doublés d'une garantie existentielle. Et de nous retourner nostalgiquement alors vers le passé : " au contraire jamais le *plein* des choses ne se sent mieux que quand on tient en main les grands écrits du siècle de Louis XIV [180]. "

Dernière interprétation possible de l'enflure : on l'imaginera non plus comme le dernier rebond d'une agression, non plus comme l'alibi d'un vide, mais comme le signe d'un dire frénétisé auquel la pensée ne parviendrait plus à s'accrocher, à intérieurement *coller*. Le rapport habituel entre génie et style se renverse. Au lieu que le dedans pousse la forme devant lui comme son épanouissement, son terme — car c'est ainsi que l'imagination toute " symbolisante " de Sainte-Beuve pose idéalement leur relation — la forme tire la pensée derrière elle, l'enchaîne à son automatisme, l'asservit à ses moindres caprices. Le signifiant acquiert une sorte d'autonomie vicieuse dans laquelle le signifié se trouve emporté, et comme perverti. Chez Chateaubriand, par exemple, nous éprouvons le malaise d'une beauté excessivement dépendante du plus superficiel de la parole : " la beauté, chez lui, même la beauté de la pensée, tient trop à la forme; elle est comme *enchaînée à la cime des mots...*, à la *crête brillante des syllabes* [181]. " Ailleurs ce déséquilibre sera rêvé dans son dynamisme même. Lamennais, par exemple, est le type de ces gens qui ont " un talent plus fort qu'eux et qu'ils ne gouvernent pas ". Entendons ici par *talent* une créativité détachée de la profondeur vivante et fixée dans les zones les plus externes de l'expérience littéraire. Lamennais, ainsi, " est à la merci de sa plume; elle ne sait qu'être violente et il ne sait que lui obéir. Il me fait l'effet d'un méchant enfant qui a un fusil plus gros que lui, chargé, et qui lui part dans les mains tout à coup; c'est le fusil qui l'emmène, qui l'emporte, et non pas lui qui manœuvre le

178. Poi., p. 51. — 179. Ch., I, p. 255. — 180. *Ibid.* — 181. Ch., I, p. 298.

fusil [182] ". Dangereux renversement d'initiative entre l'instrument et celui qui devrait normalement l'utiliser. Dans le cas de Musset cet emportement purement formel devient une *verve*, soutenue par les procédés humoraux de la gesticulation, de l'exaltation, ou de l'insulte : " Que ce soit au Christ, que ce soit à Voltaire... peu lui importe, pourvu qu'il montre le poing à quelqu'un et qu'il lui crache à la face l'enthousiasme ou l'invective, et quelquefois les deux ensemble. " Une telle hystérie rejoint alors la catégorie du *faux-semblant* : " Cette violence de geste et de mouvement lui réussit toujours, et couvre le néant du fond [183]. "

Face à de telles perversions, on sera tenté de faire subir au style une cure de maigreur. On soumettra les mots à une opération de déflation. Et l'on se tournera pour cela vers les spécialistes de la sécheresse, Mérimée par exemple. " C'est bien ", écrit Sainte-Beuve après une lecture de *Carmen* — pour ajouter tout aussitôt : " mais sec, dur, sans développement [184]. " La forme continente, du type mériméen, ou même la forme plus encore insolente, du type stendhalien, ne lui permet en effet d'échapper au malaise de l'enflure que pour le rejeter en la souffrance inverse, celle de l'aridité, de la rugosité. Trop strictement collée à sa ligne de départ, jamais épanouie, cette forme ne se laisse pas si facilement non plus effleurer ni parcourir. " Le vrai naturel est autrement libre et large que cela [185]. " La première condition de mon adhésion au style, le soutien sous-jacent, s'y trouve bien remplie; mais c'est aux dépens de la seconde, l'accès épidermique. Le désagrément d'un tel langage, qui semble insuffisamment irrigué par en dessous, y rejoint celui de toutes les écritures *non-liées*. Le laconisme du dire y aboutit paradoxalement aux même gênes que l'hétérogénéité d'une expression baroque. Face à Mérimée Sainte-Beuve éprouve au fond une déception de même ordre que face à Hugo, maniaque du fragment, spécialiste de l'éclair [186], ou que face à Corneille,

---

182. Poi., p. 93. — 183. Poi., p. 167. — 184. Poi., p. 99. — 185. *Ibid.*

186. Cette inégalité empêche donc Sainte-Beuve d'accéder à l'intériorité hugolienne. Alors qu'un critique moderne, Georges Poulet par exemple, s'appuiera justement sur elle (parmi d'autres éléments signifiants) pour s'introduire dans la structure de cette intimité. Sainte-Beuve est bien ici victime de son *goût*. Ce goût refuse d'ailleurs non seulement le heurté, mais aussi la liaison forcée, visiblement artificielle : ainsi Boileau, chez qui l'on " aperçoit la trace des *soudures* " (P. L., I, p. 671). Ce qu'il cherche en revanche c'est l'image d'une continuité substantielle, d'une fluidité véritablement

poète d'une " touche rude, sévère et rigoureuse ", mais d'un relief vraiment trop peu huilé : mille " accidents heurtés " vous arrêtent sans cesse; " cela n'est pas lisse, ni propre, comme on dit [187] ". Ne parlons pas de Michelet, praticien incontrôlé de l'explosif : le cours de son expression est si accidenté que l'on se sent de toutes parts piqué et déchiré : " Je continue de courir le plus rapidement possible sur ces notes aiguës et perçantes comme sur un champ de blé dont les épis seraient des javelots [188]. "

Que faire alors, où se tourner ? Vers l'utopie sans doute d'une forme à la fois solide et continue. On chercherait à s'établir dans le courant d'une parole qui ne cahote plus, mais dont la fluidité tout à la fois soutienne, caresse, enveloppe. C'est le charme, par exemple, de l'écriture de Nodier, définie par Sainte-Beuve tout à la fois par le velouté de sa substance et par la sinuosité de son dessin. Telle phrase particulièrement exquise s'y voit comparée à un " ruban soyeux flexueusement devidé ", à un " fil blanc de Bonne Vierge... affiné et allongé sous les doigts d'une reine Mab ". " Longs rubans flexibles " et " méandres de mots ", " ondulations vagues " qui semblent se prolonger dans " le sable fin et mobile d'une plage, voilà son " mouvement de style [189] ". Un mouvement auquel nous n'avons alors qu'à nous abandonner. Chez Bernardin ce " ruban " devient plus largement habit, enveloppe à la fois radieuse et tendre : " au-dedans de lui, au-dehors, un manteau lumineux et velouté s'étend sur toutes choses [190]. " Ou bien, plus comblante encore, parce que plus décisivement liquide — et donc mariée d'emblée à la liquidité propre du critique — ce sera l'écriture de Racine. Plus rien chez lui de rugueux, comme chez Corneille ; aucune trace non plus de " métaphore abrupte ", comme quelquefois chez Molière. Le discours n'y est que l'écoulement d'une seule nappe translucide de sens et d'émotion. La lecture ressemble alors à quelque navigation tranquille : " combien il est heureux quand on se trouve à même des belles eaux du style racinien d'y savoir naviguer, d'y pouvoir courir, et de battre avec art cette

interne. Ainsi, dans *Paul et Virginie*, ces " douces pensées vêtues chacune d'une seule image comme d'*un morceau de lin sans suture* " (P.L., II, p. 122). Le " sans suture " se lie normalement au thème de l'habit, de la nappe voilante, et, plus loin, à celui du nuage vital, de la " tiède haleine ". Mais le schème radical reste celui de la continuité liquide.

187. P. L., I, p. 695. — 188. N. L., II, p. 147. — 189. P. L., II, p. 312-314. — 190. P. L., II. p. 109.

surface à peine blanchie, d'une double rame cadencée [191]. " A lire Racine, à se promener sur ses " eaux ", Sainte-Beuve éprouve ainsi le même genre de plaisir qu'autrefois Amaury à ramer en imagination sur la surface calme du lac représentant Mme de Couaën.

Cette fluidité n'est pas cependant sans comporter elle aussi quelques dangers. A s'exagérer elle risque d'aboutir à des formes d'un abord si facile qu'elles en deviennent inexpressives, et comme désensibilisées. Dans certaines écritures conventionnelles, le poli des surfaces renvoie seulement à l'absence ou au refus du sens. L'élégance de ces discours trop bien liés n'est alors qu'une fuite devant les responsabilités de l'expression : sous l'eau courante se soupçonne à nouveau le vide. Chez Delille, par exemple, traducteur de Virgile, l'agréable glissement apparaît bientôt comme un frauduleux manque d'originalité : " on glisse avec lui sur un sable assez fin, peigné d'hier, le long d'une double palissade de verdure, dans de douces ornières toutes tracées [192]. " Cette douceur est le fait surtout des gens du monde, qui savent parler uniment des sujets les plus divers, en évitant toute aspérité de l'expression : ainsi la causerie de Mme de Ségur, " confondant le grave et le léger dans une même nuance d'agrément, n'offre qu'une superficie uniformément brillante et polie où il est difficile de rien saisir [193] ". De même dans le style " agréable, mais fluidement monotone " de l'abbé Prévost, " toute différence s'efface, toute inégalité se nivelle, tout relief se polit et se fond [194] ". Même originale, d'ailleurs, la fluidité comporte encore des inconvénients très graves : ils ne tiennent plus alors à l'insipide horizontalité du flux parlé, mais à son débordement dangereux, à la noyade à laquelle son intempérance nous expose. Le modèle de cette écriture ruisselante nous serait sans doute fourni par Lamartine : " des contours quelquefois indécis, du débordement et de l'exubérance, une expansion en tous sens [195] ", voilà de quoi nous causer une gêne tout aussi grande que les aridités, duretés, enflures plus haut décrites.

N'est-il donc pas d'écriture vraiment satisfaisante ? Si sans doute : ce serait celle qui unirait en elle la " puissance ", — le don substantiel de soutien, — et la " délicatesse [196] " — la capacité

191. P. R., III, p. 57. — 192. P. L., II, p. 73. — 193. P.L ., I, p. 167. — 194. P. L., I, p. 904. — 195. P. L., I, p. 332. — 196. Poi., p. 86.

structurale de liaison. En langage moderne nous parlerions sans doute ici de richesse métaphorique (ou sélective), et de souplesse syntagmatique (ou de contiguïté). Il faudrait, dit Sainte-Beuve, découvrir l' " expression rapide et flexible " qui donnerait à la pensée " à l'instant de la couleur et du corps [197] ". Or cette expression exactement adaptée aux exigences de la rêverie beuvienne : substantialité créatrice et liquidité sémantique, a existé dans l'histoire des littératures. La facilité de sa découverte est même le trait qui caractérise les grandes époques classiques. Mais les deux exemples que nous en donnerons sont empruntés, plutôt qu'à des classiques, à deux écrivains originaux et solitaires : Montaigne, Tacite. Chez Montaigne le discontinu fondamental de la création intérieure se voit sans cesse repris et dépassé par la dérive d'une écriture rhapsodique : " son heureuse rhapsodie d'images, d'un bout à l'autre, jusque dans ses reliefs les plus divers, est *tout d'un pan*; on marche avec lui de pensée en pensée *dans les métamorphoses* [198]. " Chez Tacite la même opération se reproduit, mais sous une forme plus architecturale, moins vitale, celle de la *contexture*; ici encore le génie premier est d'extrusion, mais " ce qu'on doit peut-être le plus admirer en lui, c'est l'enchaînement étroit et continu, la contexture serrée et impénétrable qui fait qu'en ses écrits tout se tient, et que les traits les plus saillants, les sentences les plus hardies sortent du fond, y rentrent, et ne paraissent jamais qu'amenées et soutenues ". D'où la création d'une *trame* : " ces membres qu'au premier coup d'œil on croyait rompus, épars, ou simplement pressés les uns contre les autres, un lien invincible les unit, une vie commune les meut, un seul et même *souffle de pensée* les anime [199]. " Non contente de soutenir de sa vigueur le surgissement de l'expression, la pensée en contrôle donc ici aussi de manière vivante la suite et le débit. A une telle forme — qui est aussi une pensée — nous pourrons nous confier alors sans réticences : nous serons par elle à la fois supportés et emportés.

Telle est la critique de Sainte-Beuve : une épreuve toujours recommencée des formes, et de soi à travers les formes, pour les

197. P. L., I, p. 198. — 198. P. R., II, p. 865. — 199. P. L., I, p. 247.

dépasser vers leur intention géniale. Cette épreuve doit être menée en une totale dévotion à son objet : elle réclame donc une disponibilité constante, voire une naïveté, une ignorance. La culture reste bien sûr toujours présente dans l'esprit de celui qui lit et tente de comprendre le sens de sa lecture, mais il lui faut de quelque manière se reculer ou s'occulter, se mettre entre parenthèses, afin de laisser se créer en toute fraicheur l' " impression sensible " d'où naîtra le vrai savoir. Chaque nouvel auteur abordé réclamera donc de son critique le renoncement à toute certitude préalable : il faudra se trouver à chaque fois libre, pleinement prêt à accueillir la venue du sens, à se glisser au creux de l'intimité géniale.

Or cet exercice, par certains côtés comblant, et même voluptueux (Sainte-Beuve évoque quelque part le plaisir d'une critique *adultère* : sourde ivresse du geste de l'*insinuation*) peut d'une autre façon apparaître épuisant, voire déprimant. Il implique en effet un don perpétuel de métamorphose, et réclame de qui se livre à lui le renoncement à toute fixation : le critique est un Frégoli, un Juif-errant dit Sainte-Beuve. Deux dangers surtout ici le guettent : la dispersion, l'égarement par excès de plasticité, l'aliénation en somme de celui qui, à force de devenir tous, risque de ne plus se retrouver personne; et l'indifférence, le détachement de celui qui, forcé de se mouler à trop d'êtres successifs, perd finalement la force passionnelle qui l'amènerait à s'intéresser à tel ou tel. Or cela est mortel, et même pour l'activité critique : car s'il veut comprendre autrui il importe absolument que le critique soit d'abord quelqu'un; et quelqu'un qui reste mû par assez de passion pour se sensibiliser aux passions des autres.

Pour échapper à ces dangers, pour éluder froideur ou vertige, Sainte-Beuve est donc tenté d'avoir recours à des appuis externes. Il cherche à s'assurer des grilles d'interprétation, des instruments sur lesquels fonder un peu plus fermement son intuition des œuvres. Décidant de ne plus s'en tenir à la seule vérité née de l'effleurement, il veut se fabriquer des moyens objectifs, et s'il se peut scientifiques, capables de le faire accéder moins sinueusement à l'énigme des intériorités. Ces moyens, déjà présents dans les premières études, s'affermissent et se multiplient à mesure que Sainte-Beuve avance dans sa carrière de liseur; tous relèvent d'un projet fondamental de *réduction*. Il ne s'agira plus désormais à travers eux de *comprendre* la poussée géniale, dans sa nuance et dans son intention, mais d'en *expliquer* hypothétiquement l'origine, ou le fonctionnement. A la recherche subjective de la *qualité* ou du *sens* se superpose la détermination systématique de la *cause*.

Mais où réside la " cause " du génie ? Rêvée comme immanente à ce génie lui-même, elle s'identifie souvent avec le thème de la *clef*. Qu'est-ce en effet qu'une clef sinon le moyen, le seul moyen d'ouvrir, à partir de son dedans, une porte close ? En critique ce sera un élément, d'extension généralement réduite, permettant de mobiliser la totalité d'un univers intérieur. Ce prestige de la clef tient, comme celui de l'indice, à la disproportion qui règne entre sa petitesse apparente et la grandeur des espaces par elle gouvernés. Elle a la double séduction de la simplicité et de l'automatisme : tout un ensemble s'y déduit d'un seul principe ; et cette déduction s'y opère de façon uniforme, mécanique. Il faut trouver, dit Sainte-Beuve, " le ressort caché et toujours le même ", le " mobile persistant [200] ". Ce sera par exemple une qualité hypostasiée en force déterminante — " le principal caractère d'un esprit étant donné, on pourra en déduire plusieurs autres [201] " —; ou bien, forme atténuée du même procédé, ce seront plusieurs qualités associées en gerbe explicative : ainsi lorsque le génie de Chateaubriand est ramené à ces trois éléments moteurs : le désir, l'ennui, l'honneur. Tout l'espace de l'œuvre s'éclaire alors : " Si on a saisi la clef, une des clefs de leur talent, de leur génie (Sainte-Beuve évoque ici la critique des contemporains), on la peut toujours laisser voir, même quand il ne serait pas séant de s'écrier tout haut : la voilà ! [202] " Avec la clef plus de mystère : nous entrons grâce à elle au secret d'une intériorité non plus jaillissante, mais étalée, spatialisée. Ainsi quand nous tenons la " clef glissante " de Montaigne — on notera que le " glissante " sauve d'une certaine façon la transcendance active de l'intimité... — " nous pouvons désormais ouvrir chez lui, si l'envie nous en prend, toute l'enfilade de ses pensées et arrière-pensées, ce labyrinthe des cabinets et des chambres où il se plaît, sans qu'on sache jamais, non plus que de Pygmalion, dans laquelle il couche [203] ". A cette spatialisation (même fuyante) de l'intériorité correspond d'ailleurs

200. N. L., III, p. 16. — 201. *Ibid.* — 202. P. L., I, p. 648. — 203. P. R., I, p. 861.

un procédé verbal : c'est celui qui prétend fixer toute la complexité d'une œuvre en une formule simple, ce que Sainte-Beuve appelle le *dernier mot*. Ainsi lorsque Chateaubriand se voit une fois pour toutes défini comme un épicurien ayant l'imagination catholique [204].

Ce goût du dernier mot, de la clef, du ressort caché répond ainsi au besoin d'une sorte de causalité s'exerçant à partir du dedans de l'espace génial lui-même. Mais la tentation de la cause peut jouer aussi en un dehors de la création. Une démarche d'intention toute positiviste tente alors de montrer comment un génie se crée sous la pression de toute une série de facteurs externes : hérédité, éducation, culture, milieu, etc. Livré à cette perspective critique, Sainte-Beuve s'y souvient aussi de son ancien goût, tout médical, pour les " physiologies ". Ce goût avait seulement été, dans ses meilleures œuvres, équilibré par un sentiment poétique des êtres. " Ce que j'ai voulu en critique, ça a été d'y introduire une sorte de *charme*, et en même temps plus de *réalité* qu'on n'en mettait auparavant; en un mot de la poésie à la fois et quelque physiologie. " Et il ajoute : " la physiologie gagne avec les années [205] ". Or ce gain s'opère, chose curieuse à remarquer, sur le terrain même où s'exerçait jusqu'ici l'investigation imaginaire, où naissait donc le fameux " charme ". Le positivisme beuvien consiste seulement peut-être à renverser le rôle assigné par la critique poétique aux diverses enveloppes révélantes de l'œuvre (chair, biographie, culture, histoire, etc.). Elles étaient l'espace d'un lent dévoilement, elles constituaient les plages où le sens venait, du dedans, doucement affleurer à l'être, et où il nous était donné de le surprendre.

---

204. La clef est le plus souvent ici un *concept* : par exemple pour Montaigne, celui de *passage*, intéressant parce qu'il gouverne de façon opératoire plusieurs niveaux de l'œuvre (idéologie, imagination, style, etc.). Dans la totalité de l'œuvre, certaines œuvres particulières pourront en outre vis-à-vis des autres, jouer le rôle de clefs : c'est le privilège par exemple de la première grande œuvre (le *Cid* de Corneille), ou de telle œuvre plus intime que les autres : ainsi *Bérénice*. Chez Racine cette pièce représente " la veine secrète, la veine du milieu ". C'est là que nous pourrons " surprendre la fibre à nu " et pénétrer " dans le point le plus reculé du cœur ". " Une personne, un talent ", ajoute victorieusement Sainte-Beuve, " ne sont pas bien connus à fond, tant qu'on n'a pas touché ce point-là " (P.L., I, p. 761). De même chez les modernes : " j'en suis depuis longtemps à juger, non plus leurs ouvrages, mais leur personne même, et à tâcher d'en saisir le dernier mot " (Poi., p. 127). Le *dernier mot* est un doublet mécanique de la *source* : c'est une origine dépourvue d'arrière-fond, privée de toute transcendance romantique.

205. Poi., p. 120.

Elles deviennent les régions à travers lesquelles ce sens va du dehors s'imposer à l'intériorité, les zones où s'en fixera de manière convergente, centripète, nécessaire la détermination. De *signes* les voici muées en *causes*. Au lieu de nous renvoyer, par transparence ou symbolisme, au secret actif d'un moi, elles se présentent comme sa raison, comme l'origine, prédéterminante, de son exercice même. Sainte-Beuve n'a-t-il pas ainsi, dans son zèle pseudo-scientiste, succombé à une sorte d'idolâtrie des *enveloppes* ?

On sait pourtant que le scientisme beuvien reste jusqu'au bout prudent et modéré. Le programme proposé dans le célèbre article de 1862 sur Chateaubriand s'offre tout autant comme l'esquisse d'une critique future que comme la description d'une pratique personnelle et actuelle. Les fameuses " familles d'esprits " elles-mêmes — qui ne sont en réalité que l'extension à plusieurs individus d'une " qualité " géniale découverte en l'un d'eux — voient leur théorie remise à plus tard. Les clefs restent le plus souvent " fuyantes " ou " glissantes [206] ", et les derniers mots contradictoires, ce qui, entre deux concepts immédiatement opposés (ainsi pour Chateaubriand l'épicurisme, le catholicisme) permet à nouveau de sauvegarder l'ambiguïté dernière des personnes. Quant à la détermination externe, si elle nous met quelquefois au contact de la racine créatrice, " le plus souvent cette racine profonde reste obscure et se dérobe [207] ". Même donc lorsqu'il prétend se détacher du tissu qualitatif des œuvres pour les appréhender à travers des catégories positives; même lorsque — autre moyen de s'en distancer — il les immobilise dans les assertions d'un jugement de goût ou de valeur, Sainte-Beuve ne cesse pas d'effleurer la chose écrite, de la citer longuement, de la résumer, de la goûter dans sa texture propre. Jusqu'au bout il pratique l'exploration épidermique : fidèle à ce geste de la palpation en lequel se résume sans doute son originalité la plus vraie.

Mais l'on pourrait alors se demander pourquoi c'est justement dans l'activité critique qu'une telle passion des enveloppes se découvre son aboutissement le plus heureux. Quelle est la structure de l'acte critique ? Quel est le rapport du langage critique au langage génial ? voilà la question que nous oblige à nous poser l'œu-

206. Cf. P. L., II, p. 340. — 207. N. L., III, p. 16.

vre de Sainte-Beuve. La réponse qu'il nous donne lui-même est simple : ce rapport n'est que de filiation : " J'aime, dit-il, que la critique soit une *émanation* des livres [208]. " Le discours critique prolongerait donc la parole géniale; il en serait — métaphore familière — le parfum, ou le nuage; il formerait comme une littérature seconde, indéfiniment continuée à partir de la littérature première. Ainsi se justifierait son mimétisme. Tout au long d'un langage créateur — lui-même rêvé comme l'enveloppe expressive d'un génie, — le langage critique tisserait une autre enveloppe, plus périphérique encore, chargée tout à la fois de reproduire en elle et d'expliquer le sens, de l'ouvrir plus précisément à la lecture. Cette ouverture devrait bien entendu éviter de dégénérer en une réduction. Périphrase tissée le long des livres, la critique doit demeurer charnellement solidaire de l'œuvre dont elle est issue; si elle en déplie de façon intellectuelle la complexité, elle doit aussi en reproduire en elle d'une certaine manière le poids immédiat, l'épaisseur symbolique, la qualité vivante. Seule façon de s'introduire imaginairement dans son auteur et, selon le mot de Sainte-Beuve, de " se transmuer dedans [209] ".

Mais peut-être cela ne suffit-il pas encore à l'ambition critique. Non content de développer en lui à sa manière tout l'implicite des œuvres créatrices, le langage critique, ce para-langage, prétend sans doute aussi se retourner *vers, contre* ce langage premier duquel il se voudrait si fidèlement issu. Émané de lui, il vise aussi peut-être à s'appliquer à lui, comme pour le toucher, pour l'exciter du seul fait de sa pression, de sa présence même. Voilà l'autre fonction de la critique : c'est d'engager le sens à se maintenir dans l'œuvre à l'état d'éveil, c'est de l'appeler à s'y recommencer d'époque en époque sous le langage et devant l'exigence d'une culture toujours autre. Si bien que, parallèle à la parole créatrice, la parole critique entre aussi avec elle d'une certaine manière en concurrence : non point certes pour en troubler du dehors le sens originel, pour lui imposer sa propre intention, ses normes, mais pour provoquer ce sens à être, à continuer à être en une autre forme, pour l'obliger à y reproduire sans cesse sa vertu, toute géniale, de jaillissement et de scandale. Prolongement, provocation : voilà la double face

208. Ch., I, p. 190. — 209. P. L., II, p. 470.

du Janus critique. Double face qui n'en forme d'ailleurs en réalité qu'une seule, puisque prolonger le sens, le redire, dans le champ d'une autre sensibilité, l'y aliéner, cela revient à le forcer à toujours y renaître à vif et à neuf. Fidélité médiatrice, infidélité excitante, tel est sans doute le double ressort de la fonction critique. Double ressort, qui permet peut-être un double jeu ? Il semble bien en tout cas que la critique de Sainte-Beuve — que la nôtre ? — se fonde, plus ou moins consciemment, sur une telle duplicité.

TABLE

REPRINT/AUBIN À LIGUGÉ (6-87)
D.L. 1er TRIM. 1971. No 2707-4 (696)